Miriam Gebhardt

Die kurze Stunde der Frauen

Miriam Gebhardt

Die kurze Stunde der Frauen

Zwischen Aufbruch und Ernüchterung in der Nachkriegszeit

HERDER

FREIBURG · BASEL · WIEN

www.herder.de

Satz: Carsten Klein, Torgau
Herstellung: GGP Media GmbH, Pößneck

Printed in Germany

ISBN Print 978-3-451-39938-1
ISBN E-Book (E-PUB) 978-3-451-83182-9

Inhalt

Vorwort: Die kurze Stunde der Frauen 7

1. Unschuldsvermutung 15

2. Gewalterfahrung 37

3. Trümmersaga 55

4. Überlebenssicherung 71

5. Arbeitsmoral 91

6. Politische Schwestern 119

7. Lebensentwürfe im Kalten Krieg 157

8. Kinder großziehen 179

9. Ehemänner und andere Träume 211

Nachwort: Hüterinnen der Flamme 243

Anhang 257

Vorwort: Die kurze Stunde der Frauen

Als Luise Stieber im Jahr 1944 erfährt, dass ihr Mann an der Front vermisst wird, legt sie ein Tagebuch für ihn an. Er soll später einmal nachlesen können, wie es seiner Frau und den zwei Kindern am Bodensee in den letzten Kriegsjahren ergangen ist. Den Gedanken, er könnte gefallen sein, schiebt sie weit von sich. Sie beschließt, seinen Gärtnereibetrieb um jeden Preis am Leben zu erhalten. Die Pflanzen sollen sie miteinander verbinden, doch der Kraftaufwand ist immens. Der Betrieb wird gleich dreimal von Bomben zerstört. Sie verliert ihre Wohnung. Das erste Ausweichquartier muss sie mit Wehrmachtssoldaten teilen, das zweite mit den Amerikanern. Von der Verwandtschaft kommt keine Hilfe, die Konkurrenz will ihr die Anbauflächen abjagen, und die Bank verweigert den Kredit für neue Glashäuser. Das Unternehmen habe schließlich keinen Chef mehr. Auch die Kinder überfordern sie ohne die Autorität eines Vaters. Der Sohn muss zwischendurch ins Heim. Immer wieder schreibt Luise Stieber: »Das ist fast zu viel für eine Frau.« »Ich verkrafte das nicht mehr.« »Ich bin keine Natur zum selbstständig Handeln und bin nun doch gezwungen dazu.« Die Anfang Vierzigjährige wird krank vor Erschöpfung, doch immer wenn sie aufgeben möchte, denkt sie an ihr großes Ziel: ihren Mann mit ihrem Einsatz für seine Gärtnerei zu überraschen, wenn er zurückkehrt. Drei lange Jahre kämpft sie, dann verändert sich ihre Tonlage. Sie merkt, dass sie inzwischen etwas von dem Geschäft versteht. »Allzu viel Lehrgeld muss ich nicht mehr bezahlen. Und bin unabhängig von allen. Stehe auf eigenen Füßen.«[1] Erzählt uns Luise Stiebers Tagebuch also die Geschichte einer Emanzipation?

Ihr selbst wäre dieses Wort wohl nicht eingefallen. Sie versteht sich immer nur als die Frau des Gärtners, die in seinem Auftrag handelt. Was sie erlebt, ist für sie ein Schicksal, das ihr die Zeit aufgezwungen hat: die Notwendigkeit der Selbstermächtigung.

Wenn wir uns heute mit den Frauen der Nachkriegszeit beschäftigen, hören wir oft Heldinnengeschichten: Erst befreien sie mit bloßen Händen das Land von den Trümmern des Kriegs, dann tragen sie kraft ihrer reinen Herzen dazu bei, das Land von seiner moralischen Schuld zu reinigen. Nebenher retten sie ihre Angehörigen über die Hungerjahre, helfen der Ökonomie auf die Beine, ziehen die Kinder groß, und schlussendlich treten sie großzügig in die zweite Reihe zurück, damit ihre Männer wieder die erste Geige spielen können. Zur Belohnung erhalten sie, früher als Frauen in vielen anderen Ländern, die Gleichberechtigung. Das Jahr 1949, als die Bundesrepublik Deutschland und die Deutsche Demokratische Republik ihre Verfassungen verkünden, wird zugleich zum Stichjahr für die formale Gleichberechtigung von Frau und Mann in Deutschland. Zum ersten Mal gilt sie vorbehaltlos und uneingeschränkt. Das war mehr als ein Etappenziel, möchte man meinen.

Heute, zum 75. Jubiläum der Verfassungen in West und Ost, beschleichen mich allerdings Zweifel daran, wie nachhaltig dieser Schritt war. Denn wenn wir uns in der Zeitachse weiterbewegen, ist die kurze Stunde der Frauen bald vorbei. Die Politik verschleppt nach 1949 die geforderte Umsetzung der Gleichberechtigungsnorm. Es bedarf noch vieler Zwischenschritte, bis verheiratete Frauen überhaupt nur ein eigenes Konto eröffnen dürfen oder selbst entscheiden können, ob und wie viel sie arbeiten. Die westdeutsche Nachkriegsgesellschaft kehrt in den 1950er Jahren rasch zum bürgerlichen Ehemodell zurück, in dem der Mann arbeitet und die Frau höchstens etwas »dazuverdient«.

Die DDR macht zwar schneller Nägel mit Köpfen. Für den sozialistischen Staat ist die erwerbstätige Frau nämlich nicht nur ein wirtschaftliches Muss, sondern gehört auch zum ideologischen Auftrag des Kommunismus. Aber die Emanzipation bemisst sich im Osten einzig und allein an der Präsenz der Frauen in der Landwirtschaft und Industrie, nicht an der weiblichen Repräsentanz in den wirtschaftlichen und politischen Leitungsgremien oder an der partnerschaftlichen Aufgabenteilung im Haushalt und bei der Kindererziehung. Der Fortschritt bewegt sich auch hier im Krebsgang: hauptsächlich seitwärts und nur ein bisschen vorwärts.

Natürlich gibt es beiderseits des Eisernen Vorhangs Ausnahmeerscheinungen wie die furchtlose Unternehmerin und Kunstfliegerin Beate Uhse oder die Justizministerin Hilde Benjamin. Doch wo sind die vielen anderen abgeblieben? Was wurde aus den zahllosen Kämpferinnen der Frauenausschüsse, was aus den Medienschaffenden, die im Auftrag der Besatzungsmächte das Land demokratisieren sollten? Wir haben viel gehört von der sagenhaften Belastbarkeit der sogenannten Trümmerfrauen, aber warum landeten so viele von ihnen in der Müttererholung, und warum hängt dieser Generation heute der Ruf an, ihre Kinder wenig liebevoll und sich selbst mit ungeheurer Härte behandelt zu haben? Der aktuelle Hype um die Nachkriegsfrauen in Film, Buch und Feuilleton ist, wie mir scheint, vom realen Leben unserer Mütter und Großmütter doch noch ein ganzes Stück entfernt.

Auf eine Kurzform gebracht, werden die Nachkriegsfrauen heute für etwas gefeiert, für das sie damals ohnehin zuständig waren, nämlich die Bewältigung der Alltagsnot. Darüber sind die weniger schillernden Aspekte ihrer Geschichte offenbar unter den Tisch gefallen: ihre bodenlose Erschöpfung, die Zumutung (oder das Glück?), Arbeit und Verantwortung wieder abzugeben, als die Männer aus dem Krieg zurückkehrten, aber auch die spezifisch weiblichen Gewissensfragen im Nachgang des Nationalsozialismus. Der satt zufriedene Blick auf den angeblichen Glanz der »Trümmerfrauen« scheint die Widersprüche der damaligen Geschlechterordnung zu verdecken – vor allem die für uns heute so wichtige Frage: Wann und woran ist seit dem Neubeginn im Jahr 1949 die faire Verteilung von Arbeit und Leben, von Freiheit und Bindung denn gescheitert? An den Männern, an der Systemkonkurrenz oder an den weiblichen Bedürfnissen?

Mein persönliches Interesse an diesem Buch gilt dieser Frage. Einerseits waren die Frauen nach dem Krieg anscheinend bewunderungswürdige Pionierinnen der Frauenemanzipation, weil sie vorübergehend das Land wieder in Betrieb nahmen. Andererseits sind viele – freiwillig und unfreiwillig – rasch wieder von der Bildfläche verschwunden. Wie ging das vonstatten? Ich glaube nicht an das feministische Märchen, »das« Patriarchat habe den Frauen ihre Freiheiten wieder aus der Hand geschlagen. Ich gehe davon aus, gemeinsam geteilte Vorstellungen waren dafür verantwortlich, dass sich Frauen und Männer doch wieder auf ihre angebliche Wesensart besannen. Die Kirchen predigten Anstand und Fruchtbarkeit, das ließ nicht viel Spielraum bei der Suche nach neuen Rollen. Der Staat glorifizierte die sogenannten weiblichen Tugenden, und die westdeutsche Gesellschaft als Ganzes suchte das Heil in der bürgerlichen Familie. Deshalb gab es dort keine Infrastruktur für erwerbstätige Mütter. Und auch in der DDR konnten Frauen ihre Kinder erst sehr viel später in Tages- und Wochenheimen unterbringen, was ihnen zudem oftmals sehr wehtat. Welche Wahlmöglichkeiten hatten sie (und ihre Männer) unter diesen Umständen? Waren die sprichwörtliche Kälte der Erziehung der Nachkriegszeit, der oft fehlende Körperkontakt zwischen Eltern und Kind eine zwangsläufige Folge dieser Situation?

Der sogenannte Frauenüberschuss nach 1945 aufgrund der Gefallenen und der Kriegsgefangenen ließ es so aussehen, als könnten nicht alle Frauen einen Mann »abbekommen«. Deshalb ist die ikonisch gewordene Nachkriegsfrau alleinstehend. Gleichzeitig galt eine Frau ohne Mann recht bald als defizitäres Wesen. Es war einfach beschämend, ohne männlichen Begleitschutz in der Öffentlichkeit dastehen zu müssen. Im Restaurant konnte es vorkommen, dass eine einzelne Frau vom Ober abgewiesen wurde, bei der Wohnungssuche wurde sie benachteiligt, weil sie womöglich einen »unsittlichen Lebenswandel« führte, und »ledige Mütter« standen erst recht außerhalb des eingehegten Gartens bürgerlicher Sittlichkeit. Wie war also die Situation für eine verwitwete Frau anders zu lösen als durch eine schnellstmögliche neue Heirat? Es wäre schön zu glauben, was am 8. August 1947 zu diesem Thema im Frauenfunk des *Bayerischen Rundfunks* zu hören war: »Diesen neuen Frauentyp nennt man ›Junggesellin‹. Der Hauptunterschied zwischen einer alten Jungfer und einer nicht mehr jungen Junggesellin ist wohl, dass die alte Jungfer immer noch mit ihrem Schicksal hadert, während die Junggesellin sich in der Welt einrichtet, so gut es geht. Sie hat jedenfalls einen Beruf, ist unabhängig von der Fürsorge irgendwelcher Verwandten, hat ihre eigenen Freunde und Bekannten, denkt nicht immer, die andern Frauen hätten es besser, und hat möglichst auch ein eigenes Zuhause.«[2] Doch gelang den Frauen dieser Akt der Selbstberuhigung?

Eine weitere Paradoxie fasziniert mich heute an den Nachkriegsfrauen: Sie gründeten damals zahllose politische Organisationen, glaubten sogar, die Zeit sei reif für reine Frauenparlamente, denn die Männer hätten durch Krieg und Nationalsozialismus abgewirtschaftet. Frauen kämpften für Frieden und gegen die Wiederbewaffnung, für die paritätische Teilhabe in der Politik und für gleiche Löhne. Doch die meisten Aktivistinnen stammten aus der Zeit *vor* dem Nationalsozialismus, fanden keine jüngeren Nachahmerinnen und mussten erleben, dass ihre Politik als alltagspraktisches Gedöns verniedlicht wurde. Haben sie sich deshalb ins Private zurückgezogen?

Das Jahrzehnt nach 1945 war, das scheint mir bis hierhin klar zu sein, ein Brennpunkt für weibliche Selbstwirksamkeit, aber auch für Ambivalenzen und Selbstvorwürfe. Es war die hohe Zeit der zupackenden, hemdsärmeligen Trümmerfrau und gleichzeitig die Inkubationszeit einer neuerlichen Verherrlichung von Ehe, Familie, Mütterlichkeit. Selten klafften Vorstellung und Realität so weit auseinander. Es waren die Frauen, die mit den Widersprüchen umgehen mussten. Gerade noch sollten sie sich im Nationalsozialismus vom Ideal der deutschen Mutter überzeugt zeigen, schon wurden sie wieder dafür gebraucht, in den Fabriken, Bauernhöfen und Handwerksbetrieben das Eisen aus dem Feuer zu holen, nur um ein paar Jahre später die alte Leier zu hören, dass Frauen ihrem Wesen nach friedfertig, zurückhaltend und bescheiden aufzutreten hätten.

Wie fanden sich die Frauen in diesem Wertechaos zurecht? Auf den folgenden Seiten kommen einige von ihnen zu Wort.

Sie sprechen zu uns durch die Zeugnisse, die sie hinterlassen haben. Die ausgewählten Quellen, Tagebücher und Briefe aus der Zeit stellen zwar keine quantitative Repräsentativität dar, aber sie können plausible Geschichten erzählen, und sie beleuchten die Selbstreflexion der Frauen vor dem damaligen Deutungshorizont. Daraus entstehen facettenreichere Figuren als die der ikonischen Trümmerfrau. Sie werden sich nicht in Schwarz und Weiß nachzeichnen und auch nicht in die ideologischen Schubladen des Kalten Kriegs einordnen lassen, sondern es werden Frauen sein aus Fleisch und Blut, die uns zu einem realistischeren Bild der deutschen Geschichte nach 1945 verhelfen.

1. Unschuldsvermutung

Geschichten vom Kriegsende in Deutschland beginnen meistens mit einem wahren Höllengemälde: Ganze Städte liegen in Schutt und Asche, Brücken, Straßen und Felder sind zerstört, Industrieanlagen unbrauchbar, Menschen irren durchs Land auf der Suche nach ihren Angehörigen, nach ihrer alten oder einen neuen Heimat. Wer noch ein Dach über dem Kopf hat, hungert und friert trotzdem. In diesem allgemeinen Elend der Nachkriegszeit ragt eine Figur deutlich heraus: die Frau, die versucht, alles zusammenzuhalten, die das Überleben sichert. Sie heilt Wunden, geht auf Hamsterfahrt, ergattert Kohlebriketts, krempelt die Ärmel hoch und greift zur Schaufel, um den Schutt wegzuräumen und das Land wieder aufzubauen. Es war die berühmte Rede des Bundespräsidenten Richard von Weizsäcker zum »Tag der Befreiung« am 8. Mai 1985, die das Vermächtnis dieser Nachkriegsfrauen tief im kollektiven Bewusstsein verankert hat: »Den vielleicht größten Teil dessen, was den Menschen aufgeladen war, haben die Frauen der Völker getragen. Ihr Leiden, ihre Entsagung und ihre stille Kraft vergisst die Weltgeschichte nur allzu leicht. Sie haben gebangt und gearbeitet, menschliches Leben getragen und beschützt. Sie haben getrauert um gefallene Väter und Söhne, Männer, Brüder und Freunde. Sie haben in den dunkelsten Jahren das Licht der Humanität vor dem Erlöschen bewahrt. Am Ende des Kriegs haben sie als erste und ohne Aussicht auf eine gesicherte Zukunft Hand angelegt, um wieder einen Stein auf den anderen zu setzen, die Trümmerfrauen in Berlin und überall.«[1]

Nicht zuletzt in dieser Rede wurde der Beitrag der Frauen nach der Kapitulation geradezu mystifiziert. Die Trümmerfrau ist seither eine Ikone, eine menschliche Antwort auf die unmenschlichen Zeiten. Sie half dabei, das Selbstbild der Deutschen zu reinigen. Mit ihrer Hilfe schien es möglich, die großdeutschen Fantasien, die Sehnsüchte nach einem unermesslich großen Land, das von einer »reinen Rasse« beherrscht würde, und die Verbrechen, die das alles motivierte, vergessen zu machen. Das Trümmerfrauennarrativ rückte, bewusst oder unbeabsichtigt, die Deutschen ein Stück weit auf die Seite der Guten, der Opfer. Denn wen möchte im Angesicht der trauernden und zugleich hart zupackenden Berlinerin nicht das Mitleid überkommen?

Doch bevor wir uns in Andacht und Respekt vor ihrer Aufbauleistung verbeugen, wollen wir uns die Zeit direkt nach dem Krieg näher ansehen. Denn am Anfang war nicht die Zerstörung der deutschen Städte und Infrastruktur, am Anfang waren die Trauer um Hitler und der zerstobene Traum von einem nationalsozialistischen Weltimperium.

Die Niederlage als Verlusterfahrung

Wir wollen nicht vergessen, selbst diejenigen, die zu jung waren, um Verantwortung für die Verbrechen der Nazis und den Angriffskrieg der Deutschen tragen zu müssen, waren oftmals bis zum Schluss von der Sache überzeugt gewesen. So wie Dorothee Karguth, die 1932 in Köln geboren worden und mit zwei Jahren nach Berlin gekommen war. Sie beklagt in ihren Erinnerungen an die Nachkriegszeit, dass sie eine Leidtragende des Nationalsozialismus sei.[2] Ihr Vater sei arbeitslos geworden, weil er noch nicht »entnazifiziert« werden konnte, als sei das nur ein lästiger Behördenakt. Er hatte bei der

IG Farben gearbeitet und im Russlandfeldzug Partisanen erschossen. In seinem Vokabular hieß das »die Wälder durchkämmen und die Banditennester ausräuchern«. Jetzt handelt er auf dem Schwarzmarkt, was für die Teenagertochter beschämend ist. Eine Nachbarin im Westerwald, wohin es sie nach Kriegsende verschlagen hatte, legt ihr nahe, sich für den Vater zu schämen. »Schlimm, wenn man PG [Parteigenosse] war«, raunt sie auf der Straße, wenn sie das Mädchen oder deren Mutter vorübergehen sieht. Für Karguth fühlt sich das alles unfair an.

In der Schule muss sie umlernen und neu lernen, zum Beispiel christliche Weihnachtslieder. Auch das ist für sie eine Zumutung. Bis dahin hatte sie nur die Lieder des Bund Deutscher Mädel (BDM) gekannt. Die Verbrechen der Deutschen werden ihr auf drastische Weise zur Kenntnis gebracht. Sie sieht mit ihrer Schulklasse einen Film über ein Konzentrationslager. »Das war ›Order‹ der französischen Besatzungsmacht. Reeducation? Direkt da fing es wohl schon an.« Ihr Vater wird in den Nachkriegsjahren immer schweigsamer. Er sei, so deutet es die Tochter, zu stolz, um einzugestehen, »dass seine NS-Weltanschauung und das glorreiche ›Tausendjährige Reich‹ ruhmlos zugrunde gegangen waren«. Darüber sei er depressiv geworden, wie viele Männer nach Kriegsende. Die Nazizeit hat jedoch nicht nur ihn verändert, sondern die ganze Familie, denn jetzt hat die Mutter auf einmal Oberwasser. Für die Tochter bedeutet das Kriegsende alles in allem, sich in einer neuen Umgebung einzurichten, in einer veränderten sozialen Position und in einer neuen Familiendynamik. Vom Zauber des Neubeginns spürt sie erst mal nichts.

Aus der ehemaligen Schülerin wird eine Heranwachsende, die Lebensmittel beschaffen und verarbeiten muss. Das schließt mit ein, dass sie als 15-Jährige einem verletzten Reh, das sie in einem Wald gefunden hat, die Schlagader öffnet und ihm an Ort und Stelle das Fell abzieht. Sie und ihre Geschwister müssen von klein auf Stallhasen versorgen, Futter schneiden und Schwerstarbeit in der Landwirtschaft leisten.

Aber ist Dorothee Karguth deshalb ein von den Zeitläufen »missbrauchtes« Mädchen, wie sie es uns nahelegt? Erst politisch verführt in der Hitlerjugend, dann in jungen Jahren von den Eltern als »Arbeitstier« ausgebeutet, gegen ihren Willen mit 15 Jahren zu einem Haushaltsjahr auf einem Hof verdonnert, bevor sie endlich mit 17 Jahren die Ausbildung zur Kinder- und Säuglingsschwester antreten darf? Der selbstmitleidige Blick passt damals ins Gesamtbild. Die meisten Deutschen glaubten noch, als der Krieg vorbei war, die Hitlerdiktatur sei gar nicht so schlecht gewesen und Deutschland um einen verdienten Sieg betrogen worden. Eine beliebte Fangfrage lautete: Wäre Adolf Hitler nicht als der beste Führer aller Zeiten in die Geschichte eingegangen, wenn er den Krieg gewonnen hätte? Wenn überhaupt eine Schuld der Deutschen eingestanden wurde, dann sah man sie bei der SS und den Parteibonzen. Bestimmt nicht bei den Frauen.

Besonders sie hielten sich zugute, mit den gewaltsamen Seiten des »Dritten Reichs« nichts zu tun gehabt zu haben. Schließlich hätten sie als unpolitisch gegolten und seien von den Machtpositionen ferngehalten worden. Sie fühlten sich, wie Dorothee Karguth, eher als Opfer der Umstände denn als Urheberinnen. Dabei lässt sich in Tagebüchern von Mädchen und Frauen aus der NS-Zeit und kurz danach nachlesen, dass sie sehr wohl fest hinter den militärischen und ideologischen Zielen des Regimes gestanden hatten. Sie waren natürlich auch Betroffene, wenn Familienangehörige an der Front fielen, vermisst wurden oder bei Bombardierungen starben, sie litten natürlich auch unter den andauernden Einschränkungen, die ein Krieg mit sich bringt, wenn sie zum Beispiel für viele Monate zum Reichsarbeitsdienst und zum Kriegshilfsdienst eingezogen wurden. Auf Ausbildungszeiten und Lebenspläne nahm der NS-Staat keine Rücksicht. Wenn sie Pech hatten, kamen sie nicht mehr dazu, einen Schulabschluss abzulegen, oder erhielten nur den als »Puddingabitur« herabgestuften Abschluss auf einer Frauenoberschule, der dem erhofften Berufsweg eine andere Richtung geben konnte. Dennoch standen auch die Frauen oft hinter dem Krieg und glaubten bis zum Schluss an die ominöse »Wunderwaffe«, mit deren Hilfe Deutschland doch noch siegen würde. Bei der Kapitulation am 8. Mai 1945 überwog das Gefühl des Verlusts.

Margrit Riegraf, Pfarrerstochter aus Stuttgart, die zu dem Zeitpunkt im Kreis Schwäbisch Hall lebt, schreibt als 16-Jährige in ihr Tagebuch: »Wer hätte das vor sechs Jahren gedacht! Stolz und siegesfreudig zogen sie aus, und nun! Doch wie tapfer haben sie zuerst gesiegt und dann ausgehalten. Und was hat die Heimat auch durchhalten müssen. Wenn man daran denkt, kann man nicht glauben, dass es umsonst gewesen ist. Unser liebes Vaterland ist zwar eine Stätte der Verwüstung, und den Krieg haben wir verloren, aber unser Volk muss wieder einmal wie schon so oft in die Tiefe steigen, dass es sich auf sich selbst besinnt. Dann wird diese schwere Zeit auch ihren Segen haben. Vielleicht geht auch in anderer Beziehung wieder ein Morgenrot für uns auf. Zwischen Amerika und Russland soll es nicht stimmen. Käme es zwischen ihnen zum Krieg, würden wohl die ›amerikanisch-deutschen‹ Soldaten mit amerikanischer Ausstattung Großes leisten können. [...] Die Liebe zu Deutschland geht einem erst in seinem Unglück auf.«[3] Mit anderen Worten: Da jongliert eine geistig schon mit dem nächsten Krieg.

Auch die Schülerin Thea Dietrich glaubt noch im April 1945 an den deutschen »Endsieg«: »Gott sei Dank habe ich noch so viel Optimismus und Glaube an einen deutschen Sieg! Kann die Gerechtigkeit zulassen, dass ein Volk wie das deutsche von brutalen Feinden mit den schändlichsten Mitteln ausgerottet werden soll? [...] Auch ich würde dem Werwolf beitreten, so könnte ich doch meine Liebe zum Vaterland beweisen.«[4]

Das sind bei Weitem keine Einzelfälle. Gabriele Strecker, Ärztin, Journalistin und Politikerin in Bad Homburg, erzählt in ihrer Autobiografie, wie sich die Frauen, die sie nach Kriegsende zur Diskussion bei sich zu Hause empfing, erst einmal über ihre eigenen Verluste beklagten, über die zerstörten Städte, die Einquartierungen, die Lebensmittelrationierung, und wie sie weniger gesprächig wurden, wenn es um ihre eigene Teilnahme an Nazifrauenorganisationen oder ihre zeitweilige Bewunderung für Adolf Hitler ging. Der Gesamteindruck sei ein »merkwürdiges Gemisch von Selbstmitleid, schlechtem Gewissen, trotzigem Aufbäumen und so viel gutem Willen, am Aufbau mitzuhelfen«, gewesen.[5]

Die eingebildete Verantwortungslosigkeit passte zum Bild, das der Nationalsozialismus von den Aufgaben der Frauen gezeichnet hatte: Ihre Stellung war die der treuen Kameradinnen an der Seite der Männer. Sie hatten ihren Anteil an der großen Sache zu erfüllen, in erster Linie als Mütter erbgesunder Kinder, aber auch als Ausbilderinnen beim BDM, als Führerinnen beim Reichsarbeitsdienst, als Psychologinnen bei der Selektion nicht »lebenstüchtiger« Kinder in Kinderheimen, beim Bearbeiten der deutschen Scholle, als Ehefrauen der Aufseher der Konzentrationslager, als aufopferungsvolle Krankenschwestern der versehrten Soldaten und so fort. Diese Rollenzuschreibung als Zuarbeiterin und Sorgende begrenzte eine sehr aktive Teilnahme an den Projekten des »Reichs«. Sie entlastete die Frauen im Nachhinein aber auch, denn ihren Part hatten sie in der zweiten Reihe gespielt, oder sie waren als Lückenbüßerin eingesprungen.

In frühen Analysen des NS-Herrschaftssystems hieß es, der Nationalsozialismus sei eine Ausgeburt der Moderne gewesen, was die individuelle Verantwortung der (weiblichen) Bevölkerung sehr reduzierte. Dann hieß es, die NS-Zeit sei eine Ausgeburt der patriarchalen Herrschaft gewesen, in der Frauen ebenfalls ohnmächtig gewesen seien. So oder so, die Frauen schienen bei Kriegsende dafür prädestiniert, eine ganz neue Rolle zu übernehmen, nämlich die der reinigenden und heilenden Kraft.

Nur eine Frau

Erst später fing die Gesellschaft an, die Rolle der ganz normalen Frauen in Krieg und Nationalsozialismus ernsthafter zu untersuchen. Zunächst fiel der Blick nur auf die offensichtlichen Täterinnen, etwa die KZ-Aufseherinnen oder Parteifunktionärinnen. Eine der bekanntesten und, wenn man so will, spektakulärsten Figuren war Ilse Koch. Obwohl sie »nur« die Ehefrau des Kommandanten des KZ Buchenwald war, wurde sie die »Kommandeuse« genannt. Ihre Geschichte stand für das ultimative Böse. Die Amerikaner klagten sie 1947 wegen Kriegsverbrechen an und warnten die Soldaten und Angehörigen der Besatzungsverwaltung mit ihrer Geschichte vor den angeblich verschlagenen deutschen Frauen. Der amerikanischen Bevölkerung zu Hause hielt das Beispiel Ilse Kochs vor Augen, welche Dimensionen die Verbrechen der Deutschen gehabt hatten und wie groß der Feind war, den man jetzt unter Kontrolle halten müsse. Der deutschen Öffentlichkeit gereichte Ilse Koch paradoxerweise zur Entlastung – im Vergleich zu dieser »Bestie« und »Hexe« war der normale Durchschnittsmensch und erst recht die normale Durchschnittsfrau geradezu ein Ausbund an Moral und Anstand gewesen.

Ilse Koch war eine Überzeugte. Sie trat schon 1932 in die NSDAP ein, heiratete im KZ Sachsenhausen einen geschiedenen und vorbestraften SS-Mann – Karl Otto Koch, der dort Kommandant war – und trat selbst in die Organisation ein. Diese Entscheidung war alles andere als privat, denn wer in den »Orden« Heinrich Himmlers einheiraten durfte und wer es wert war, sich mit einem SS-Mann fortzupflanzen, entschied die SS. Selbst der Termin und das Zeremoniell der Hochzeit wurden festgelegt. Emotionaler Höhepunkt war der Moment, in dem SS-Angehörige mit Fackeln dem Brautpaar Spalier standen.

Ilse Koch, die 1906 in einfachen Verhältnissen in Dresden geboren wurde, berauscht die Aussicht auf sozialen Aufstieg, und sie nutzt die steile Karriere ihres Mannes für das eigene Wohlleben. Als Karl Otto Koch nach verschiedenen Stationen in anderen Konzentrationslagern im Jahr 1937 Kommandant von Buchenwald wird, bezieht sie eine Villa direkt am Zaun. Dort bekommt sie drei Kinder und lässt es sich gut gehen. Die Hausherrin hält Häftlinge als Hausangestellte, feiert und geht, genauso wie ihr Mann, fremd. Ein scheeler Blick eines Häftlings auf ihren Reichtum oder auf ihre üppige Figur reicht, um den Übeltäter zu denunzieren und den Wachmannschaften auszuliefern. Wenn sie es so will, wird er ausgepeitscht, wobei sie gerne zusieht, auch wenn die Sache mit seinem Tod endet.

Eines Tages ist es vorbei mit den Lustbarkeiten, denn den Parteigenossen ist nicht entgangen, dass sich die Kochs am »Volkseigentum« bereichern. Die Eheleute bestehlen die KZ-Häftlinge, und anstatt das Diebesgut abzugeben, wie es Vorschrift wäre, verwenden sie es für den eigenen Bedarf oder bestechen damit andere Funktionäre. Im Jahr 1943 werden Karl Otto und Ilse Koch verhaftet. Er wird wegen Hehlerei und Wehrkraftzersetzung im KZ Buchenwald hingerichtet, sie bleibt 16 Monate in Untersuchungshaft.

Spätestens zu diesem Zeitpunkt beginnt die Legendenbildung. Es kursieren Gerüchte, es habe im Hause Koch Gebrauchsgegenstände wie Lampenschirme und Buchhüllen aus gegerbter Menschenhaut gegeben. Obwohl sich das nie beweisen lässt, trägt die Schauergeschichte dazu bei, dass Ilse Koch von der US-Armee als Kriegsverbrecherin erneut verhaftet und vor Gericht gestellt wird. Im August 1947 erhält sie als einzige weibliche Angeklagte im Buchenwald-Hauptprozess wegen Verbrechen gegen die Menschlichkeit eine lebenslange Freiheitsstrafe. Wäre sie in der Untersuchungshaft nicht schwanger geworden – von wem, ist nicht bekannt –, hätte ihr womöglich die Todesstrafe gedroht. Sie legt Revision ein, und ihr Urteil wird aus formaljuristischen Gründen auf vier Jahre verkürzt. Doch schon beim Verlassen des Kriegsverbrechergefängnisses in Landsberg wartet erneut ein Haftbefehl auf sie. Diesmal kommt sie vor ein deutsches Gericht, das sie wegen Anstiftung zum Mord, versuchten Mordes und schwerer Körperverletzung zu lebenslänglichem Zuchthaus verurteilt. Bis zum Schluss beteuert sie in Briefen an ihre Kinder, Anwälte und Unterstützer ihre Unschuld. Sie wähnt sich als Opfer einer jüdischen Verschwörung und der »Siegerjustiz«.

Ilse Koch sagt im Prozess gegen das ehemalige Lagerpersonal und die Häftlinge von Buchenwald zu ihrer eigenen Verteidigung aus. Sie blieb bis zu ihrem Tod eine unbelehrbare Antisemitin.

Ilse Koch bleibt eine glühende Antisemitin. Selbstzweifel kommen ihr nicht, soweit wir wissen. Denn sie hat ein schlagendes Argument auf ihrer Seite: Sie war doch nur eine Frau. Für Ilse Koch war Ilse Koch immer nur eine liebevolle Mutter und ergebene Ehefrau gewesen.[6] Am 1. September 1967 nimmt sie im Frauengefängnis Aichach den Strick.

Je tiefer die Forschung in die NS-Zeit eintaucht, desto mehr Frauen entdecken wir, die von der Aussicht auf sozialen Aufstieg und auf eigene Wirksamkeit betört wurden. Zum Beispiel bei der »Kolonisation« der Gebiete im Osten. Sie träumten gemeinsam mit den Männern den Traum von den endlosen Weiten, die es zu besiedeln, »rassisch« zu bereinigen und mit deutschem Wesen zu tränken gelte, und sie ließen sich zum Osteinsatz beordern oder meldeten sich freiwillig. Dadurch trugen sie zur »Lebensraum«-Politik bei. Abgesehen davon, dass in der nationalsozialistischen Ideologie auch die Funktion der Mutter und Ehefrau politisiert und instrumentalisiert war, trägt das Argument, »nur« eine Frau gewesen zu sein, heute nicht mehr.

Im Namen der Wissenschaft (und des Führers)

Auch in Hildegard Hetzers Selbstsicht gibt es keine Schatten. Sie wird 1899 in die komfortable Welt einer großbürgerlichen Wiener Familie hineingeboren. Ihre Eltern führen sie in Kunst, Kultur und Geselligkeit ein, bezahlen Privatlehrer und Gouvernanten sowie lange Wochen in der Sommerfrische. Sie begleitet ihren Vater, einen Anwalt, auf die Pirsch und lernt dabei viel über die Natur. Nach dem Abitur will sie das Gut ihres Vaters in Kroatien übernehmen, doch nach dessen Verlust bei Kriegsende 1918 absolviert sie stattdessen eine Ausbildung zur Sozialfürsorgerin. Sie wirkt als Horterzieherin auch in Wiener Problembezirken und erarbeitet zusammen mit den berühmten Wiener Psychologen Karl und Charlotte Bühler Entwicklungstests. Ihre Forschungsobjekte sind die Kinder, die im sogenannten Glashaus leben. Das Glashaus ist die städtische Verwahrstelle für Kinder, die an Heime oder Adoptiveltern vermittelt werden sollen. Seinen Namen hat es von den Zimmern mit gläsernen Wänden, durch die Studierende und Fachleute die Kinder Tag und Nacht beobachten und begutachten können.

Von Wien aus geht Hetzer ins westpreußische Elbing an die Pädagogische Akademie, wo sie als Professorin für Psychologie und Sozialpädagogik Volksschullehrer ausbildet. Laut ihren Memoiren wird sie nach dem Machtantritt der Nationalsozialisten wegen politischer Unzuverlässigkeit entlassen, findet allerdings sofort wieder Arbeit als Expertin für Kindesmisshandlung und als Psychologin in einem »Sonderkindergarten« für psychisch auffällige Kinder in Berlin. Nach kurzer Zeit wird sie von der Nationalsozialistischen Volkswohlfahrt als Erziehungsberaterin dienstverpflichtet.

Interessant ist, dass sie in ihrer Selbstdarstellung bis zu diesem Punkt keinerlei Interessenkonflikte zwischen ihrer Wissenschaft und der eugenischen Politik des Staates erwähnt. Wahrscheinlich sind da keine, obwohl der Nationalsozialismus im Umgang mit »Erbkrankheiten« – eine Schublade, in die von der Norm abweichende Kinder nur allzu schnell kommen – keine Gnade kennt.

Der nächste Einsatzort Hetzers ist ab 1942 das Gaukinderheim Brockau in Posen, wo polnische Waisenkinder zusammengefasst werden, die bei der »Umsiedlung« ihre Eltern verloren hatten oder ihren Eltern entrissen worden waren. Hildegard Hetzers Aufgabe ist es, die Kinder zu begutachten und zu entscheiden, ob sie aufgrund ihrer Konstitution und geistigen Entwicklung »eingedeutscht« werden könnten. Der deutsche Staat ist hungrig nach mehr Menschenmaterial. Wenn die Kinder relatives Glück haben, kommen sie in ein deutsches Heim oder werden im Reichsgebiet zur Adoption angeboten. Wenn sie kein Glück haben, kommen sie in ein Lager und werden unter Umständen ermordet. Vierzig Prozent erleiden das zweitere Schicksal.

Obwohl Hildegard Hetzer in einem Schreiben des Reichsinnenministers Heinrich Himmler namentlich für diese Aufgabe ausgewählt worden war, bekundet sie in ihrer Autobiografie, von diesen Hintergründen ihrer Gutachtertätigkeit nichts gewusst zu haben.[7] Sie habe nicht gemerkt, dass es sich um polnische Kinder handelte, sondern geglaubt, verwahrloste deutsche Kinder vor sich zu haben, die einfach nur schlecht Deutsch sprachen. Sie beschreibt, wie schwierig es gewesen sei, die Kinder zu befragen, da sie oft nichts über ihre Herkunft gewusst hätten. Ein Kleinkind, das sie begutachten sollte, habe beispielsweise ein Muttergottesbild um den Hals getragen, sei aber beschnitten gewesen. So habe die Psychologin annehmen müssen, dass es aus einem Getto stammte und, um sein Leben zu retten, als Christ getarnt worden sei. Was aus diesem wahrscheinlich jüdischen Jungen wurde, verrät sie nicht, dafür berichtet Hetzer, dass sie ein stark entwicklungsverzögertes Kind eines »volksdeutschen« Wehrmachtssoldaten vor dem Arzt des Gesundheitsamtes versteckt habe, damit es nicht als »lebensunwert« eingestuft wurde. Ihr Eingreifen sei jedoch nicht immer erfolgreich gewesen, gibt sie zu, was sie damals schwer bedrückt habe. Nach zweieinhalb Monaten endet dieser Einsatz, Hetzer soll die Erziehungsberatungsstelle in Posen aufbauen. Auch in dieser Zeit will sie von allen Besprechungen und Dienstschreiben mit politischem Inhalt ferngehalten worden sein.[8]

Hetzer engagiert sich insgesamt zweieinhalb Jahre in der rassistischen Bevölkerungspolitik, dann erst meldet sie sich krank und lässt sich von einem ihr bekannten Psychiater in Berlin zur »Erholung« ins Erzgebirge schicken. Von dort aus kommt sie aufgrund einer schweren Depression in eine Psychiatrie im Harz. Es fällt auf, was Hildegard Hetzer in ihren Erinnerungen weggelassen hat: Sie reflektiert mit keinem Wort ihre Tätigkeit im Nationalsozialismus, sondern überlässt es uns beim Lesen, Schlussfolgerungen zu ziehen. Auch erwähnt sie nicht, dass ihre Bewerbung bei ihrer ehemaligen Arbeitsstelle in Wien nach Kriegsende abgelehnt wird mit Hinweis auf ihre Tätigkeiten im NS-System. Im Gegenteil stellt sie es so dar, als sei ihr Leben nach Kriegsende bruchlos weitergegangen mit der Berufung als Professorin an die Pädagogische Hochschule in Weilburg an der Lahn und später an die Universitäten in Marburg und Gießen.

Ihre ehrenvolle Wiedereingliederung in die Wissenschaft und Lehre und in die deutsche Gesellschaft verdankt sie ihren Kontakten in der Fachwelt und einem für sie vorteilhaften Entnazifizierungsverfahren, bei dem sie selbst als ihre eigene Kronzeugin auftreten darf. Am Ende wird ihre unbeirrbare Ignoranz mit dem Bundesverdienstkreuz belohnt. Doch es ist hier nicht der Ort, den fragwürdigen Umgang der Gesellschaft und der Wissenschaft mit den nationalsozialistisch Belasteten zu diskutieren. Wir wollen vielmehr herausfinden, wie sich Frauen nach 1945 zu ihrer NS-Vergangenheit gestellt haben.

Hetzer wie auch Koch zeigten sich weder reuig noch beschämt. Die Psychologin und die Ehefrau des KZ-Kommandanten hatten sich an entgegengesetzten Polen weiblicher Wirksamkeit im Nationalsozialismus schuldig gemacht. Die eine hochprofessionell, die andere wie beiläufig. Aber auch ganz »normale« Frauen hätten nach dem Ende des Nationalsozialismus Anlass gehabt, mit sich selbst ins Gericht zu gehen. Frauen haben an ihrer Position, ob in der Familie, im Staat, in der Kriegswirtschaft oder sogar in der Wehrmacht und in den Konzentrationslagern, ihren Beitrag für das verbrecherische System geleistet. Das Bild der unpolitischen Frau, ihre scheinbar passive Rolle in der braunen Ideologie, ihre Bedeutung für den Wiederaufbau und die erhoffte moralische

Gesundung des Landes verdeckten diese Tatsachen. Zudem wurden manche Frauenaktivistinnen, Politikerinnen, Wissenschaftlerinnen und Intellektuelle nach der »Machtergreifung« 1933 tatsächlich verfolgt und aus ihren Positionen gejagt. Das wirkte für viele andere Frauen wie ein Alibi.

Ganz normale Frauen

Ein Beispiel für weibliche Kollaboration und nachträgliches Leugnen jeder Verantwortung ist auch die Geschichte von Johanne Eilers. Die 1888 geborene Tochter eines Schmiedes bestritt über lange Jahre der Internierung durch die Alliierten hinweg nicht nur ihre Schuld, sie ging sogar so weit, ihrem Opfer die Schuld zu geben. Eilers trat im März 1933 in die NSDAP ein und brüstete sich später damit, als eine der Ersten in ihrem Stadtteil von Langen bei Bremerhaven die Hakenkreuzfahne gehisst und ihre drei Söhne im »nationalen Geist« erzogen zu haben.[9] Sie ist so überzeugt von der Sache, dass sie mehrere Mitglieder nationalsozialistischer Organisationen denunziert, die in ihren Augen zu lethargisch und zu wenig überzeugt sind oder verbotenerweise in Geschäften jüdischer Inhaber einkaufen. Dabei macht die zweifache Witwe selbst vor dem NSDAP-Ortsgruppenleiter nicht halt. Ihren Verleumdungen, so konnte rekonstruiert werden, gingen immer persönliche Streits voraus. Wahrscheinlich hat sich die Frau auf diese Art und Weise an ihren Mitmenschen selbst für kleinste Reibereien gerächt.

Im Januar 1944 begegnet Johanne Eilers auf dem Hof ihrer Schwägerin dem invaliden Rentner und Gelegenheitsarbeiter Georg Meyer. Der 1875 geborene Kommunist ist bereits bei der Gestapo aktenkundig. An diesem Morgen wirkt er verärgert, weil er gerade erfahren hat, dass sein Enkel eingezogen werden soll. Er glaubt nicht daran, dass dieses Opfer noch Sinn hat, und sagt zu Eilers und ihrer Schwägerin, Deutschland gehe wie im Ersten Weltkrieg militärisch unter. Wenige Wochen später berichtet Eilers dem Ortsgruppenleiter der NSDAP in einem Brief ausführlich über das Gespräch. Sie fordert ihn auf, Meyer zu ermahnen, dass er mit Frauen, die gerade ihre Söhne im Krieg verloren hätten, nicht auf diese Weise sprechen dürfe. Der fast 70-jährige Georg Meyer wird deshalb am 14. Juni 1944 hingerichtet. Zwei Jahre später erstellt seine Tochter Strafanzeige gegen die Denunziantin. Eilers erklärt sich für völlig unpolitisch, streitet alles ab, und als sich ihre Verurteilung abzeichnet, behauptet sie sogar, ihr Opfer habe sich selbst belastet. Das erste Urteil der Spruchkammer Bremerhaven fällt am 28. August 1948. Die 59-jährige Eilers wird zu sieben Jahre Arbeitslager dafür verurteilt, dass sie den Arbeiter wegen angeblich wehrkraftzersetzender Äußerungen denunziert hat. Dass Eilers empfindlich bestraft wird, hängt mit ihrer fehlenden Reue zusammen. Die Richter lassen nicht gelten, dass sie als Frau von Haus aus unpolitisch gewesen sein will. Sie unterstellen ihr, sich durch ihr Verhalten einen Vorteil erhofft zu haben.

Entnazifizierung der Frauen

Die Besatzungsarmeen hatten erwartet, dass in deutschen Frauen mehr stecken konnte als nur harmlose Hausfrauen und Mütter. Sie hielten die weibliche Bevölkerung sogar für besonders gefährlich. Schon vor Kriegsende hatten amerikanische Untersuchungen vor dem hohen Organisationsgrad der Frauen und der notorischen weiblichen Hitlerbewunderung gewarnt. Immerhin war ein Drittel der Frauen in einer der NS-Gliederungen. Frauen waren genauso wie Männer Teil der idealisierten »Volksgemeinschaft« gewesen, die im Krieg gegen den »Feind« gestanden hatten. Sie waren für die Rüstungsindustrie mobilisiert und massenhaft in den Reichsarbeitsdienst eingezogen und im Luftschutz, an der Flak, aber auch an der Front beim Roten Kreuz eingesetzt worden. Frauen erlebten in der Kriegsgesellschaft, wenn auch keine Emanzipation im klassischen Sinne, so doch Gelegenheiten, zu wirken und sozial aufzusteigen.[10] Nachdem das NS-Regime gestürzt war – so befürchteten die Amerikaner –, hätten gerade diese Frauen ihren Lebensinhalt verloren und würden womöglich die neuen Machthaber im Land bekämpfen und der Demilitarisierung und Demokratisierung im Weg stehen. Das Hauptquartier der alliierten Streitkräfte SHAEF (Supreme Headquarters, Allied Expeditionary Force) hielt diese Gefahr für so groß, dass Soldaten nicht nur jeder Kontakt mit Zivilistinnen verboten war, damit sie nicht zum Geheimnisverrat verführt werden könnten. Auch sollten möglichst alle Führerinnen des BDM, des Reichsarbeitsdienstes sowie andere Funktionärinnen im Hitlerstaat unter automatischen Arrest gestellt werden.

Der BDM wurde als eine Brutstätte militaristischer Erziehungsmethoden betrachtet und genauso ernst genommen wie die NS-Frauenschaft (NSF), der Frauendachverband der NSDAP. Ein Aufgabenbereich der NSF war es immerhin gewesen, Frauen zu künftigen Müttern von körperlich tüchtigen und ideologisch zuverlässigen Untertanen zu erziehen – sprich, bei den Frauen konnte, so glaubte man, das Problem bei der Wurzel gepackt werden. Auch wenn das nicht alle Verantwortlichen bei den westlichen Alliierten für richtig hielten, wurden auch Luftwaffenhelferinnen in Kriegsgefangenschaft genommen, SS-Helferinnen, Gestapo- und SD-Angestellte sowie Mitarbeiterinnen des »Lebensborn«, Führerinnen des BDM und der NSF und nicht zuletzt Ehefrauen von hochrangigen Nazis.[11]

Bei den Amerikanern war hierfür das CIC (Counter Intelligence Corps) zuständig. Der Auftrag hieß, Spionage zu verhindern und zu entnazifizieren. Aus der ersten Phase sind nur Gesamtzahlen bekannt: Zwischen dem 21. und 23. Juli 1945 wurden 85 000 Personen verhaftet. Die Verhaftungsquote betrug im Mai 1945 200 Personen am Tag, im August schon 700. Im Dezember 1945 saßen 128 0000 Menschen im Internierungslager, im März 1946 137 000, im November 1946 insgesamt 170 000.[12] Die Sowjets sperrten 189 000 Menschen in zehn Lager ein. Die Aussichten der Inhaftierten unterschieden sich je nach Besatzungsmacht. Die Amerikaner entließen schon zum Jahreswechsel 1945/46 die Hälfte und übergaben im Jahr 1947 die Lager den Deutschen. In den sowjetischen Lagern waren die Lebensbedingungen so schlecht, dass ungefähr ein Drittel der Gefangenen an Hunger, Kälte und Infektionskrankheiten starb.

Wie viele Frauen interniert wurden, ist unklar. Es gab zwar Frauenabteilungen und ganze Frauenlager, die allerdings auch mit Männern belegt wurden, aber keine Statistiken. So kann nur ganz grob davon ausgegangen werden, dass es mehrere tausend Frauen waren, die unter der US-Besatzungsmacht interniert wurden, während es bei den Männern Hunderttausende waren. Dennoch wird beim Vergleich der Verfahren und Urteile der Spruchkammern in den Internierungslagern ein Unterschied erkennbar. Frauen und besonders Mütter wurden offenbar besonders streng abgeurteilt. Sie galten im zeitgenössischen Rollenverständnis als widernatürlich und besonders verabscheuungswürdig, weil sie sich nicht an das Skript des »friedlichen Geschlechts« gehalten hatten.

Frau beim Aufhängen der Wäsche im Internierungslager für Frauen in Ludwigsburg im Jahr 1947

Maria Everding, geboren 1875, gestorben 1957, kam für zwei Jahre ins Internierungslager der Amerikaner. Sie war eine von rund achthundert Leiterinnen der Kreisgruppe der NS-Frauenschaft gewesen.[13] In den Augen der Sieger gehörten sie in »automatischen Arrest«, weil sie mit ihrer Aktivität den Krieg verlängert hätten. Everdings Geschichte ist einer der seltenen Fälle, in denen die Frau sogar als stärker belastet gilt als der Mann. Hermann Everding, Parteimitglied seit 1935, war Direktor der Braunkohlenindustrie AG gewesen, bis er 1945 von den Amerikanern seines Amtes enthoben und als Mitläufer eingestuft wird. Während Maria Everding im Lager in Ludwigsburg schmort, sammelt Hermann in Freiheit entlastende Dokumente und Zeugenaussagen zugunsten seiner Frau und macht Eingaben zu ihrem Verfahren. Er versorgt sie mit Lebensmitteln, schickt Bilder von seiner neuen Unterkunft und berichtet aus dem Bekannten- und Verwandtenkreis. Besuch ist nur alle sechs Wochen erlaubt und muss drei Wochen im Voraus beantragt und auf die Stunde genau festgelegt werden. Verbunden bleibt das Paar durch Briefe. Sehr offen schreiben sie sich allerdings nicht wegen der Zensur.

Obwohl sie stark untergewichtig ist, bemüht Maria Everding Durchhalteparolen. Wer das Kriegsende 1918 durchgestanden habe, dem könne ihre Situation nichts mehr anhaben. Nach einer Weile wird sie vom Lager Ludwigsburg ins Lager Göggingen verlegt, das nur aus Holzbaracken besteht und wo auch die Frauen von Hermann Göring, Baldur von Schirach, Rudolf Hess und Hans Frank zeitweilig interniert sind. Sie preist die neue Umgebung, weil es keine Läuse und Ratten mehr gebe und ausreichend Nahrungsmittel. Die Hauptsache sei aber ihr reines Gewissen. Sie habe als Führerin der Frauenschaft immer nur anderen helfen wollen. Einsicht oder gar Reue kommen ihr bis zum Schluss nicht. Auch noch nach knapp zwei Jahren Haft teilt sie ihrem Mann mit: »Im übrigen, ich fürchte die Spruchkammer nicht. Wenn jeder so guten Glaubens war und so ehrlich handelte und bereits 20 Monate inhaftiert ist, weder Nutznießer noch Verbrecher war – ich kann mich da nicht aufregen.«[14]

Die Idee, Frauen seien von Natur aus das friedvollere Geschlecht, wirkt bis heute nach. Was sollte schon gefährlich sein an einer Entwicklungspsychologin, einer Ehefrau eines KZ-Kommandanten oder einer alleinerziehenden Kriegswitwe? Diese Fehleinschätzung erleichterte den Selbstbetrug der Betreffenden. Hetzer hat ihre Memoiren im Jahr 1988 veröffentlicht. Zu diesem Zeitpunkt wäre eine kritischere Darstellung der eigenen Handlungsweise erwartbar gewesen, zumindest hätte die Psychologin deutlicher von der damaligen Begrifflichkeit abrücken müssen. Doch sie benutzte nach wie vor die in der NS-Zeit übliche Sprache wie »arisch«, »lebensunwert« etc. ohne Anführungszeichen und setzte ausgerechnet das Wort Jude in Anführungszeichen, als wäre das eine nationalsozialistische Kategorie gewesen. Sich selbst zählte sie zu den Opfern Hitlers.[15]

Frauen waren also bei Kriegsende genauso blind für ihre Beteiligung am deutschen Zivilisationsbruch wie Männer. Obwohl schätzungsweise Hunderttausende, vielleicht sogar Millionen Deutsche im Staat und in der Wirtschaft in die Gewalttaten involviert gewesen waren, war es den meisten nicht möglich, von den eigenen Leiden und Verlusten durch den Krieg abzusehen und die ursächlichen Zusammenhänge mit den deutschen Verbrechen herzustellen. Die weitverbreiteten Strategien, sich zu entlasten, lauteten: Ich habe von nichts gewusst, oder: Ich konnte nichts tun. Auf diese Art erklärten sie sich selbst zu »unschuldigen Zuschauern« des Geschehens im »Dritten Reich«.[16] Es gehört in das Gesamtbild, dass sich

Frauen nach 1945 auf Grundlage eines patriarchalen Bildes vom weiblichen »Wesen« selbst großzügig entlasten konnten. Sie nutzten den Mythos von der »friedfertigen Frau« sogar in doppelter Hinsicht – um rückwirkend die eigene Unschuld zu beteuern und um mit Blick nach vorne mehr gesellschaftliche Beteiligung einzufordern. Schließlich hätten sie sich die Hände nicht schmutzig gemacht.

2. Gewalterfahrung

Es gab keine Stunde Null für die Frauen, wie wir gesehen haben. Ihre Nachkriegsgeschichte begann auch nicht, wie es meistens erzählt wird, mit dem Kraftakt für das eigene Überleben, die Versorgung der Angehörigen und den Wiederaufbau des Landes. Ihre Geschichte begann vielmehr mit einer Welle sexualisierter Gewalt, wie sie noch nie zuvor erlebt worden war und wie sie sich bis heute auch anderswo nicht wiederholt hat. Die Flucht und Vertreibung aus den ehemaligen Ostgebieten, die Einnahme des Landes und die Besatzungszeit bis 1955 waren der Auslöser für die größte Massenvergewaltigung in der Geschichte. Wie ich in meinem Buch *Als die Soldaten kamen* ausgeführt habe, müssen wir mit ungefähr 860 000 Opfern rechnen.[1] Diese Zahl basiert auf meiner Schätzung und ist nur ein grober Anhaltspunkt. Gesichert ist, dass die sexualisierte Gewalt flächendeckend geschah und dass davon eine ganze Generation betroffen war. Berlin als ein besonders leidgeprüfter Schauplatz, aber auch andere Städte wie Stuttgart, München und Hamburg standen im Brennpunkt der Vergewaltigungen. Die Menschen, die aus Schlesien, Pommern, Ostpreußen flüchten mussten, waren besonders gefährdet, aber auch der Schwarzwald, der Bayerische Wald, das bayerische Oberland oder das Emsland waren Schauplätze sexualisierter Kriegsgewalt. Frauen (und auch manchen Mann und manches Kind) konnte es überall treffen, unabhängig von Wohnort, Lebenslage, Stand und Alter. Die Vergewaltigung zu Kriegsende war eine omnipräsente Erfahrung vieler Deutscher, und die, die es nicht selbst traf, fürchteten sich davor. Die Bevölkerung war in gewisser Weise sogar darauf vorbereitet worden, weil die Prophezeiung dieser Konsequenzen der Kriegsniederlage Teil der Durchhaltepropaganda gewesen war.

Eine Welle von Vergewaltigungen ergreift das ganze Land

Die Täter trugen die Uniformen der Roten Armee, der französischen, britischen, amerikanischen oder kanadischen Truppen, die Taten glichen sich. Es lief meist nach demselben Drehbuch ab: Ein Ort wurde eingenommen, dabei kam es zu mehr oder weniger großen Scharmützeln, je nachdem, ob die Deutschen den Übergang friedlich gestalteten oder sich mit letzter Kraft dem Unvermeidlichen entgegenstellten. Als Nächstes durchsuchten die Siegermilitärs die Häuser auf der Suche nach Waffen, Armeeangehörigen und Parteiabzeichen. Dabei stellten sie fest, wer wo wohnte, gaben untereinander Adressen weiter. Dann konnte es passieren, dass sie die Gelegenheit nutzten – aufgeheizt von den Jahren des Kampfes, den eigenen Verlusten, dem Entsetzen über die Gräueltaten der Deutschen und von der Gruppendynamik. Ein Soldat schob Wache, ein anderer hielt anwesende Männer, falls vorhanden, in Schach, andere machten sich über die Frauen im Haus her. In manchen Fällen verschleppten sie ihre Opfer, fuhren mit ihnen in den nächsten Wald oder brachten sie in Gasthäusern oder requirierten Privatunterkünften unter, um sie systematisch zu missbrauchen. Die Mehrzahl der Taten waren Gruppenvergewaltigungen, das heißt, viele Betroffene wurden mehrfach hintereinander misshandelt. Es konnte überall geschehen, am helllichten Tag in der Stadt, auf versteckten Almhütten, auf dem Weg zum Feld, bei der Büroarbeit in der

Besatzungsverwaltung, nachts auf der Straße, wenn Soldaten betrunken aus einer Bar kamen.

Aus manchen Orten gibt es genaue Schilderungen wie zum Beispiel in der Erzdiözese München-Freising, wo die Pfarrer sogenannte Einmarschberichte über die ersten Tage der Besatzung für den Bischof verfassen sollten. Darin finden sich Beschreibungen einzelner Übergriffe auf Gemeindemitglieder und tumultartiger Nächten, in denen es zwischen den Soldaten und Bewohnern hin- und herging. Frauen wurden versteckt, lokale Autoritäten flehten bei den Befehlshabern um Gnade. Die Gegenmaßnahmen der Zivilbevölkerung blieben meistens erfolglos. Auf deutscher Seite gab es keinen funktionierenden Staat mehr, Polizei und Gerichte hatten gegen die neuen Herren im Land keine Handhabe. Zuständig war allein die Militärgerichtsbarkeit. Alle Siegerarmeen verboten die Übergriffe auf die Zivilbevölkerung strikt und sanktionierten sie mit harten Strafen. Überführte Täter konnten zu vielen Jahren Haft und auch zum Tod verurteilt werden. Das Problem war, dass die Armeeführungen aber oft ein Auge zudrückten und ihre Soldaten vor rechtlichen Konsequenzen schützten, indem sie ihnen ein Alibi gaben oder sie an einen anderen Standort verlegten.

In Stuttgart wurden zwischen dem 21. und dem 30. April 1945, also innerhalb von nur zehn Tagen, 1389 Vergewaltigungen durch französische Armeeangehörige gemeldet. Vier der Opfer, die sich an die Polizei wandten, waren unter vierzehn, vier über siebzig Jahre alt. Auch das entspricht dem allgemeinen Bild, ebenso wie die mangelnde Differenzierung der Besatzungssoldaten zwischen Freund und Feind. Übergriffe wurden in Stuttgart auch auf eine Russin, eine Schweizerin, eine Belgierin, eine Norwegerin sowie auf »Ostarbeiterinnen«

registriert. Andernorts machten die Täter nicht einmal vor befreiten KZ-Häftlingen halt. Nachdem die Franzosen aus Stuttgart abgezogen waren, übernahmen die Amerikaner das Ruder – und es ging weiter. Zwischen Mai und Juli 1945 wurden 81 Fälle polizeilich festgehalten.[2] In Moosburg in Oberbayern befreiten die Amerikaner ein Kriegsgefangenenlager mit bis zu 200 000 Insassen aus allen Nationen. Eigentlich sollte die Stadt kampflos übergeben werden, doch Waffen-SS und Volkssturm beschossen den Gegner. Auf Befehl der amerikanischen Militärregierung musste daraufhin an jeder Haustüre eine Liste mit Namen und Alter sämtlicher Hausbewohner angebracht werden. »Wie diese Verfügung sich auswirkte, lässt sich leicht denken. Siebzehn Mädchen und Frauen, von Negern einmal oder mehrmals missbraucht, werden ins Krankenhaus eingeliefert; andere Frauen und Mädchen kommen in die Sprechstunde des Arztes. Auch im Nachbarsort Volkmannsdorf vergewaltigen schwarze Amerikaner eine Frau«, kommentiert das der örtliche Pfarrer. Dass er sich nur über die Taten von schwarzen Soldaten auslässt, ist damals typisch. So reagierte die deutsche Gesellschaft allgemein auf die Gewalttaten von afroamerikanischen oder Kolonialsoldaten der französischen Armee mit rassistisch unterfütterter Abscheu, während weißhäutige Täter sogar damit entschuldigt wurden, dass sie von den weiblichen Opfern vermutlich »verführt« worden seien. Das Schicksal eines Dienstmädchens bewegt den Moosburger Pfarrer offenbar sehr. Sie muss nach der Vergewaltigung ins Krankenhaus, in die »Irrenzelle«, wie es damals heißt. Eines Nachmittags sieht sie drei amerikanische Soldaten mit Stahlhelm das Krankenhaus betreten. Voller Panik läuft sie in den dritten Stock und stürzt sich in die Tiefe. Ein amerikanischer Armeearzt stellt einen Schädelbruch fest.

Am 1. August 1945 meldet der Pfarrer: »Sie lebt noch, befindet sich auf dem Wege der Besserung und ist geistig wieder normal.«[3]

Traumatisiert und ohne Sicherung und Netz

Hier ist nicht der Ort, die Massenvergewaltigung ausführlich zu rekapitulieren. Das habe ich in zwei anderen Büchern getan.[4] Wichtig für unsere Beschäftigung mit der Nachkriegsgeschichte der Frauen sind die Auswirkungen und langfristigen Folgen. Das eine waren individuelle Konsequenzen, das andere die kollektiven, die wiederum für die einzelnen Betroffenen entscheidend waren. Denn das Ausmaß eines psychischen Traumas ist auch davon abhängig, wie angemessen oder unangemessen die Umgebung des Opfers reagiert. Frauen wurden verletzt, infiziert, schwanger, traumatisiert. Abgesehen von der medizinischen Versorgung reagierte die Umwelt auf keine der Folgen angemessen. Die Angst vor Geschlechtskrankheiten motivierte die Besatzungsmächte gemeinsam mit deutschen Behörden zu gnadenlosen Maßnahmen. Unter anderem wurden Frauen beliebig auf den Straßen eingesammelt und zu Zwangsuntersuchungen gekarrt – denn sie galten als Infektionsherde, nicht etwa die Männer der Truppen. Die Untersuchungen waren demütigend und konnten das Ansehen der Frauen beschädigen, wenn sie vor den Augen der Mitbürger gemeinsam mit Prostituierten den Ärzten zugeführt wurden.

Mit Plakaten wie diesem aus dem Jahr 1947 wurden vor allem die Männer vor Frauen als potenziellen Infektionsquellen gewarnt.

Schwangerschaftsabbrüche blieben im Allgemeinen verboten, waren nur zu bestimmten Zeiten in bestimmten Regionen rein theoretisch möglich. In Bayern entschied auf Grundlage einer

Regelung vom 2. August 1945 eine Kommission aus drei Ärzten, darunter einem Beamten, über Abtreibungsgesuche. Zuvor hatte die amerikanische Militärregierung verlautbart, die Vergewaltigung durch einen GI sei kein ausreichender Grund für den Abbruch einer Schwangerschaft. Ab August 1945 sollten die deutschen Behörden selbst entscheiden, wer abtreiben dürfe. Es wurde jedoch nur eine medizinische Indikation akzeptiert.

Wie abgebrüht die Amtsärzte argumentierten, belegt etwa der Fall einer Dolmetscherin bei einer amerikanischen Einheit, die nach einer Vergewaltigung um den Eingriff bat. Der Amtsarzt lehnte mit der Begründung ab, die betroffene verheiratete Frau habe sich offenbar nicht ausreichend gegen ihre Vergewaltigung gewehrt. Dass sie nun wegen der Schwangerschaft an einer reaktiven Depression leide, sei »verständlich«; »dies wird jedoch wohl bei jeder gut verheirateten Frau zu beobachten sein, die bei Abwesenheit ihres Mannes einen Seitensprung macht«.[5]

Da das Leben der Mutter gesundheitlich gefährdet sein musste, damit eine Abtreibung bewilligt werden konnte, war in den Anträgen oft von schweren Depressionen die Rede. Am 18. September 1946 bittet etwa der Ehemann einer 40-jährigen Münchnerin, die vergewaltigt worden war, um die Erlaubnis einer Schwangerschaftsunterbrechung, da seine Frau von Tag zu Tag depressiver werde und damit das Familienleben »aufs Ärgste gefährde«.[6]

Doch so einfach ging das nicht. Die Ärztekammer Bayern wandte ein, »eine rein psychische Indikation für die Unterbrechung der Schwangerschaft wird nicht aufgrund der Ansicht des Psychiaters über mögliche Folgen, sondern aufgrund bestehender psychiatrischer Erkrankung, die eine Unterbrechung rechtfertigt, anerkannt«. Das hieß, die Bayerische Ärztekammer erkannte nur die im Nationalsozialismus pervertierte eugenische Abtreibung an. Eine psychische Belastung aufgrund eines äußeren Ereignisses wie einer Vergewaltigung mit darauffolgender ungewollter Schwangerschaft werde nicht als gesundheitliche Indikation akzeptiert, so die Kammer.[7] Im Übrigen wolle man in Zukunft generell keine Anträge zur Schwangerschaftsunterbrechung aufgrund einer Vergewaltigung mehr annehmen, heißt es in dem Schreiben.

Die Praxis war mehr als streng, die Bearbeitung der Anträge konnte sich über Monate hinziehen, was für ungewollt Schwangere natürlich untragbar war. I. O. aus Penzing bei Landsberg richtete am 1. Oktober 1945 ein verzweifeltes Schreiben an die Militärregierung: »Am 10. Mai 1945 wurde ich von einem Soldaten in amerikanischer Uniform aufgehalten und trotz heftigem Wehren von ihm mit dem Revolver gezwungen, ihm willig zu sein. Der Soldat war betrunken, und es war leider niemand in der Nähe, der mir Hilfe hätte bringen können. Wie mir und meiner Familie nachgewiesen werden kann, waren wir überzeugte Gegner des Naziregimes und litten unter der Naziherrschaft die ganzen 12 Jahre. [...] 12 Jahre hofften wir auf einen Sieg der Alliierten, der uns wieder gleiche Rechte brachte und uns aus einer furchtbaren Lebensweise befreite, die fast unerträglich wurde für ehrliche friedliebende Menschen. Im Vertrauen auf die Einsicht der amerikanischen Militärregierung bitte ich um diese Genehmigung, da durch diese Gewalttat, die an mir verübt wurde, und deren Folgen mein Leben von neuem der Gefahr ausgesetzt ist, vernichtet zu werden, statt endlich durch den Sieg der Alliierten in Ruhe und Frieden meine Arbeit zu leisten [sic], für ein schöneres Leben, als es unter den Nazis möglich war.«[8]

Zum Jahreswechsel 1946/47 formulierten auf einer Interzonentagung die Leiter der Landesjustizverwaltungen neue Regeln. Abtreibung könne dann straffrei bleiben, hieß es jetzt, wenn die Schwangerschaft nachgewiesen auf Notzucht zurückzuführen sei und die Schwangere binnen einer ganz kurz bemessenen Frist (etwa einer Woche) nach der behaupteten Vergewaltigung deswegen Anzeige erstattet habe.[9] Zu einer Anzeige kam es jedoch so gut wie nie. Das wussten die Entscheider natürlich. Den Frauen blieb oft nur ein Ausweg: ein illegaler und riskanter Abbruch bei einer »Engelmacherin«.

Die Beispiele zeigen, dass die Gesellschaft für den Umgang mit den Folgen der sexualisierten Gewalt nicht gerüstet war. Auch deshalb versuchten die Frauen zunächst das, was ihnen widerfahren war, möglichst zu verschweigen, denn sie wussten, dass es ohnehin wenig Hilfe gab. Soziale Einrichtungen für Gewaltopfer, wie wir sie heute kennen, gab es nicht. Generell waren die therapeutischen Möglichkeiten begrenzt. Damals war das Konzept der posttraumatischen Belastungsstörung noch nicht bekannt. Psychiater gingen nicht davon aus, dass Menschen durch einen psychischen Schock erkranken können. Sie schrieben psychische Erkrankungen der Disposition des Einzelnen zu. Wenn sich jemand nach einem drastischen Ereignis auffällig benahm, musste er schon vorher »geisteskrank« gewesen sein.

Das Problem mangelnder Hilfestellung hatte auch eine Frau aus dem Schwarzwald. G. F. aus dem Landkreis Breisgau-Hochschwarzwald, die als Wäscherin in Immendingen arbeitete, wurde am 8. Dezember 1950 von vier französischen Soldaten brutal vergewaltigt. Dabei schlugen sie die 52-Jährige bewusstlos, würgten sie und legten sie nach einer halben Stunde auf der Straße ab. Die Frau erlitt dabei eine Gehirnerschütterung und wurde mit verlangsamtem Puls, gezerrten Bändern sowie zahlreichen Blutergüssen, Quetschungen und Rissen in ein Krankenhaus eingeliefert. Im ärztlichen Bericht vom 16. Dezember 1950 hieß es: »Seelisch ist die Patientin völlig erschöpft, gibt an, dass sie geglaubt habe, sie werde ermordet werden.«

Die Ärzte entschieden, sie müsse in die Psychiatrie, weil sie eine Gefahr für sich und andere darstelle. Im Januar 1951 wurde sie entlassen. Sieben Jahre später stellten die Fachleute in der Psychiatrie Reichenau fest, dass sich ihr Zustand nach dem schrecklichen Erlebnis noch immer nicht gebessert habe. Nach Angaben ihrer Nachbarn rief sie noch immer nachts um Hilfe und wiederholte im Geist das Erlebte. Ihren »inneren Frieden« habe sie nicht wieder gefunden. Ihr wurden 6230 Mark für ihren Verdienstausfall und für Heilungskosten auf Grundlage der Entschädigung von »Besatzungsschäden« zugesprochen.[10] Es ist kaum anzunehmen, dass ihr das den Horror genommen hat.

Inzwischen wissen wir, dass ungefähr vierzig Prozent der Opfer von derartiger Gewalt langfristig psychische Probleme bekommen. Besonders fragil sind diejenigen, die wiederholt schwerwiegende Dinge erleben, was bei den Menschen, die im Krieg Angehörige verlieren, ihre Heimat verlassen und schreckliche Szenen mit ansehen müssen, offensichtlich der Fall ist. In solchen Fällen akkumuliert sich das Traumapotenzial. Eine Studie der Universität Greifswald hat ergeben, dass drei Viertel der betroffenen Frauen aus einer Stichprobe mit Vergewaltigungsopfern nach dem Zweiten Weltkrieg nicht über ihr Trauma hatten sprechen können oder wollen. Die meisten versuchten, das Ereignis zu verdrängen. Mit dem Ergebnis, dass die Befragten über lebenslange Einschränkungen ihres Liebeslebens, Beziehungsschwierigkeiten mit Familienangehörigen und ganz allgemein über eine reduzierte Lebensfreude berichteten. Nur ein Fünftel der Untersuchungsgruppe habe versucht, das Ereignis aktiv zu verarbeiten, beispielsweise durch Schreiben oder Sprechen über die Gewalterfahrung.[11]

Hierarchie der Opfer und der Täter

Warum war es so schwierig, über die Erfahrung sexualisierter Gewalt zu sprechen, war sie doch allgegenwärtig und alles andere als ein Einzelfall? Das lag auch an den Betroffenen selbst. Sie gehörten einer Generation an, die das Thema tabuisierte, in der die Menschen kaum eine Sprache für ihre verletzten Gefühle fanden. Sie waren nicht erst im Nationalsozialismus, sondern schon zuvor dazu erzogen worden, ihren Schmerz zu unterdrücken und auszuhalten. Frauen sollten sich als gute Kameradinnen der Männer verstehen. Aber die Vorurteile gegenüber ihrem Wesen und ihrer Sexualität waren dadurch nicht aus der Welt geschafft. Frauen, hieß es, hätten weniger Kontrolle über sich, sie könnten ihre Triebe weniger gut steuern. Deshalb stand bei Vergewaltigungen immer der Vorwurf im Raum, sie seien von den Frauen selbst initiiert worden. Die Frau habe den Mann dazu verführt. Über eine Vergewaltigung zu sprechen, war deshalb gleichbedeutend damit, sich selbst der Unmoral zu bezichtigen. Der Ruf des Opfers war ruiniert.

Die Gesellschaft war aber auch in anderer Weise nicht darauf vorbereitet, mit den Vergewaltigungsopfern angemessen umzugehen: Sie hierarchisierte die Opfer. Eine alteingesessene respektable Ehefrau wurde als unschuldiges Opfer empfunden, ein Übergriff auf sie war verwerflich. Eine zugezogene, geflüchtete Frau aber oder eine Frau, die uneheliche Kinder hatte, galt als unehrenhaft. Wenn sie behauptete, vergewaltigt worden zu sein, stand sie schnell als Lügnerin da. Dann hieß es, sie sei in Wahrheit ein »Ami-Liebchen« oder eine »Russenhure« und habe sich aus Opportunismus und aus materieller Gier freiwillig dem fremden Soldaten an den Hals geworfen. Die Nachkriegsgesellschaft, die mithilfe eines überholten Moralsystems versuchte, sich wieder aufzurichten, erkannte keine Grauzonen zwischen sexualisierter Gewalt, Notprostitution und freiwilligen sexuellen Kontakten an.

Und es herrschte noch eine weitere Hierarchie der Opfer, nämlich in Hinblick auf die beschuldigten Täter. Die offiziellen Stellen zeigten sich Opfern schwarzer Männer gegenüber verständnisvoller als Opfern weißer Männer. Die Logik war: Mit einem Mann anderer Hautfarbe hätte die deutsche Frau niemals freiwillig Sex gehabt, also ist sie wirklich vergewaltigt worden. War der Täter jedoch weiß, kamen Zweifel auf. Vielleicht hatte sie es selbst gewollt oder den Mann sogar verführt? Sowjets galten in der rassistischen Ideologie wiederum als Barbaren und »Untermenschen«. In ihrem Fall wurde einem Vergewaltigungsvorwurf eher geglaubt, als wenn es sich um einen weißen Amerikaner oder Briten handelte.

Die Hierarchisierung der ethnischen Zugehörigkeiten der Täter wirkte sich für die Betroffenen verheerend aus. Während der Frau, die durch den Übergriff eines Schwarzen schwanger geworden war, zwar eher eine Rente für das Kind zugesprochen werden konnte, war es für sie gleichzeitig schwieriger, Akzeptanz für das »farbige« Kind zu erhalten. Diese Kinder wurden häufiger zur Adoption gegeben, zum Beispiel an kinderlose Familien in Frankreich oder in den USA (wo sie freilich oft doch im Heim landeten und nicht bei einer Familie).

Die Frau, die von einem Weißen geschwängert worden war, hatte in der Regel keine Chance, für das Kind eine staatliche Rente zu erhalten, wie ich anhand Hunderter von Verwaltungsakten feststellen konnte. Die Antragsstellerinnen wurden von Sozialarbeitern überprüft, ob sie glaubwürdig seien. Dafür gingen die Beamten an die Wohnorte der Frauen, befragten die Nachbarn nach ihrem Lebenswandel, machten Hausbesuche und kontrollierten, wie gewissenhaft die Frauen ihren Haushalt führten und ihre Kinder aufzogen. Beim geringsten Anzeichen dafür, dass die Betroffenen nicht allen Kriterien eines ordentlichen bürgerlichen Lebenswandels genügten, wurde ihr Antrag wegen angeblicher Unglaubwürdigkeit abgewiesen. Diese Frauen mussten nicht nur die soziale Schande aushalten, sondern auch hinnehmen, dass anlässlich der Überprüfung das Kind aus der Vergewaltigung von seiner Herkunft erfuhr, was viele Mütter eigentlich versucht hatten zu vermeiden.

Vergewaltigungsopfer und ihre Kinder galten nicht als Kriegsversehrte. Sie waren, wenn sie Glück hatten und die Behörden ihnen glaubten, »Besatzungsschäden«. Sie standen oft isoliert da, selbst ihre eigenen Familien taten sich schwer mit ihnen, weil sie angeblich illoyal und unmoralisch gehandelt hatten.

Ich habe mehrere Kinder von Vergewaltigungsopfern interviewt. Wie sie die Folgen für ihre Mütter und sich selbst schilderten, war erschütternd. Brigitte R.-P., Organisationskauffrau, Jahrgang 1949, erzählte mir, dass ihre Mutter bei Kriegsende als Zwangsarbeiterin nach Russland verschleppt worden war. Sie stammte ursprünglich aus Pommern und war nicht rechtzeitig geflüchtet, als die Rote Armee kam und sie mitnahm.

Sie musste in einem Bergwerk im Ural arbeiten und in dieser Zeit in großen Scheunen, umgeben von Hunderten von Menschen, schlafen. Dabei kam es zu massenhaften Vergewaltigungen. Später landete sie über das Rote Kreuz in Mühlacker. Sie sei so geschwächt gewesen, dass sie nicht einmal mehr einen leeren Eimer habe tragen können, meinte ihre Tochter. Sie heiratete einen Landschaftsgärtner. Was genau geschah, habe die Tochter nie erfahren, weil ihre Mutter nicht darüber geredet habe. Bei einem Bluttest habe sich jedenfalls herausgestellt, dass der Mann ihrer Mutter nicht ihr Vater sein konnte. Die Tochter musste, als sich ihre Eltern in den 1950er Jahren trennten, den Namen wechseln, was sie so sehr beschämt habe, dass sie drei Tage lang nicht in die Schule gehen wollte.

Nach der Scheidung stand ihre Mutter mit dem Kind allein da. Die Familie wohnte zwar im Nachbarort, habe sich aber nicht gekümmert, weil ihr die kranke Frau mit dem unehelichen Kind peinlich gewesen sei. Sie musste im Armenhaus der Gemeinde wohnen, in einem Zimmer ohne fließend Wasser. »Wir hatten nichts zu essen. Sie müssen sich vorstellen, dass Sie als Kind auf das Feld gehen und Kartoffeln ausgraben, weil Sie Hunger haben. Die Frau konnte ja nichts. Wir haben Care-Pakete bekommen mit den verrücktesten Sachen drin. Kochkäse zum Beispiel, obwohl wir Milch und Eipulver brauchten. Wir lebten von den Alimenten, der Rest waren Sozialgelder. Meine Mutter hatte keinen Beruf, sie hat nur ein bisschen genäht. Als sie das Bein abgenommen bekam, war auch nichts mehr mit Nähen, denn die alten Nähmaschinen wurden mit Fußpedalen betrieben.«

Ihre Mutter wurde nie mehr gesund. Sie hatte viele Ängste, zum Beispiel vor Gewittern, sie sah schlecht, hatte Nervenkrämpfe. »Ich war vielleicht zwölf, da bin ich nachts aufgewacht von einem Geräusch wie von Blasenschaum, da lag meine Mutter neben mir im Bett und hatte das ganze Gesicht voll Speichelschaum. Ich habe das weggemacht, was schon ekelig genug ist, und habe sie dann geschüttelt, aber sie kam nicht zu sich, ihre Pupillen waren nach oben verdreht, sie hatte nur noch weiße Augen, und da habe ich sie so sehr geschüttelt, dass sie einen Bluterguss an den Oberarmen bekam. Das war ein Nervenzusammenbruch im Traum. Der Doktor hat mir das erklärt. Er hat gesagt: Sie hat so vieles Schlimmes geträumt, sie ist im Traum zusammengebrochen. So was erlebte ich paarmal als Kind, und ich hatte ja keinen Vater.«

Nach der Amputation eines Beines habe sie den Stumpf versorgen müssen. Die Mutter bekam einen Holzfuß, doch weil sie im ersten Stock wohnten, ging sie kaum noch aus dem Haus. »Wenn ich sie nachts angefasst habe, weil sie geträumt hat, dann hat sie immer gezählt: 88, 89 ... bis 100. Ich habe sie später gefragt, was sie zählt, und da hat sie mir zum ersten Mal gesagt, dass das die Vergewaltigungen im Lager seien. Da hat sie mir ein klein wenig erzählt. Von dem Moment an war für mich Vergewaltigung das Schlimmste, was es gibt. Jede Berührung von Mann und Frau war das Schlimmste auf der Welt.« Das blieb nicht ohne Folgen für die Tochter. Sie hat alle Ängste ihrer Mutter übernommen. Vom Gewitter bis zu körperlicher Berührung.

Brigitte R.-P. ist noch heute schwer ergriffen, wenn sie von ihrer Kindheit als Flüchtlingskind in ihrem Dorf erzählt. Die Einheimischen hätten ihre Gärten, ihre Höfe und deshalb immer etwas zu essen gehabt, aber hätten sie nicht gefragt, ob sie Hunger habe. Einmal habe ein Bauer sie beim Äpfelklauen erwischt. Erst habe er sie verdroschen, dann habe er gesagt:

»Du kommst zu mir zum Schaffen.« Von da an arbeitete sie nach der Schule oder am Samstag für ihn, rührte Metzelsuppe an und trug sie aus. Das Mädchen fühlte sich trotzdem allein. Es war ihren Mitschülerinnen verboten, mit ihr zu spielen, weil sie keinen Vater hatte. Wenn ihre Mutter ins Krankenhaus musste, wurde sie bei anderen Leuten untergebracht, bei der Lehrerin oder einer Schulkameradin. »Da ist man nicht immer der Liebling, um es vorsichtig auszudrücken. Man ist meistens schuld, wenn irgendwas passiert, wenn was runterfällt oder geklaut wird.«

Sie heiratete mit 17, gleich nach dem Tod ihrer Mutter, sonst wäre sie, weil sie noch nicht volljährig war, in ein Heim gekommen. »Das war so eine Art Trotz-Ehe: Euch zeig ich es. Das richtete sich auch gegen die Verwandtschaft, vor allem gegen eine böse Tante, die mich immer beschimpft hatte, dass ich meine Mutti schlagen würde, dass ich klaute, dass ich Jungs kannte. Die Wahrheit war: Meine Mutter schrie so schrill und laut wie der kleine Junge in der ›Blechtrommel‹ von Günter Grass, dass ich dachte, jetzt springt gleich eine Scheibe. Dann hat sie keine Luft mehr bekommen, deshalb habe ich ihr eine Ohrfeige gegeben, dann ging es wieder. Dann hieß es, ich schlage meine Mutter. Aber das Allerschlimmste war, dass ich unehelich war.« Wie so viele Kinder damals betrachtet sich die Frau bis heute als »Betriebsunfall«. Sie hätte nie geboren werden dürfen von einer Mutter, die kein Kind gewollt hatte. Sie sei verstrickt geblieben mit ihrer problembeladenen Mutter-Tochter-Beziehung. Erst viele Jahre später habe sie durch langjährige Therapie gelernt, sich berühren zu lassen und einem Mann zu vertrauen.

Die Geschichte von Brigitte R.-P. bezeugt gleich zwei besonders drastische Frauenschicksale nach dem Krieg. Das einer

Mutter, die kriegsbedingt sexualisierte Gewalt erlebt hatte und sich davon nie erholen konnte, und das der Tochter, die noch lange Jahre das Trauma der Mutter mit sich herumtrug und nach einer gescheiterten Ehe und vielen eigenen gesundheitlichen Problemen nur mühselig mithilfe von Therapien ein eigenes Leben beginnen konnte. So extrem sahen die Belastungen der Frauen nach Kriegsende natürlich nicht immer aus. Allerdings sollten die Fälle auch nicht unterschätzt werden. Im Zweiten Weltkrieg starben rund 5,3 Millionen Wehrmachtssoldaten und hinterließen 1,2 Millionen Witwen, fast 2,5 Millionen Halbwaisen und etwa 100 000 Vollwaisen. Die Soldaten hatten Mütter und Schwestern, Freundinnen und Verlobte, um nur die Frauen zu erwähnen. Bevor wir sie als Heldinnen des Überlebenskampfes in der Nachkriegsnot und als früh emanzipierte Verantwortungsträgerinnen kennenlernen und feiern können, müssen wir uns das klarmachen – ihre Startposition war äußerst schlecht. Das muss festgehalten werden, damit die Erzählung von der »Stunde der Frauen« nicht zynisch klingt. Der Aufschwung der Frauen war im Nachhinein so bemerkenswert, weil er von einem extrem niedrigen Niveau ausging. Moralisch, psychisch und körperlich waren die meisten Frauen am Ende des Zweiten Weltkriegs am Boden. Sie waren unterschiedlich schwer belastet mit eigener Schuld, weil sie im Nationalsozialismus Mitmenschen geschädigt, weil sie denunziert, selektiert, die Wehrmacht unterstützt und dem »Führer« menschlichen Nachschub für die Mühlen des Kriegs herangezogen hatten, und sie waren oftmals gleichzeitig schwer belastet mit Gewalterfahrungen, traumatisiert, allein gelassen worden und hatten all das mit sich selbst ausmachen müssen. Denn darüber sprechen konnten die Frauen in der Regel nicht.

3. Trümmersaga

Diese Story war einfach zu gut, um sie nicht auszuschlachten: Fröhliche Frauen in Kopftuch und Kittelschürze bilden Eimerketten, klopfen Mörtel von den Ziegeln, beladen Förderbänder mit Schutt und Asche und schaffen so Platz für den Wiederaufbau eines besseren Deutschland. Kein anderes Bild der deutschen Nachkriegsgeschichte konnte es damit aufnehmen. Nichts war sinnfälliger für den Zauber des Neubeginns. In der Geschichte der Trümmerfrauen verdichtete sich die Legende der belastbaren Deutschen. Die aufstanden, sich abputzten und weitermachten. Sie war die definitive Antwort auf Bilder von Leichenbergen in den befreiten Konzentrationslagern, von ausgemergelten Kriegsgefangenen und von Flüchtlingstrecks. Das Motiv ist bis heute so beliebt, dass sich daraus ein feministischer Mythos entwickelt hat: Immer wenn die Männer mal wieder den Karren in den Dreck gefahren haben, müssen Frauen ihn herausziehen und alles in Ordnung bringen.

Doch leider ist die Story falsch. Mit der Geschichte der deutschen Trümmerfrau selbst wurde inzwischen gründlich aufgeräumt, denn: Wir sind einer optischen Täuschung aufgesessen. Zwei kleine Hinweise in den Bildunterschriften der Zeitungen und Magazinen, die über Trümmerfrauen berichteten, hätten genügt, um den Glorienschein der deutschen Trümmerfrau zusammenfallen zu lassen. Erstens: Wo ist das Bild entstanden, und zweitens: Wer ist darauf zu sehen? Denn die Bilder stammten fast immer aus Berlin, weil Frauen hauptsächlich dort bei der Enttrümmerung eingesetzt wurden, und sie zeigten oft Frauen, die zwangsverpflichtet worden waren.

Die scheinbar fröhlichen Frauen an der Spitzhacke waren keineswegs selbstlose Heldinnen, sondern entweder ehemalige NS-Parteigenossinnen, die sühnen sollten, oder sie waren Flüchtige, Evakuierte, Arbeitslose oder Geschlechtskranke und wären anders nicht an Lebensmittel gekommen.[1] Sie verrichteten buchstäblich Zwangsarbeit gegen den Hunger. Von freiwilligem Wiederaufbau konnte keine Rede sein. Viele der Fotos mit proper aussehenden Frauen, die immer noch kursieren, waren sogar gestellt. Fake News, wenn man so will.

Auffallend fröhliche Trümmerfrauen beim Ziegelputzen, Dresden im Jahr 1946

Eigentlich hätten die Bilder Männer bei der Trümmerbeseitigung zeigen müssen. Das wäre der historischen Realität näher gekommen, denn sie bildeten die große Mehrheit bei der nicht nur körperlich harten, sondern auch beschämenden Arbeit. Die Trümmerbeseitigung, zu der oft auch die Bergung von Leichen gehörte, hatte eine wenig schmeichelhafte Vorgeschichte, die bereits in den Kriegsjahren begonnen hatte. Sie war bis zur Kapitulation nicht nur Männersache gewesen, sondern sie war von KZ-Häftlingen und Zwangsarbeitern sowie von den Männern im Reichsarbeitsdienst verrichtet worden. Das heißt, sie galt in der Bevölkerung als Zwangs- und Strafarbeit. Frauen waren daran bis zum Kriegsende praktisch nicht beteiligt gewesen. Und nach dem Krieg nur in geringem Ausmaß.

In der Rede von Helmut Kohl im Jahr 2005, so wie in vielen anderen Reden vorher und nachher in Ost und West, klang das freilich anders. Zur Feier der Verleihung des Franz Josef Strauß-Preises verkündete der Kanzler: »Sie wussten nicht, wie sie ihre Kinder ernähren sollten. Sie waren der Verzweiflung nahe, vor allem wenn man bedenkt, wie viele von ihnen zwischen März und Oktober 1945 vergewaltigt wurden. Aber sie gaben nicht auf. Und so sind diese ›Trümmerfrauen‹ zum Symbol für den Aufbauwillen und die Überlebenskraft der Deutschen in der Nachkriegszeit geworden.«[2] Aus diesen Worten geht hervor, warum es Frauen sein sollten, die zu ikonischer Größe aufgebaut wurden. Sie verkörperten besonders gut die Legende vom Phönix, der aus der Asche stieg. Allerdings nur unter der Voraussetzung, dass sie tatsächlich Opfer waren und freiwillig Steine schleppten, denn von einer zwangsverpflichteten Sühnehandlung für Nazianhängerinnen wäre natürlich weniger Strahlkraft ausgegangen.

Eine beschämende Strafarbeit

Der Krieg hatte ungefähr 400 Millionen Kubikmeter Trümmer und Schutt auf deutschem Boden hinterlassen, das entspräche einem Berg von 400 Millionen heutigen Müllcontainern. Die

Ersten, die anfangs die Besatzungsbehörden darauf ansetzten, waren Parteigenossen und Kriegsgefangene. Angeleitet wurden sie von Bauunternehmen, die, sobald das möglich war, schweres Gerät einsetzten. Da es nicht genügend Männer gab und die reine Handarbeit offensichtlich ewig gedauert hätte, wurde der Auftrag bald professionalisiert. Es gründeten sich Trümmerverwertungsgesellschaften, die systematisch Halden und Kippen anlegten und Baugruben, Löschwasserteiche oder schlicht, wie in Kiel, das Meer als Deponien nutzten. Frauen mit Eimerketten, das wird klar, wären dazu nicht in der Lage gewesen.

Weil die Profis mit schwerem Gerät nicht ausreichten, wurden auch ganz normale Leute eingespannt. Besonders die sowjetische Besatzungsmacht griff in den ersten Tagen nach der Kapitulation auf das Arbeitskräftereservoir der Bevölkerung zurück, verdonnerte beliebig Menschen auf der Straße zur Arbeit mit den Trümmern. Nach kurzer Zeit ging die Rote Armee systematischer vor und mobilisierte Arbeitslose. Jeder Mann zwischen 14 und 65 Jahren und jede Frau zwischen 16 und 45 Jahren sollte sich beim Arbeitsamt registrieren lassen. Weil die Aufrufe weitgehend ungehört blieben, verknüpften die Besatzer den Räumeinsatz mit der Zuteilung von Lebensmittelkarten. Wer nicht schippen wollte, bekam auch nichts zu essen. In Berlin zeitigte die Zwangsmaßnahme umgehend Erfolg. Das Angebot an Arbeitskräften stieg von 400 000 im Juni auf 1,42 Millionen im September 1945.[3] Wem es an festem Schuhwerk und geeigneter Kleidung mangelte, der wurde ausgerüstet. Allerdings brachte der Bürgereinsatz nicht immer das, was erhofft wurde. In Berlin-Mitte wurde bald die Klage laut, der Schutt werde von den Straßen einfach in die Häuser getragen oder in U-Bahn-Schächte geworfen, wodurch sogar zusätzliche Arbeit entstanden sei.[4] Aus diesem Grund sollten die Hoch- und Tiefbauämter künftig die Arbeitseinsätze anleiten. Ab Herbst 1945 bekamen die Helfer mehr und mehr technisches Gerät wie Lokomotiven, Förderbänder und Ziegelputzmaschinen zur Unterstützung, und ab 1946 gingen die Aufträge zunehmend an Baufirmen, die arbeitslosen Helfer wurden als ungelernte Hilfsarbeiter angestellt und nicht mehr in »Arbeitskolonnen« eingeteilt.

Auch andere Städte, vor allem im Osten, entdeckten den Arbeitseinsatz als Zwangsmaßnahme für Arbeitslose. Oder als Mittel der Erziehung. Jugendliche, denen man vorwarf, sinnlos herumzulungern und diese fremdartige »Jazzmusik« zu hören, sollten lieber Steine schleppen, um die Flausen im Kopf loszuwerden. Auch die Schwächsten, die der Krieg und das nationalsozialistische System hinterlassen hatten, blieben von der öffentlichen Zwangsmaßnahme nicht verschont. In Münster zum Beispiel, wo die britische Besatzungsmacht die Geschicke bestimmte, sollten Displaced Persons – also Menschen aus Konzentrationslagern, Kriegsgefangenenlagern, aber auch ehemalige Zwangsarbeiter und Flüchtlinge – für ihren eigenen Unterhalt bei der Trümmerbeseitigung mitmachen. Das half, Kosten zu sparen. Wer sich dem entzog, konnte drastisch bestraft werden. In Frankfurt an der Oder drohte Verweigerern der Entzug der Lebensmittelkarte, in Dresden sogar die Einweisung in ein Arbeitslager, wo die »Bummelanten« zu täglich zehnstündiger schwerer körperlicher Arbeit verurteilt waren. An anderen Orten galt es festgelegte Zeitkontingente einzuhalten. In Magdeburg sollten erwachsene Männer jeden Montagvormittag hundert Steine abputzen und ordentlich schichten, sodass sie für den Aufbau verwendbar wären.

Ein makabres Phänomen war, dass zwischen den Arbeitsscheuen, wie man sie damals noch nannte, den Flüchtlingen, den Heimatlosen und den befreiten KZ-Häftlingen auch ehemalige Parteimitglieder arbeiteten. Bei dieser Resozialisierungsmaßnahme von Nazianhängern und -anhängerinnen spielte das Geschlecht keine Rolle, während Frauen aus den anderen Gruppen in der Regel von der Schwerstarbeit verschont blieben. Die Historikerin Leonie Treber konnte das vor allem für die Städte Berlin, Magdeburg und Dresden nachweisen. Laut Verordnung der Landesverwaltung Sachsen vom Oktober 1945 sollten alle ehemaligen NSDAP-Mitglieder und Mitglieder der nationalsozialistischen Untergliederungen, wie zum Beispiel der NS-Frauenschaft, im Alter von 14 bis 65 Jahren beziehungsweise bei Frauen bis 50 Jahren zum Zwecke der Arbeitsverpflichtung registriert werden. Ihnen wurden die besonders anstrengenden und schmutzigen Arbeiten zugewiesen. Im Juni 1946 standen laut Statistik von 40 319 ehemaligen NSDAP-Mitgliedern knapp 28 000 im »Arbeits- und Sondereinsatz«. Die restlichen Personen waren entweder selbstständig, was sie offenbar von der Arbeit befreite, oder sie waren krank, behindert oder Frauen mit Kindern unter vierzehn Jahren. Diese Form der Umerziehung oder Bestrafung wurde auch in München, Stuttgart und Köln praktiziert.[5]

Glaubte man damals im Allgemeinen, dass Frauen für Politik wenig geeignet und deshalb im Allgemeinen frei von historischer Schuld seien, so traf es also diejenigen, die anscheinend der Regel widersprachen, besonders hart. Als müssten sie sich, weil sie sich vermeintlich männlich verhalten hatten, auch männlich im Ertragen der Sühnemaßnahme zeigen.

Dazu passt, dass die Nachkriegsgesellschaft eine weitere Gruppe von Frauen zu den beschämenden und körperlich fordernden Trümmerarbeiten heranzog, nämlich Mädchen und Frauen, die durch das Raster der moralischen Anständigkeit fielen. Dazu gehörten neben Strafgefangenen Frauen, die als sexuell randständig wahrgenommen wurden, sogenannte Herumtreiberinnen, Prostituierte und Geschlechtskranke. Die Bestrafung der Infizierten war besonders perfide, denn diese Frauen hatten sich ihre Geschlechtskrankheiten häufig durch sexualisierte Gewalt vonseiten der Besatzungssoldaten zugezogen. Mit anderen Worten, sie waren Vergewaltigungsopfer, die für ihr Schicksal von der Gesellschaft nicht nur nicht bedauert, sondern dafür sogar noch bestraft wurden. Bestraft mit harter körperlicher Arbeit und öffentlicher Schande.

All das bot wenig Anreiz für weibliche Aufopferung beim Trümmerräumen. Es gab sogar genügend Gründe, lieber nicht dabei gesehen werden zu wollen. Schließlich konnte die Beteiligung bedeuten, dass die Frau als Nationalsozialistin, als sozial »Verwahrloste«, als Prostituierte oder als Kriminelle aufgefallen war. So verwundert es nicht, dass in den Tagebüchern aus der Nachkriegszeit wenig von der Trümmerarbeit zu lesen ist. In einem Interviewbuch mit fünfundzwanzig Berlinerinnen taucht das Thema zwar auf, aber der Einsatz in den Schuttbergen wird als wenig glanzvoll geschildert. Charlotte Wagner aus Neukölln, Jahrgang 1922, erinnert sich auf die Fragen der Historikerin hin vor allem an ihre körperliche Erschöpfung: »Ich war dann 1947/48 auf 84 Pfund runter. Ich war nur noch ein Strich, ich war überhaupt nicht da. Ich kann heute nicht mehr sagen, wie wir das damals alles geschafft haben. Die Schlepperei beim Enttrümmern und die Schlepperei beim Hamstern, immer einen Zentner tragen über acht bzw. zehn Kilometer weg. [...] Und dann dieses stunden- und stundenlange Anstehen! Obwohl es Lebensmittelkarten gab, bekam man kaum etwas.«[6]

Auch in den Briefen von Gerda Voigt an ihre Eltern wird die Trümmerbeseitigung als lästig erinnert. Ihrer Familie geht es in Hannover vergleichsweise gut, der Mann hat den Krieg unverletzt überstanden und findet gleich nach der Kapitulation Arbeit als Übersetzer bei den Engländern und als Lehrer an einer Handelsschule. Sie haben etwas Geld, auch wenn sich davon kaum etwas kaufen lässt, aber was wichtiger ist, sie haben Kontakte. Aus ihrer alten bürgerlichen Wohnung in Leipzig konnten sie bei der Übersiedlung nach Hannover kaum etwas mitnehmen. Geschirr, Betten, Kommoden, Teppich und Gardinen, alles muss bei Spendenaktionen oder beim Tauschhandel organisiert werden. In ihrer Bleibe – nur zwei Zimmer werden einer vierköpfigen Familie im zerstörten Hannover bewilligt – gibt es anfangs weder Ofen noch Herd. Im kalten Winter 1946/47 friert bei Minustemperaturen sogar der Nachttopf ein. Aus ihren Briefen an die Eltern, die in Sachsen zurückgeblieben waren, entsteht das Bild eines mühevollen Lebens. Alles dreht sich um scheinbar triviale Dinge – fehlende Unterwäsche, Schuhe, Heizmaterial, Klopapier und immer um ausreichend Essen. Als besonderes Highlight erwähnt sie, wenn ihr Mann beruflich eingeladen wird, weil sie sich dann mal so richtig »friedensmäßig« satt essen können. Selbst innerhalb der erweiterten Familie werden Zigaretten als harte Währung für den Schwarzmarkt verschickt.

Für eine ehemals gut situierte Frau, die es gewohnt war, von Meissener Porzellan zu speisen, sind die ersten Nachkriegsjahre kein »Neuanfang«, sondern die Erfahrung des Endes einer gutbürgerlichen Ära. Gerda Voigt ist 35 Jahre alt, ihr Mann 44. Erstmals in ihrem Leben muss sie per Hand aus alten Kleidern neue nähen, als Bohnenpflückerin arbeiten, nachts 35 Pfund saure Gurken einlegen, und ihr Mann muss zentnerschwere Kartoffelsäcke schleppen. Über ihnen hängt das Damoklesschwert der Entnazifizierung. Wird der Mann gut durch das Verfahren kommen? Werden ihre alten Eltern rüstig genug bleiben und ihnen regelmäßig dringend benötigte Dinge wie Stoff, Geschirr und Werkzeug schicken können? Unter diesen Bedingungen kommt es Gerda Voigt ungelegen, als ihr Mann im Januar 1947 zu einer einwöchigen Enttrümmerungsaktion verpflichtet wird, die alle Männer in Hannover ableisten müssen. Abgesehen davon, dass es für sie nicht besonders gut aussieht, wenn der Mann schippen geht, braucht sie ihn dringend für andere Dinge wie das Organisieren von Heizungsmaterial, Möbeln, Nahrungsmitteln und Kleidung. Ein Paar Schuhe können darüber entscheiden, ob ihr Sohn die Schule besuchen darf oder nicht. Daneben erscheinen dieser Frau die übergeordneten Belange des Wiederaufbaus einer Stadt nebensächlich.[7]

Unterschiede zwischen Ost und West

Wie kam es angesichts der realen Verhältnisse zu einem derart geschönten Erinnerungsbild an die Enttrümmerung, das bis heute dominiert? Zum einen stammten fast alle veröffentlichten Bilder aus der besonders im Rampenlicht stehenden ehemaligen Reichshauptstadt. Sie litt aufgrund der Kriegsverluste unter einem extremen Männermangel – in der Altersgruppe der 20- bis 39-Jährigen zählte Berlin nur halb so viele Männer wie Frauen. Deshalb wurden anfangs mehr Frauen als Männer mobilisiert. Die Stadt zählte außerdem mehr Arbeitslose als andere Orte, sie brauchte länger, um sich hochzurappeln, zumal die Berlin-Blockade von Juni 1948 bis Mai 1949, als die Sowjetunion versuchte, West-Berlin vom Westen abzuriegeln, einen erneuten Rückschlag bedeutete. Dennoch beteiligten sich insgesamt nur 5,2 Prozent der Berlinerinnen an der Enttrümmerung. Anderswo endeten die Bürgereinsätze Ende der 1940er Jahre, in Berlin und in der Sowjetischen Besatzungszone (SBZ) allgemein zogen sie sich in die 1950er Jahre hinein. In Frankfurt an der Oder entschied die Stadtverwaltung noch im Jahr 1951 nach dem Vorbild anderer ostdeutscher Städte, die Bevölkerung zu den Arbeiten heranzuziehen. Das Phänomen, dass Frauen in der SBZ und DDR eine wichtigere Rolle bei der Trümmerbeseitigung spielten als im Westen, war aber nicht nur praktisch, sondern auch systembedingt. Es passte zur Ideologie, versinnbildlichte die kollektive Aufbauarbeit des neuen sozialistischen Staates. Die Enttrümmerung wurde in der DDR zum nationalen Aufbauwerk erklärt, an dem jeder Bürger und jede Bürgerin einen Anteil haben sollte. Das Programm erweiterte sich in den 1960er Jahren zur »Volkswirtschaftlichen Masseninitiative«, bei der unter dem Motto »Schöner unsere Städte und Gemeinden – Mach mit!« der öffentliche Raum gemeinschaftlich aufpoliert werden sollte. Die Organisationsstruktur des Arbeiter-und-Bauern-Staates ermöglichte nicht nur die Mobilisation von Betriebskollektiven und Hausgemeinschaften, sondern auch von Schulklassen oder Verbänden wie dem Deutschen Frauenbund. Als Zeichen der Anerkennung erhielten die DDR-Bürger für ihren Einsatz als »Aufbauhelfer« die »Aufbaunadel« in Bronze, Silber oder Gold.[8]

Offensichtlich bewährte sich die Enttrümmerung des Landes als ein weites ideologisches Feld, um die Volksgenossen zu integrieren. Was die Beteiligung der Frauen anging, verband die SBZ/DDR damit eine Botschaft, die ihre Bevölkerung durchaus stolz machen sollte. Rückblickend wurden die Trümmerfrauen zu Vorläuferinnen für die »werktätige Frau« verklärt. Die werktätige Frau mit Kind war eine wichtige Symbolfigur für den gesellschaftlichen Fortschritt und sogar für die Überlegenheit des Sozialismus gegenüber dem Kapitalismus. So kam es, dass den Trümmerfrauen, auch wenn sie in der Minderzahl gewesen und dazu erpresst worden waren, in der DDR und in Ost-Berlin später öffentliche Anerkennung geschenkt wurde.

Erst einmal waren sie jedoch von der harten körperlichen Arbeit schwer gezeichnet. Diese kam zur mangelhaften Ernährung und zu den vielfältigen Belastungen bei der Versorgung von Angehörigen hinzu, was dazu führte, dass die Frauen oft nach kurzer Einsatzzeit arbeitsunfähig und krank gemeldet wurden, wie es in einem Lagebericht des Arbeitsamts Dresden im Sommer 1945 hieß. Sie entwickelten dabei besonders häufig Unterleibsleiden.[9] Das zeigt, wie groß ihre Notlage gewesen sein muss, wenn sie sich gezwungen sahen mitzumachen, und erklärt auch, warum Stadtverwaltungen im Westen zögerten, die Direktive, Frauen heranzuziehen, umzusetzen. So schrieb der Präsident des Landesarbeitsamts Nordrhein-Provinz im Februar 1946 in einer Verfügung sorgenvoll: »Der Einsatz deutscher Frauen in der Bauwirtschaft ist völlig neuartig und entspricht nicht der bisherigen Tradition deutscher Frauenarbeit. Die typisch männliche, der Frau wesensfremde Arbeit im Baugewerbe stellt nicht nur körperlich hohe Ansprüche an die Frau, sie bringt sie auch in die Gefahr psychischer Verrohung, die unter den schweren Lebensbedingungen der letzten Jahre bereits stark um sich gegriffen hat.«[10] Wie unterschiedlich die Maßstäbe für Frauen doch waren, je nachdem, wo sie in der rassistischen Hierarchie standen! Für die Trümmereinsätze während des Luftkriegs hatten deutsche Behörden kein Problem damit gehabt, osteuropäische Zwangsarbeiterinnen schuften zu lassen. Nach Kriegsende wurden zu den freiwilligen Bürgereinsätzen keine Frauen mehr zugelassen, und wenn doch, dann nur zu leichten Aufgaben. Generell ist davon auszugehen, dass die Härte der Arbeitseinsätze von den jeweiligen Frauenbildern der Besatzungszonen abhing – im Westen sollten Frauen von den körperlich strapaziösen Einsätzen eher verschont bleiben, unter den Sowjets, wo die harte Arbeit Teil des sozialistischen Frauenideals war, nicht. Die Trümmerfrauen waren also ein regionales Phänomen, an dem sich örtliche Gegebenheiten und Geschlechtervorstellungen im Kalten Krieg abbildeten. Nur bei der Einbeziehung von NS-Parteigenossinnen war man sich im Osten und Westen einig.

PR für den Staat

In Berlin und in anderen Städten in der SBZ wurde frühzeitig an einem positiven Image gearbeitet. Die Enttrümmerung sollte den Ruch des Zwangs und der Strafarbeit loswerden, Frauen, das war absehbar, würden sich angesichts des Arbeits- und Fachkräftemangel umgewöhnen müssen. Deshalb sollte der körperlich anstrengenden Arbeit medial Sinn verliehen werden, indem neue Rollenbilder verbreitet wurden. Da ihr Engagement freiwillig und selbstlos erscheinen sollte, wurden Bilder mit fröhlich lachenden Trümmerfrauen inszeniert, die verdächtig gepflegt und pausbäckig wirkten. Journalisten dichteten Zeilen wie »Es hörte sich an, als würde der

Takt zu einer flotten Melodie geschlagen«, und legten den fotografierten Frauen sinnstiftende Zitate in den Mund wie: Sie hätten im Krieg immer gesagt, sie wollten ihr Leben lang Steine klopfen, wenn nur der Krieg zu Ende wäre. Die Enttrümmerung wurde zum Anlass, den scheinbar so selbstlosen Einsatz der Frauen zu feiern. Weil sie an allen Ecken und Enden gebraucht wurden und es weder möglich noch erwünscht war, sie für ihre Arbeit materiell angemessen zu entlohnen, sollten sie wenigstens symbolisch belohnt werden. Der Begriff »Trümmerfrau« wurde geschaffen und zunächst in der Berliner Lokalpresse positiv aufgeladen. Leonie Treber hat die Spur der neuen Begriffsbildung weiterverfolgt und wurde in den Frauenzeitschriften der SBZ wie *Frau von heute* und *Für Dich* fündig. Allmählich wurde ihr Konterfei zum Inbegriff der sich emanzipierenden Frau und zum Vorbild für die Frauen, die sich für Männerberufe ausbilden lassen sollten, stilisiert. Auch wurden sie in das Selbstbild der DDR als friedvoller Staat eingemeindet – indem die Frau die Hinterlassenschaften des Kriegs wegräume, verabschiede sich das Land von seiner militaristischen Vergangenheit. Sie wurde zum Prototyp der neuen sozialistischen Frau, der die DDR in den 1950er Jahren Standbilder widmete. Am 13. Oktober 1952 enthüllte Dresden vor dem neuen Rathaus eine Statue, die eine kräftige, der Zukunft zugewandte Arbeiterin mit Ziegelputzhammer in der Hand darstellt. Vor dem Roten Rathaus in Ost-Berlin stand seit 1956 ein Standbild, das eine Trümmerfrau oder Aufbauhelferin zeigt. Sie ist jung, hat die Schippe lässig auf der Schulter geparkt und blickt frohgemut in eine arbeitsreiche Zukunft. Die Deutung der Trümmerfrau verlief im Westen spiegelbildlich. Während sie im Sozialismus die Emanzipation zur voll gleichwertigen Arbeitskraft symbolisierte, galt sie im

Westen als negatives Beispiel der Ausbeutung durch die sozialistische Ideologie.[11]

Eine heroisch dargestellte Trümmerfrau mit geschulterter Schaufel, aus Bronze gegossene Statue vor dem Ost-Berliner Roten Rathaus (Aufnahme von 1956)

Das Trümmerfrau-Denkmal von Katharina Szelinski-Singer im Volkspark Hasenheide in Berlin-Neukölln zeigt die Erschöpfung der Frauen (Aufnahme von 2020).

In der BRD waren die Familie und die Fürsorge der natürliche weibliche Betätigungsraum, alles andere wurde als gefährlich angesehen für die bürgerliche Ordnung, in der die Frau ihren Anteil durch die Haushaltsführung und Kindererziehung leisten sollte. Harte Arbeit stelle ein Risiko für ihre körperliche und geistige Gesundheit dar. Allerdings waren Frauen im Westteil von Berlin auch an der Enttrümmerung beteiligt, weshalb auch hier über Formen der Anerkennung nachgedacht werden musste. Im Jahr 1952/53 verlieh Bundespräsident Theodor Heuss einzelnen Trümmerfrauen das Bundesverdienstkreuz, im Jahr 1955 wurde ein Denkmal auf der Rixdorfer Höhe im Volkspark Hasenheide in Neukölln enthüllt. Im Gegensatz zu ihrem östlichen Konterpart war das aber eine müde Gestalt, die auf einem Trümmerhaufen saß; bar jedes Zukunftsoptimismus. Zur ikonischen Gestalt wurde sie im Westen erst in den 1980er Jahren, als sich die Frauenbewegung und die Frauengeschichte an die Generation der Nachkriegsfrauen erinnerten und sie zu Vorläuferinnen der Frauenemanzipation überhöhten. Anders als in der DDR wurden sie jedoch als Gegenbild des Nationalsozialismus inszeniert – als Märtyrerinnen der von Männern zerstörten Städte, als Frau schlechthin, die, nachdem die Männer versagt hatten, den Karren wieder aus dem Dreck ziehen musste.

4. Überlebenssicherung

Die große Anerkennung, die den Frauen der Nachkriegszeit heute gezollt wird, haben sie sich in erster Linie für ihren Einsatz in der Familie verdient. Sie waren es meistens, die für Nahrungsmittel, Kleidung und ein Dach über dem Kopf sorgen mussten. Im Oktober 1946 lebten in Deutschland sieben Millionen mehr Frauen als Männer. Vor allem in der jüngeren und mittleren Altersgruppe, die traditionell für die Familien sorgt, war das Zahlenverhältnis in Schieflage geraten. In Berlin standen 1000 Männern 1700 Frauen gegenüber. Gleichzeitig war die Existenzgrundlage nicht gesichert. Es gab viel zu wenig Wohnungen, kaum Brennmaterial, keine Schuhe, der Hausrat war zerstört oder bei der Flucht verloren, und die Lebensmittelversorgung war katastrophal. Die täglichen Rationen, die auf Lebensmittelkarten ausgegeben wurden, deckten nicht einmal den Grundbedarf.

Nicht nur, weil viele Männer gefallen, noch in Gefangenschaft oder zu alt und zu schwach waren, um sich zu kümmern, sondern auch, weil ihnen bereits während der letzten Kriegsjahre die Alltagsaufgaben immer mehr zugefallen waren, mussten in erster Linie Frauen Abhilfe schaffen. Wer die Geschichte der Nachkriegsfrauen als Emanzipationsgeschichte lesen will, muss sich das klarmachen: Sie war eine Folge des Kriegs und des NS-Systems. In dem Maße, in dem die deutsche Zivilbevölkerung selbst von Angriffen überzogen und in Mitleidenschaft gezogen worden war, hatte sich die klassische Rollenaufteilung der Alleinversorgerehe immer weniger durchhalten lassen. Was die Verantwortung in Haus und Hof, in der Familie und als stille Reserve auf dem Arbeitsmarkt anbelangt, brachte das Kriegsende für die meisten deutschen Frauen, die nicht verfolgt worden waren, eher mehr Arbeit mit sich, weil sie im NS-System durch die Ausbeutung von Ressourcen und Arbeitskräften in den besetzten Gebieten noch zu einem gewissen Grad entlastet worden waren. Die Bedeutung der Frauen blieb weiterhin ideologisch gerahmt. Die Besatzungsmächte und die deutsche Gesellschaft kalkulierten, wie wir am Beispiel der Trümmerfrau gesehen haben, sogenannte weibliche Tugenden für den Wiederaufbau und die Demokratisierung des Landes mit ein. Dazu gehörten der Handel auf dem Schwarzmarkt, endloses Schlangestehen, Hamsterfahrten aufs Land, das Suchen kreativer Alternativen für Kaffee, Seife, Zucker, das »Organisieren« von Brennmaterial, das Umnähen von Kleidung und so weiter.

Der Lohn der Frauen war nicht die Karriere, nicht einmal die gleiche Bezahlung, wenn sie arbeiten gingen, sondern die Würdigung als Überlebenskünstlerinnen. Sie ließen sich davon überzeugen, dass sie beim Einkochen, beim Feilschen auf dem Schwarzmarkt und bei ihren viele Kilometer langen Märschen mit schweren Rucksäcken Bedeutendes leisteten.

Tägliches Überleben

Die tägliche Sicherung des Überlebens war tatsächlich wichtiger als Lohnarbeit oder die politische Interessenvertretung, denn von Geld ließ sich kaum etwas kaufen. Lebensmittel wurden von den Besatzungsmächten bewirtschaftet und verteilt, und auch die Politik lag vorerst in den Händen der neuen Herren im Land.[1] Kein Wunder, dass wir heute, wenn wir an Nachkriegsfrauen denken, so deutlich das Bild der lebenstüchtigen Macherin vor Augen haben. Zeitgenössische Rhetorik und spätere Würdigung durch die frauenhistorische Forschung haben daran kräftig mitgewirkt.

Die starke Betonung der praktischen Leistungen von Frauen nach dem Krieg sollte jedoch nicht davon ablenken, dass eine wichtige Frage des Überlebens nach 1945 unterbelichtet geblieben ist. Welcher Preis war für ihre Anstrengungen zu entrichten? Es waren vor allem Frauen, die unter der Wohnsituation litten – es gab im Durchschnitt 9,4 Quadratmeter Wohnraum pro Person in der französischen Zone, neun Quadratmeter in der sowjetischen, 7,6 Quadratmeter in der amerikanischen und 6,2 Quadratmeter in der britischen, ganz zu schweigen von den Notunterkünften, in denen zahllose Flüchtlingsfamilien, entlassene Zwangsarbeiter und ehemalige KZ-Häftlinge dicht an dicht hausen mussten.[2] Es waren auch meistens Frauen, die nicht nur für sich und ihre Kinder, sondern auch für andere Angehörige wie die Eltern oder weiter entfernte Verwandte sorgten, indem sie mit ihnen die spärlichen Behausungen teilten. Die praktizierte familiäre Solidarität brachte Vorteile mit sich – man konnte sich gegenseitig bei der Beschaffung von Nahrungsmitteln und Brennmaterial oder bei der Beaufsichtigung der Kinder unterstützen, aber sie war trotzdem Ausdruck der patriarchalen Kultur, die davon ausging, dass eine zurückbleibende Frau mit Kind ein neues Familienoberhaupt benötige beziehungsweise dass eine alte Mutter oder ein alter Vater das Recht darauf habe, bei der Tochter einzuziehen.

Davon hatten beide etwas: zum einen die Frau, weil ihr ein amtlicher Vormund erspart blieb. Wenn der Kindsvater nicht mehr lebte, zwang der Staat die Mutter unter amtliche Vormundschaft, es sei denn, sie konnte einen männlichen Familienangehören, zum Beispiel den eigenen Vater, dazu bewegen, die Vormundschaft zu übernehmen. Dieser Mann hatte zum anderen auch etwas davon, konnte er doch seine eigenen Vorstellungen von Erziehung und Lebensführung geltend machen. Er ließ sich womöglich bedienen und kommandierte herum. Eine alleinstehende Frau mit Kind konnte aber auch notgedrungen wieder bei ihrer Mutter einziehen oder ihr Kind bei den Großeltern zurücklassen, weil sie anderenorts Geld verdienen musste. Die Gesellschaft der 1950er Jahre baute auf vielfältige Weise auf die Unterstützung zwischen den Familiengenerationen, sie »privatisierte« die Kriegsfolgen. Vieles, was später der Sozialstaat übernehmen konnte, blieb an den Töchtern hängen. Den Söhnen wurde nicht so viel Fürsorglichkeit abverlangt, und sie waren in aller Regel auch nicht alleinerziehend. Auf diese Weise blieben Frauen sehr oft unfreiwillig nah dran an ihren Herkunftsfamilien. Sie waren dazu erzogen worden, sich den Wünschen anderer unterzuordnen. So pflanzten sich die in der NS-Zeit forcierten weiblichen Sozialisationserfahrungen fort: »Für-Sorge leisten, Verantwortung für andere übernehmen, Flexibilität zeigen, eigene Wünsche zurückstellen, Ziele setzen und planen zugunsten anderer. Dazu kam die in der Jugend erfolgte frühe Disziplinierung zur Arbeit«, beschreibt Vera Neumann die typischen Erwartungen an die Frauen der Kriegs- und Nachkriegszeit.[3]

Jens-Peter A., 1947 in Hamburg geboren, erinnert sich sehr ungern an die Wohnung der Großmutter, in der seine zunächst arbeitslose alleinerziehende Mutter und er untergekommen waren. Nicht nur das Ärmliche beschäftigt ihn rückblickend, etwa wie einmal die Woche der Ofen angeheizt wurde, damit alle nacheinander baden konnten, »bis gräuliche Flocken auf dem Wasser schwammen«. Auch die Enge unter dem Dach sei für ihn als Kind vor allem im Winter kaum zu ertragen gewesen.[4]

Trümmerwohnung in Berlin im Jahr 1948. Viele wohnten auf engstem Raum.

Ab seinem dritten Lebensjahr findet die Mutter auswärts Arbeit. Sie versucht, ihren Sohn in einem Kinderheim unterzubringen, doch dort weint er so lange, bis er in den Keller gesperrt wird. Erst nach einigen Wochen erlaubt ihr der Arbeitgeber, ihren Sohn nachzuholen. Von da an wird Jens-Peter A. zu ihren Arbeitsorten in Ferienlagern und Jugendheimen mitgeschleppt. Er wächst in einem auf Dauer gestellten Provisorium auf, mit allen Konsequenzen wie häufigen Schulwechseln und abgebrochenen Freundschaften.

Wenn wir die Perspektive wechseln und uns in die Mutter hineinversetzen, war ihr Schicksal jedoch wesentlich härter als das ihres Sohnes. Sie musste als Erwachsene nicht nur die Enge ertragen, sondern auch die Nähe zu ihrer Mutter, was unter solchen Voraussetzungen meist nicht sehr friedlich zuging. Dann musste sie sich zwischen dem Kind und dem Lebensunterhalt entscheiden und ein offensichtlich sehr unglückliches, von Heimweh gebeuteltes Kind an einem fremden Ort zurücklassen. Schließlich musste sie das Kind zu jedem Arbeitsort mitnehmen, was der Arbeit nicht zuträglich gewesen sein dürfte.

Bis Frauen eigene Wohnungen hatten, konnten Jahr vergehen. Zu den psychischen Strapazen des provisorischen Lebens kamen die körperlichen: Im ersten Nachkriegsjahr setzten die Alliierten für Normalverbraucher eine Tagesration von 1500 Kalorien fest, die aber oft nicht erreicht wurde. Frauen, die angeblich nicht zur Gruppe der körperlich Arbeitenden gehörten, bekamen weniger. Im Frühjahr 1946 lag die von den Briten festgesetzte Ration für Frauen bei 1100 Kalorien. Fett und Eiweiß waren extrem rar, Mangelerscheinungen wie Ruhr-, Tuberkulose- und Grippeinfektionen weit verbreitet.

Frauen mit vollen Rucksäcken und Taschen auf der Landstraße bei der Rückkehr vom Hamstern, um 1946. Sie mussten diese oft viele Kilometer weit schleppen.

Dem begegneten die Frauen durch eigenen Gemüseanbau oder durch Tierhaltung, soweit das im Wohnumfeld möglich war, durch Hamsterfahrten aufs Land zu den Bauern und durch Tauschgeschäfte auf dem Schwarzmarkt. Das Damoklesschwert, das dabei über der Gesundheit aller hing, war der Brennstoffmangel. Der Hungerwinter 1946/47 war auch einer der kältesten Winter in Deutschland im 20. Jahrhundert. Er kostete viele Tausende von Menschenleben. Die Not der Menschen war so groß, dass der ehemalige US-Präsident J. Edgar Hoover nach einem Besuch in Deutschland im Februar 1947 sagte, das deutsche Volks sei in puncto Ernährung, Heizung und Wohnung auf dem niedrigsten Zivilisationsniveau angekommen. Daraufhin lieferten die Siegermächte mehr Nahrungsmittel nach Deutschland, obwohl sie selbst nicht viel hatten.[5]

Frauen auf dem Schwarzmarkt, Berlin 1945. Die meisten Waren gab es anderswo nicht. Sie konnten nur im Tauschhandel erstanden werden.

Die materiellen Härten, die Frauen ertrugen, überlagerten ihre emotionalen Schwierigkeiten. Sie hatten den Tod von Angehörigen zu verkraften, standen lange Trennungen von Männern, Vätern, Söhnen, den aufs Land verschickten Kindern durch und die Ungewissheit über das Schicksal von Angehörigen, die ihnen zum Beispiel auf der Flucht entrissen worden waren. Frauen mussten damit umgehen, dass die verletzten und traumatisierten Heimkehrer nicht wiederzuerkennen waren. Die lange Abwesenheit und die Verwundungen, die beide Seiten inzwischen durchgemacht und womöglich auch selbst verübt hatten, entfremdeten sie einander, sodass sich viele Paare scheiden ließen. Vor Ausbruch des Zweiten Weltkriegs ließen sich im Deutschen Reich insgesamt 44 000 Paare scheiden, 30 000 davon im Westen und 14 000 im Osten. Nach dem Krieg gingen im Westen 87 000 Paare auseinander, im Osten 38 000.[6] Eheprobleme waren ein Grund dafür, die kurzfristig und aus pragmatischen Gründen zum Beispiel zur finanziellen Absicherung geschlossenen Kriegsehen, die keine Grundlage hatten, ein anderer. Außerdem hatten sich die bürgerlichen Werte zumindest vorübergehend gelockert und in der Abwesenheit des Partners neue Beziehungen zum Beispiel auf der Flucht etabliert. Der Kummer der Frauen über all diese Verluste und Entwertungen des alten Lebens blieb unausgesprochen und unbehandelt. Das Ideal der NS-Ideologie war ein gestählter Körper und ein schmerzabgehärteter Geist gewesen. Diese zeittypische Anthropologie mag eine Voraussetzung gewesen sein, dass die Frauen durchhielten.

Sie hatten nicht gelernt, über ihre Bedürfnisse zu sprechen und für sich einzustehen. Sie spalteten die Gefühle ab, sei es Schmerz, sei es Angst. Suchtkrankheiten konnten die Folge sein. Das überforderte nicht nur sie selbst, sondern auch die

Familienmitglieder. Karl T., ein Berliner Unternehmer, hat mir erzählt, dass er mit einer Mutter aufgewachsen sei, die infolge einer Gruppenvergewaltigung durch sowjetische Soldaten verstummt sei. Wenn er von der Schule kam, habe sie oft betrunken im Sessel gesessen und vor sich hin gestarrt. Sie sei wie eine gespaltene Person gewesen. Einerseits eine aufopferungsvolle Krankenschwester und immer hilfsbereite Nachbarin, andererseits eine schwer traumatisierte Person mit für das Kind unkalkulierbaren Stimmungsschwankungen. »Im Alltag hat sie funktioniert, da hat sie alles durchgezogen, aber wenn sie alleine war, wenn ich beim Sport war, und da war ich viel, weil ich außerhalb des Hauses glücklicher war als innerhalb, dann hat sie sich in ihre Gedankenwelt und in ihre Traumen zurückgezogen und in den Alkohol. Das geht ja ganz schnell. Dann wurde halt eine halbe Flasche Wodka ausgetrunken, dann waren die bösen Geister weg.«[7]

Die mangelhafte Bewältigung der Kriegsfolgen in den Familien wurde für viele Nachkommen zur Belastung. Wer heute glaubt, die Mütter oder Großmütter hätten doch nur reden müssen, um die Akkumulierung der psychischen Belastung zu vermeiden, übersieht, dass es damals kaum Ausdrucksmöglichkeiten für die erlebten Schrecken gab. Negative Erlebnisse und Einschränkungen und Schuldgefühle, soweit vorhanden, wurden einfach ausgeblendet.

Frauen waren zudem bei der Linderung der Kriegsfolgen strukturell benachteiligt. Nur 22 000 ehemalige Krankenschwestern, Flakhelferinnen oder Zivilopfer wurden, nachdem sie im Krieg verwundet worden waren, als kriegsbeschädigt anerkannt. Sie bekamen, wenn sie beispielsweise einen Arm verloren hatten, keine Haushaltsbeihilfe bezahlt, während Männer eine Arbeitsunfähigkeitsrente erhielten.[8] Die große Belastung durch die Versorgung der Angehörigen baute sich immer mehr auf. Das lässt sich auch im weiteren Verlauf sehen. Auf dem Fürsorgetag im Jahr 1963 in München berichtete Antonie Nopitsch, Gründerin des Bayerischen Mütterdienstes und des Deutschen Müttergenesungswerks, von den Lebensverhältnissen der Frauen, denen eine Kur genehmigt wurde: »In einer in diesen Tagen zu Ende gegangenen Mütter-Genesungskur waren 45 Frauen; die knappe Hälfte war zwischen 20 und 40, die Übrigen zwischen 40 und 58 Jahren. Die ärztlichen Atteste lauteten vor allem auf: schwere Erschöpfungszustände (50 %), Herz- und Kreislaufstörungen (20 %), Untergewicht (15 %); 15 % kamen nach Operationen und Strahlenbehandlungen. 15 Frauen, also ein Drittel dieser Gruppe, hatten unmittelbar vorher den Tod von Mann oder Kind erlebt. Eine Mutter hatte gleichzeitig zwei Söhne verloren – einen durch Tbc, den anderen durch einen Unglücksfall. Einer anderen Mutter ist das vierjährige Kind vor ihren Augen tödlich verunglückt. Sechs Mütter pflegen seit Jahren chronisch Kranke, den Mann oder ein Kind. Zehn Frauen sind Flüchtlinge, die erst kürzlich in die Bundesrepublik gekommen sind; acht Frauen leben in einer ausgesprochen beengten finanziellen Situation. In fünf Familien steht der zur Verfügung stehende Wohnraum in keinem Verhältnis zur Zahl der Familienmitglieder. Einige Frauen leiden unter der Trunksucht des Mannes; sie haben alte Eltern zu pflegen; sie müssen durch Putzen oder Heimarbeit zuverdienen; sie sind berufstätig, weil die Rente des Mannes nicht ausreicht. [...] Zu dem allen, was ein Leben wahrlich schon schwer genug machen würde, muss Ihre Phantasie nun noch hinzudenken: Eheprobleme, Erziehungsschwierigkeiten, Streit.«[9]

Die meisten dieser aufgeführten Belastungen waren Folgen des Krieges und der Lebensumstände danach. Wenn die Frauen Glück hatten, wurde ihnen einen Kur bewilligt. Doch auch die »Müttergenesung«, die hauptsächlich aus Schlafen und Essen bestand, konnte die Probleme vermutlich kaum lindern. Etliche Frauen verübten in ihrer schweren Lage Selbstmord.

Abschied vom guten Leben

Während die Schicksale von alleinstehenden Frauen mit Kind häufiger erzählt werden, sind uns heute die Geschichten von verheirateten Frauen, deren Männer unverletzt geblieben waren und mithelfen konnten, weniger präsent. Doch gerade wenn solche Paare aus gut situierten Verhältnissen stammten, waren die Anpassungsleistungen, die vor allem die Frauen erbringen mussten, besonders beeindruckend. Die Briefe der schon erwähnten Gerda Voigt dokumentieren außerdem, welche große Bedeutung der Familie nach Kriegsende zukam. Nicht erst als der Staat zur Erholung der Gesellschaft ein neues Familienzeitalter auslobte, sondern schon unmittelbar nach der Kapitulation Deutschlands. In den Briefen aus den Jahren 1946 bis 1948 geht es fast ausnahmslos um Alltagssorgen und kleine Errungenschaften bei der Einrichtung der Wohnung und der Versorgung der Familie, die von Sachsen nach Hannover umgezogen war. Ihre Eltern hatte Gerda Voigt dort zurücklassen müssen. Beziehungsthemen, vor allem die Frage, wann sich die Familienmitglieder über die Zonengrenzen hinweg einmal besuchen könnten, kommen mit großem Abstand an zweiter Stelle, die Tagespolitik spielt so gut wie keine Rolle. Meistens zählt Gerda Voigt die Gegenstände auf, die sie in den

Paketen ihrer Eltern vorgefunden hat, um sicherzugehen, dass unterwegs nichts verloren gegangen ist, und die Gegenstände, die sie ihrerseits nach Dresden schickt. Was sie noch bräuchte, formuliert sie sehr direkt, und sie schreckt auch nicht davor zurück, ihre Eltern mit größeren Besorgungen zu beauftragen. In der Summe kommt ein immenser Warenverkehr zwischen Hannover und Dresden zustande, und es scheint heutigen Lesern fast unmöglich, dass die junge Familie mit zwei Kindern ohne die elterliche Unterstützung zurechtgekommen wäre. Zusätzlich schicken entferntere Verwandte Kleidung, Nahrungsmittel und Hausrat nach Hannover. Vor allem die Schokolade vom Onkel aus England wird bejubelt. Wo kein Staat einspringen kann, ist die Familie die letzte Bastion.

Das Programm eines einzigen Tages im Juli 1947 von Gerda Voigt soll ihren Eltern vor Augen führen, wie fordernd und wohl auch überfordernd ihr Leben geworden ist: »Wir leben jetzt in einem dauernden Hochdruck, an unsere Zeit wird fast ein Übermaß an Anforderungen gestellt. Z. B. letzte Woche: Montag früh Zahnarzt, Dienstag früh Wäscherei, Wäsche fortgeschafft, Wäsche geholt mit Straßenbahn 1 1/2 bis 2 Stunden unterwegs, nachmittags Garten. Mittwochnachmittag mit den Kindern nach Limmer [...] gefahren und in einer Gärtnerei Pflanzen geholt. Abends noch im Garten gepflanzt. Donnerstag früh um 4 Uhr aufgestanden. Mit Arnfried und Frau B. in den Deister zum Himbeerpflücken gefahren. Ein sehr schöner, aber anstrengender Tag mit dem Ertrag von 6–8 Pfund Himbeeren zum roh Essen und Marmeladekochen. Am Sonnabendmittag um 2 Uhr bin ich mit beiden Kindern nach Bissendorf gefahren, einen versprochenen Rucksack neuer Kartoffeln holen. Dazu eine schwere Tasche Möhren und eine Flasche Milch. Da hatte ich dann abends genug für die Woche, als ich müde und hungrig heimkam, und dann heißt es wieder, Abendbrot kochen, Kinder waschen, aufwaschen usw. Am Montagvormittag besuchte uns Pastor Sperber und gegen Mittag stand Käthe H.s Schwester Hildegard vor der Tür, die zum Mittagessen blieb. In diesem Tempo geht es jetzt dauernd. Ich sehne mich direkt mal nach einem ruhigen Tag.«[10]

Die Aufzählung hört sich nach besonders viel Arbeit an für eine Ehefrau, die sich zuvor nicht darum hatte kümmern müssen, Lebensmittel zu beschaffen, herzustellen, anzubauen und zu schleppen. Sie beklagt sich, dass sie wegen der vier- und sechsjährigen Kinder höchstens halbtags unterwegs sein könne, während, wie wir wissen, alleinstehende oder sehr schlecht gestellte Frauen damals ihre Kinder zur Not allein ließen oder fremden Nachbarn überließen. Die überaus beengten und armseligen Wohnverhältnisse sind für sie, die zuvor über eine Villa in Dresden verfügt hatte, ein Schock. Sie beschreibt ihren Eltern die ihnen von der Stadt zugewiesene Behausung folgendermaßen: zwei Zimmer, eine Kammer mit Untermieterin und eine Küche, nur ca. 14 Quadratmeter Wohnfläche, Klo eine halbe Treppe tiefer, keine Fensterscheiben, Möbel aus einer Hausratssammlung, ein Bett, zwei Matratzen, ein Tisch, drei Stühle und ein Bücherregal – alles müssten sie bei den Leuten selbst abholen. Vom Stadtrat hätten sie noch zwei Stühle, einen Eisschrank und einen zweiflammigen Gaskocher sowie eine Schreibtischlampe mit Birne gespendet bekommen. Das Ganze in einer Fabrikgegend im Arbeiterviertel, kein Baum, Blick auf Dächer, Höfe und andere Mietskasernen.[11]

Für Gerda Voigt liegt dieser Wohnort unter jedem Standard, den sie sich bislang hatte vorstellen können. Zur Ernährung tragen die Schulspeisung des Mannes, der als Lehrer arbeitet, sowie die der Kinder entscheidend bei. Sie besteht aus wenig Fett, wenig Kartoffeln und Kohlrüben. Eier und Mehl sind Mangelware, für die Milchration muss sie mindestens eine halbe Stunde anstehen. Damit die Kinder gesund bleiben, erhalten sie Malzextrakt mit Lebertran als Brotaufstrich. Ihnen fehlt es an Schuhen, weshalb der Schulunterricht bedroht ist, sie selbst besitzt nur noch ein Kleid. Festtage werden gefeiert, wenn der Onkel aus England seltene Dinge beisteuert wie gute Seife, Zahncreme, Zwirn, Streichhölzer, Schuhcreme. Vom gewohnten bürgerlichen Lebensstil trennen sie Welten. Doch sie ruht nicht, um diesem zumindest wieder nahe zu kommen, besorgt Küchenvorhänge, Nachttischleuchten, Bettvorleger, Spiegel, und sie putzt gegen die Armut an, sie schreibt, sie wolle wenigstens durch ein »blitzblankes Treppenhaus« zu ihrer pittoresken Wohnung aufsteigen können.

Wir können festhalten, dass sich die Beziehung zu den Eltern, den weiteren Verwandten, aber vor allem auch die Ehe für Gerda Voigt als überlebenswichtig erweisen. Auch wenn sie generell nicht sehr persönlich wird in ihren Briefen, lobt sie ihren Mann für seinen Fleiß bei der Arbeit und vor allem für seine Mithilfe beim Hamstern, beim Bestellen des Gemüsegartens und beim Organisieren von Heizmaterial. Es ist nur schwer denkbar, dass sie sich ohne ihn hätte durchschlagen können. Das Paar scheint keine Eheprobleme gehabt zu haben, was damals keine Selbstverständlichkeit war. Sie verbringen regelmäßig ohne Kinder Zeit miteinander, um die Beziehung zu pflegen. Im Entnazifizierungsverfahren steht Gerda Voigt voll hinter ihrem Mann, sieht ihn als unschuldig Verfolgten.

Die Anpassungsfähigkeit und der Einfallsreichtum, mit deren Hilfe sich die Familie Voigt in einem Leben weit unter ihrem bisherigen Niveau einrichten konnte, sind bemerkenswert. Auch nach sechs langen Wochen ohne jegliche Fettration jammert die Hausfrau nicht, sondern registriert nüchtern ihre eigenen körperlichen Veränderungen und die ihrer Nächsten. Stundenlanges Anstehen in Behörden und Geschäften, Nächte, die sie alleine auf Bahnhöfen verbringt auf ihrer Reise in die SBZ zu ihren Eltern, scheinen sie nicht zu zermürben. Gerda Voigt muss auch besonders mutig gewesen sein, denn nächtliche Fahrten allein aufs Land waren in ihrem Stand für Frauen alles andere als selbstverständlich.

Die Briefe dokumentieren, wie gründlich die Deutschen durch den von ihnen angezettelten Krieg und den Zivilisationsbruch des Holocaust ihren zuvor erreichten Wohlstand verloren haben. Eine bürgerliche Ehefrau baut selbst Obst und Gemüse an, stellt Lebensmittel her und konserviert sie, bessert Kleidung und Wäsche aus und näht neue. Die Zuteilungen der Behörden und der Tauschhandel auf dem Schwarzmarkt erfordern, dass sie stundenlang ansteht, dass sie genau plant und einteilt, wofür sie die einzelnen Grundnahrungsmittel einsetzt. Die Chance, etwas über das Allernötigste hinaus zu ergattern, zum Beispiel Zucker für das Weihnachtsgebäck, bringt viel Organisationsaufwand mit sich. Gäbe es für die Kinder nicht Schulspeisungen und die Landverschickung, bei der die Söhne aufgepäppelt werden, wäre es noch schwerer gewesen. Briefe schreiben oder für sich selbst etwas anfertigen kann sie nur in den späten Abendstunden. Darüber hinaus noch arbeiten zu gehen, erscheint fast unmöglich, zumal es keine Kinderbetreuung gibt.

Rückkehr in alte Rollenmuster als Rettung vor der Überforderung

Vor diesem Hintergrund müssen wir die Frage, was aus den tüchtigen Frauen der Nachkriegszeit in den 1950er Jahren wurde, erst einmal relativieren. Das Gefühl von Selbstwirksamkeit, Unabhängigkeit, Verantwortung konnte wohl nicht immer die Kosten wettmachen, die für die Frauen dabei entstanden. Es ist verständlich, dass sich viele Frauen angesichts der Härten ihres Lebens den Weg zurück an Herd und Kinderwiege wünschten. Hätten sie nur um der Gleichberechtigung willen ihre Existenz als »ledige Mutter« oder Kriegerwitwe freudig annehmen sollen? Oder war es nicht naheliegend, so schnell wie möglich wieder zu heiraten und (im Westen) die wiederbelebte Weiblichkeitsideologie in vollem Bewusstsein der Vorteile zu begrüßen und allen weiteren beruflichen oder gesellschaftspolitischen Ehrgeiz fallen zu lassen?

In der Bundesrepublik wurde mit der Gründung des Familienministeriums viel politische und finanzielle Energie darauf verwendet, die althergebrachten Geschlechterrollen wieder zu stärken. Das Argument war, dass sich die Gesellschaft mithilfe der bürgerlichen Familie von den moralischen Verwüstungen der Nazizeit erholen werde. Deshalb richteten sich Hilfen und Maßnahmen in erster Linie an die verheirateten Frauen und Mütter. Es galt, die Frauen (der Mittelschicht) durch Kindergeld von der Notwendigkeit, Geld zu verdienen, zu befreien und dadurch die Rolle der Hausfrau und Mutter beziehungsweise des Haupternährers und Familienoberhauptes zu stärken. Diese Retraditionalisierung kennzeichnete übrigens nicht nur die Politik in Deutschland, sondern auch in den USA. Auch hier waren die Ängste vor dem Niedergang der Familie als angebliche Keimzelle des Staates infolge der Kriegseinwirkungen groß, auch hier wollte die weiße Mittelschicht den Beitrag der »geistigen Mütterlichkeit« nutzbar machen für die Überwindung der Verwerfungen des Zweiten Weltkriegs, und auch hier sollte sich die angebliche Überlegenheit des kapitalistischen Systems anhand der Geschlechterrollen erweisen.

Allerdings dürfen wir uns von der damaligen Sorge um das bürgerliche Ehe- und Familienmodell auch nicht blenden lassen. So viel häufiger als vor dem Kriegsende waren Frauen nach dem Krieg gar nicht erwerbstätig. Zudem blieben die Frauen nach wie vor im Spektrum des von ihnen erwarteten Berufssegments tätig – der leichten Büroarbeit, der sozialen Arbeit und dem Dienstleistungsbereich. Selbst in der SBZ/DDR, wo dringend Arbeitskräfte auch im produzierenden Gewerbe gebraucht wurden, hielt sich die Motivation der Frauen, dort zu arbeiten, nach der Rückkehr ihrer Männer aus der Gefangenschaft in Grenzen.[12]

Ebenso wie zum Ende des Kriegs waren es hauptsächlich die jungen und unverheirateten Frauen, die arbeiteten. Man könnte es so zuspitzen: Frauen waren damals vor allem dann erwerbstätig, wenn sie keinen männlichen Versorger hatten. Außerdem war die Berufstätigkeit eine Frage des sozialen Stands. Während die weibliche Unterschicht seit jeher gezwungen gewesen war, ihren Lebensunterhalt zu verdienen, lag der weiblichen Mittelschicht das bezahlte Arbeiten eher fern. Auch dürfte die historische Erfahrung noch in Erinnerung gewesen sein. Bereits nach dem Ersten Weltkrieg hatte die weibliche Berufstätigkeit einen Aufwind erlebt, doch dann kam die Flaute, als die Männer ihre alten Arbeitsplätze wieder zurückforderten. Die gesellschaftliche Befürchtung, dass sich berufstätige Frauen dazu entschließen könnten, nicht zu heiraten beziehungsweise ohne Mann zu leben, hatte sich schon damals nicht bewahrheitet.

Es sind nur wenige Ausnahmen dokumentiert, wie zum Beispiel der Fall von Charlotte Wagner. Bei ihr hat die Erfahrung der Selbstwirksamkeit offenbar eine Rolle dabei gespielt, nicht mehr zu heiraten. Als Angehörige des Jahrgangs 1922 hatte sie im Krieg geheiratet, wie so viele. Wehrmachtsangehörige konnten nach damaligem Recht schnell, unkompliziert und sogar in Abwesenheit heiraten, sprich, die Männer mussten bei der Trauung nicht einmal anwesend sein. Das sollte die Moral in der Wehrmacht heben. An der Stelle des Soldaten symbolisierte dann ein Stahlhelm den abwesenden Bräutigam. Der Mann musste nicht einmal mehr am Leben sein. So wurden Frauen, deren heiratswillige Männer gefallen waren, durch die »Totenehe« automatisch Kriegswitwen mit der entsprechenden gesellschaftlichen Anerkennung und finanziellen Absicherung, und das gemeinsame uneheliche Kind wurde ebenfalls legitimiert.

Charlotte Wagner hatte mit 16 Jahren begonnen, bei der AEG zu arbeiten. Nach dem Krieg konnte sie mit Trümmerarbeiten ihren Sohn und ihre Mutter, mit denen sie in eineinhalb Zimmern wohnte, nur mit Müh und Not über Wasser halten. Sie wog zeitweise nur noch 42 Kilo. Als ihr Mann 1946 aus der Gefangenschaft zurückkam, hatte das Paar eigentlich zum ersten Mal eine gemeinsame Zeit. Doch das erlebten die beiden als belastend. Obwohl es an allen Ecken und Enden fehlte und sie täglich um das Überleben kämpfen mussten, war der Mann nicht in der Lage, etwas beizutragen. Er wagte sich nicht vor die Tür, suchte keine Arbeit und ging nicht auf Hamsterfahrt. Wenn sie in der Wohnung froren, ging er nur widerwilligst Heizmaterial besorgen. Heute würde man vermuten, er war traumatisiert. »Ich habe mich dann scheiden lassen«, erzählte die Berlinerin einer Historikerin. Die Härte, die aus diesen Worten spricht, lässt sich womöglich damit erklären, dass Charlotte Wagner schon ohne Vater aufgewachsen war. Bei Kriegsende fiel sie sexualisierter Gewalt zum Opfer. Die Strapazen des täglichen Überlebenskampfes mögen sie zusätzlich emotional erschöpft haben. Auch später sei es ihr nie mehr in den Sinn gekommen, wieder zu heiraten: »Vom Heiraten hatte ich die Nase voll, ein für alle Mal. Deswegen bin ich nicht immer allein gewesen, so ist es nicht, aber heiraten wollte ich nicht mehr. Ein Grund ist, dass es ja selten gut geht mit dem neuen Vater … Das ist der eine Grund. Und zum Zweiten, ich bin kein Typ, der sich so furchtbar gerne unterordnet. Die Männer meiner Generation, die sind noch daran gewöhnt, dass sich die Frau bedingungslos unterzuordnen hat.«[13]

Abgesehen davon, hatten Frauen in der unmittelbaren Nachkriegszeit in Berlin nicht die große Auswahl. Außerdem hätten sie ihre Kriegerwitwenrente verloren, wenn sie denn eine bezogen. Deshalb lebten viele zwar in einer sogenannten Onkelehe mit einem Mann zusammen, blieben aber unverheiratet. Das war kein Zeichen von Unkonventionalität, sondern eine Notlösung, weil sie sonst die finanzielle Zuwendung auch noch verloren hätten. Man darf sich diese Versorgung allerdings nicht sehr üppig vorstellen. Sie variierte von Region zu Region abhängig von der Besatzungszone, aber reichte nie über ein Existenzminimum hinaus. Zudem wurde die Zahlung einer Witwenrente zeitweilig auch davon abhängig gemacht, ob der gefallene Mann oder die Frau selbst Mitglied der NSDAP gewesen war, wie alt die Frau, wie alt die Kinder und ob die Frau erwerbsfähig war.[14] Die Situation der verwitweten Frauen und ihrer Kinder verschlechterte sich meistens nach Kriegsende, wenn sie nicht besonders hohe oder mehrere Renten des verstorbenen Mannes bezogen. Der Überlebenskampf, der uns heute Respekt abfordert, war erzwungen und unbeliebt. Selbstermächtigung im Sinne eines weiblichen Aufbruchs stand nicht dahinter.

5. Arbeitsmoral

Frauen sind in Deutschland bis heute nicht in gleichem Maße berufstätig wie Männer. Der Abstand bei der Erwerbsquote beträgt etwa acht Prozent. Zudem arbeitet die Hälfte der Frauen in Teilzeit. Aufgeschlüsselt nach der Art der Erwerbstätigkeit, werden die Unterschiede noch sichtbarer. Bei den sozialversicherungspflichtig Arbeitenden beträgt der Frauenanteil nur ein Drittel, bei den Beamten fünfzig Prozent, bei den mithelfenden Familienangehörigen sechzig Prozent und bei den geringfügig Entlohnten zwei Drittel.[1] Vor diesem Hintergrund möchte ich diskutieren, inwieweit dieser Pfad in der Nachkriegszeit vorgebahnt wurde. Immerhin gilt die Zeit nach dem Kriegsende als Emanzipationsschub in Sachen Frauenerwerbstätigkeit. Gerade die Tatsache, dass Frauen während des Kriegs und danach auch traditionelle Männertätigkeiten übernehmen mussten, ließ hoffen (oder auch befürchten, je nach Sichtweise), es sei nur noch ein kleiner Schritt in Richtung Gleichstellung der Geschlechter auf dem Arbeitsmarkt. Die SBZ und spätere DDR knüpfte da an und versuchte gezielt, Frauen für die Arbeit im Labor und an schweren Maschinen zu qualifizieren. Sie sollten sich vom Fließband in der Rüstungsfabrik zum Mähdrescher oder an den Hochleistungsofen umorientieren. Doch es kam anders. Aus der Zuversicht, Frauen durch Arbeit zu emanzipieren, wurde die Ernüchterung darüber, dass nicht für jede Frau Arbeit ein selbstbestimmter Akt war oder gar ein Emanzipationsgewinn, sondern oft ein unfreiwilliges Resultat der Umstände. Auch in diesem Kapitel muss also ein beliebter Mythos der Frauennachkriegsgeschichte gegen den Strich gebürstet werden: die behauptete weibliche Selbstermächtigung durch Arbeit.

Das Recht auf eigenes Einkommen durch eine vom Markt vermittelte Erwerbsarbeit ist eine Wegmarke der Frauengeschichte. Bis 1958 durften in Westdeutschland Ehemänner die Arbeitsstelle ihrer Frauen kündigen, und noch bis 1977 galt in der Bundesrepublik das Vereinbarungsgebot – Frauen sollten nur arbeiten gehen, wenn das mit ihren Pflichten im Haushalt und in der Kindererziehung vereinbar war. Auf diese Weise wurde die Hierarchie der Aufgaben für Frauen zumindest auf dem Papier bekräftigt. Es blieb dabei: Erst kommt der Haushalt, dann allenfalls ein »Zuverdienst«. Tatsächlich hat diese Vorstellung bis in die Gegenwart überlebt, wie an den vielen in Teilzeit arbeitenden Frauen und den wenigen Männern, die Elternzeit beanspruchen oder bei Krankheit eines Kindes zu Hause bleiben, ersichtlich wird. Mit der Erwerbsarbeit sind noch immer nicht nur Überleben und Unabhängigkeit verbunden, nicht nur gesellschaftliche Teilhabe und Lebenssinn, nicht nur Mobilität und Wohlstand, sondern auch diffuse Ängste vor dem Untergang einer bewährten Geschlechterordnung, die unsere Gewissheiten darüber sichert, welche unterschiedlichen Aufgaben Männer und Frauen im Leben idealerweise erfüllen sollten.

Auch wenn viele erwerbsarbeitende Frauen damals ihrer ausschließlichen Rolle als Hausfrauen entkamen, so entkamen sie nicht der Verantwortung als hauptsächlich Familienzuständige. Sie mussten doppelte Schichten ableisten, weil die Alltagsversorgung sehr zeitraubend war. Deshalb durchkletterten die meisten nicht den dünnen Schlot des beruflichen Aufstiegs, sondern blieben auf mittlerer Ebene stecken. Auch in der DDR, die sich als vorurteilsfrei gegenüber Frauen in der Männerrolle gab, erwiesen sich schlussendlich nur die traditionellen Frauendomänen als durchlässig genug für die weibliche Selbstverwirklichung durch Arbeit. Bis nach oben ging es, wenn überhaupt, in den klassischen Berufen, die mit Sorge und Fürsorge zu tun hatten.

Zunächst mussten die Frauen in Zeiten des Arbeitskräftemangels und des allgemeinen Versorgungsnotstands jedoch Verantwortung übernehmen. Wer hätte es ihnen auch verbieten wollen? Allerdings war es nicht in erster Linie bezahlte Lohnarbeit, mit der sie den Lebensunterhalt bestritten, sondern informelle Arbeit, das Organisieren von Essen, Kleidung und Heizmaterial, Tauschgeschäfte, Hamsterfahrten, Aushilfsjobs wie Näharbeiten, Kochen für andere, Trümmerräumen, aber auch Bürotätigkeiten bei den Besatzungsmächten, Einsatz als Krankenschwestern oder – im schlechtesten Fall – Prostitution. Arbeit war in erster Linie Überlebensarbeit und kein Thema der Karriere und Selbstverwirklichung.

Die offizielle Erwerbsquote ging dann auch unmittelbar nach Kriegsende zurück und lag bei unter dreißig Prozent (die erste exakte Zahl haben wir für 1947 mit 28,3 gegenüber 35,2 Prozent im Jahr 1939)[2]. Obwohl Industrie und Gewerbe schnell wieder anliefen, hielten sich die Frauen bei der bezahlten Arbeit zurück, weil es für das wenige Geld nichts zu kaufen gab und weil sie für reguläre Arbeitstage schlicht keine Zeit hatten, wenn sie stundenlang in der Schlange stehen und nach Geschäften suchen mussten, die noch etwas anzubieten hatten. Erst als die Männer aus Krieg und Gefangenschaft zurückgekehrt und die Familien – soweit möglich – wieder vollständig waren, begannen sich die Fragen nach der Erwerbstätigkeit für Frauen zuzuspitzen. Die Diskussion berührte zwei Ebenen: In welchem Gesellschaftsmodell wollten die Deutschen leben, in einem kapitalistisch-bürgerlichen mit der Familie als »Keimzelle« des Staates? Das würde heißen, dass die Frauen möglichst zu Hause blieben. Oder in einem sozialistischen Staat, in dem die Arbeit im Zentrum stünde und die Gleichberechtigung und Integration der Frauen über die Arbeit laufen sollte? Aus der individuellen Perspektive hieß das: Mit welchem Lebensstil kann ich mich persönlich identifizieren? Mit dem der Mutter, die gelegentlich etwas hinzuverdient, oder mit einem ganz neuen, für den ich sehr viel Kraft und Mut brauche? Diese Entscheidung hing nicht zuletzt auch von den Möglichkeiten der Frauen ab. Es gab viele, die ohnehin arbeiten gehen mussten und es sich gewünscht hätten, sich eine Existenz als Hausfrau und Mutter erlauben zu können. Und dann gab es eine kleine Elite, für die professionelle Arbeit der folgerichtige Schritt nach der Ausbildung war, ein Versprechen auf Selbstverwirklichung.

Eine wichtige Frage in diesem Kapitel soll sich deshalb auf das Motiv und die Nachhaltigkeit der Frauenerwerbstätigkeit richten. Außerdem müssen wir das gesellschaftliche Umfeld berücksichtigen. In der Bundesrepublik entwickelte sich die Frauenerwerbsquote längerfristig steil nach oben, aber langsamer als in der DDR, vor allem, wenn die Frauen Ehefrauen und Mütter waren. Noch in den 1960er Jahren absolvierten viele Frauen in der BRD eine anspruchsvolle Ausbildung, zum Beispiel ein Lehramtsstudium, und legten die Arbeit nach der Hochzeit augenblicklich nieder. Die Berufstätigkeit wurde nur als Notnagel betrachtet. Die Erwerbsbiografien waren löchrig; je nachdem, wie alt die Kinder waren, ob es Betreuungsmöglichkeiten gab und ob die Familie einen »Zuverdienst« zum Beispiel für eine größere Anschaffung benötigte.

Eine schwere Last auf den Schultern

Luise Stieber kommt nicht aus freien Stücken zur Arbeit. Seit November 1943 wird ihr Mann an der Front vermisst. Sie hält den Gedanken kaum aus, dass sie ihn für immer verloren haben könnte, und ist einem Nervenzusammenbruch nahe.

Viele Frauen suchten noch in den 1950er Jahren nach ihren verschollenen Männern.

Um sich in dunklen Momenten zu wappnen, beschließt sie, mit ihm im Gespräch zu bleiben. Sie führt, wie eingangs beschrieben, ein Tagebuch in Briefform, hält damit die Hoffnung am Leben, ihn heil zurückzubekommen. Sie spricht ihn direkt an, stellt ihm Fragen, beklagt sich, heult sich aus. Diese Form von persönlich adressiertem Tagebuch ist damals weit verbreitet, denn Frauen mit vermissten oder gefallenen Männern finden nicht immer geeignete Gesprächspartnerinnen, deshalb schreiben sie sich ihre Sorgen von der Seele.

Auch nach Kriegsende verläuft die Suche über das Rote Kreuz im Nichts. Luise Stieber muss weiterhin allein für zwei Kinder im Schulalter sorgen. Das widerspricht ihrem Verständnis von Elternschaft, denn ihrer Auffassung nach ist die Autorität des Vaters unverzichtbar, vor allem für Söhne. Das Hausmädchen muss sie auch entlassen, es ist schwanger geworden. Aber vor allem muss sie weiterhin die Gärtnerei ihres Mannes führen, nachdem sie im Krieg Mitarbeiter verloren hatte, der Betrieb dreimal durch Bomben zerstört worden war, die Konkurrenz versucht hatte, sie aus dem Geschäft zu drängen, ihr die Pflanzen erfroren waren und Geldgeber den Kredit verweigert hatten, weil der »wahre« Chef nicht anwesend sei. Im März 1944 war auch noch das Wohnhaus von Bomben getroffen worden, sie selbst und ihre Kinder waren nur knapp aus dem verschütteten Keller gerettet worden. Sie hatte die Möbel an unterschiedlichen Orten verteilt und die Kinder bei Verwandten untergebracht. Dann steht sie Einquartierungen durch, erst mit deutschen Soldaten, dann mit Amerikanern, die sie aus ihrer gerade neu bezogenen Wohnung verjagten. Eigentlich ist Luise Stieber bei der Kapitulation körperlich und nervlich am Ende. Nur der Gedanke an ihren Mann, der Wunsch, für ihn das Geschäft zu erhalten, lässt sie durchhalten.[3] Von Emanzipation zu sprechen wäre zynisch.

Nach Kriegsende ändert sich vorerst nicht viel zum Besseren, nur dass sie sich nicht mehr vor Bomben fürchten muss. Der Text kuriert uns von der Idee, sie könnte sich durch Arbeit selbst verwirklichen wollen. Sie empfindet die Verantwortung für sich, ihre Kinder, die Gärtnerei als Zumutung und Überforderung. Denn die Umgebung ist in ihrem Fall nie bereit für einen Rollentausch, und auch sie selbst behindern immense Zweifel. Ihre innere Stimme flüstert ihr jeden Tag von Neuem zu, dass sie als Frau für bestimmte Dinge nicht oder wesentlich schlechter geeignet sei als ein Mann. Trotzdem werden ihre Schultern unter der Verantwortung breiter. Im Herbst 1945 berichtet Luise Stieber schon selbstverständlicher über die Arbeit in der Gärtnerei. Die alte Hilflosigkeit scheint kleiner zu werden: »Oft frage ich mich, wie das mal sein wird, wenn Du wieder da sein wirst, wenn ich den ganzen Packen Verantwortung u. Sorgen, der auf mir liegt, teilen kann mit Dir. Wie leicht und froh wird mir dann zumute sein. Es wird sein, als ob eine schwere, schwere Last, die so lange auf meinen Schulter lag, von mir genommen wird.«[4] Inzwischen will sie offenbar die Verantwortung nicht mehr ganz loswerden, sondern lediglich reduzieren. Auch wenn sie immer wieder darauf zurückkommt, wie sehr sie hoffe, alles sei in seinem Sinne, und bei schwierigen Entscheidungen sogar ausdrücklich bedauert, dass sie nicht einfach nur das tun könne, was ihr Mann für richtig halte, wachsen ihr Selbstsicherheit, Autonomie und Professionalität zu. Sie wird zwar auch noch nach drei Jahren der Abwesenheit ihres Mannes von sich behaupten, sie sei keine Geschäftsfrau und wesentlich besser für die Hausarbeit geeignet, aber sie fühlt sich berufen, die Gärtnerei unter allen

Umständen zu erhalten und weiterzuführen. Stolz beschreibt sie den Neubau und vermeldet Gewinne. Im März 1947 notiert sie, sie verstehe allmählich etwas von dem Geschäft und mache nicht mehr oft Fehler. Sie fühlt sich, vermutlich zum ersten Mal in ihrem Leben, selbstständig und unabhängig.

Ähnlich ergeht es ihr beim Thema Kindererziehung. Erst ist sie voller Selbstzweifel als alleinerziehende Mutter, glaubt, ihr fehle die väterliche Autorität. Doch allmählich schickt sie sich in ihre Lage und sucht nach Lösungen, indem sie zum Beispiel ihren jetzt achtjährigen Sohn in eine Institution gibt, was sie allerdings schnell wieder zurücknimmt.

Der Frau wesensfremd

Die Geschichte der klassischen Aufgabenteilung, an der Luise Stieber lieber festgehalten hätte, begann im bürgerlichen Zeitalter mit der polaren Geschlechterordnung, die sich die Ehe mit dem erwerbstätigen Mann und der häuslichen Frau zum Modell nahm. In dieser Epoche, etwa von der Aufklärung bis zum späten 19. Jahrhundert, verfestigten sich die Vorstellungen davon, was im »Wesen« der Frau und des Mannes angelegt sei und was daraus für die Rollen der Geschlechter folge: Den Männern gehörten die Rationalität, der öffentliche Raum, die Autorität in der Familie, die Politik, den Frauen das Gefühl, die Privatheit, der Glaube, die Fürsorge. Im selben Maße, wie die Gesellschaft verbürgerlichte, schrumpfte die Frauenerwerbstätigkeit. Der Sockel war um 1900 herum erreicht.

Die Grundlagen der Geschlechtercharaktere wurden in der Biologie vermutet, wobei umgekehrt auch das Verhalten auf die Biologie zurückwirken sollte. Wer gegen sein »Wesen« lebte, drohte die ursprüngliche Weiblichkeit oder Männlichkeit zu verlieren. Eine offensichtliche Ungereimtheit war dabei, dass die polare Geschlechterordnung für manche Menschen mehr und für andere weniger galt, denn für die Arbeiterklasse oder für angeblich weniger hoch stehende Populationen wie zum Beispiel die Kolonialvölker war die strenge Aufgabenteilung zwischen Mann und Frau nicht vorgesehen. Begründet werden konnte die Ungleichbehandlung damit, dass die bürgerlichen Rollen zu einer allgemeinen kulturellen Höherentwicklung gehörten: je höher stehend, desto unterschiedlicher die Aufgaben von Männern und Frauen. Deshalb gingen im Verlauf des 19. Jahrhunderts Sozialarbeiterinnen, aber auch Frauenrechtlerinnen in Proletarierfamilien, um für das polare Modell zu werben – sie glaubten, dass die Normen des Bürgertums auf die anderen Schichten ausstrahlten und eine wesentliche Voraussetzung für den sozialen Aufstieg darstellten. Die Erziehung und manchmal auch Bestrafung von Frauen, die offensichtlich aus dem Modell herausfielen, zum Beispiel unverheiratete Mütter oder Prostituierte, blieb im 20. Jahrhundert noch lange ein Grundelement der Sozialfürsorge.

Gleichzeitig veränderte sich im frühen 20. Jahrhundert, wie Frauen arbeiteten. Man kann das als Widerspruch zum bürgerlichen Rollenverständnis deuten oder auch als kapitalistisches Prinzip, das die möglichst kostengünstige »Reservearmee« der Frauen immer mit einkalkuliert hatte und zwei Fliegen mit einer Klappe schlagen wollte: Wenn der Markt gesättigt war, reproduzierten die Frauen unentgeltlich die Arbeitskraft in der Familie, wenn der Markt hungrig war, packten die möglichst gut ausgebildeten, aber gleichzeitig anspruchslosen Frauen mit an. Bereits 1875 zählte die Industrie rund eine Million Arbeiterinnen, das entsprach einem Anteil von zwanzig Prozent der Beschäftigten. Weitere 1,4 Millionen Frauen standen als Dienstmädchen in Lohn und Brot, was bei den Frauen weniger beliebt war, denn in der Fabrik gab es wenigstens klar geregelte Arbeitszeiten, die persönliche Willkür war nicht so stark ausgeprägt, und die Frauen hatten ein Privatleben. Eine halbe Million Frauen verrichteten Heimarbeit, was immerhin etwas flexibler für die Kinderbetreuung machte. Im Durchschnitt verdienten Frauen dreißig bis fünfzig Prozent weniger als Männer, ihre Löhne waren aber auch nie dafür gedacht, eine Familie zu unterhalten. Diese Ungerechtigkeit wurde ein wichtiger Motor für die sozialistische Frauenbewegung. Anders als die bürgerliche Frauenbewegung ging sie davon aus, dass Arbeit bei besseren Bedingungen der Königsweg zu Unabhängigkeit und Gleichstellung der Frauen sei.

Im Ersten Weltkrieg zogen immer mehr Frauen unter anderem in die Maschinen-, Metall-, Eisen- und Chemieindustrie ein. Das galt jedoch nicht als Fortschritt, sondern als ein den modernen Zeiten oder dem Ersten Weltkrieg geschuldetes Übel und brachte im damaligen Verständnis keine wirkliche Gleichstellung, sondern eine »Emanzipation auf Leihbasis«. Nach 1918 wurden erwerbstätige Frauen mit großer Konsequenz wieder »demobilisiert«, sprich entlassen, und durch Männer ersetzt.[5]

Zwar diskutierte der Reichstag darüber, die Arbeitsbedingungen für Frauen zu verbessern, aber auch wenn das Verbot von verheirateten Frauen im Beamtenstatus (»Lehrerinnenzölibat«) fiel, wurden beamtete Lehrerinnen nach der Heirat weiterhin entlassen. Kampagnen gegen »Doppelverdiener« versuchten, Ehefrauen aus der Berufswelt zu drängen, denn sie gefährdeten angeblich die Arbeitschancen der Männer, aber vor allem brachten sie die hergebrachte Ordnung durcheinander. Das glaubten nicht nur Männer, sondern in der Regel auch Frauen. Sie hofften selbst, spätestens mit der Heirat nicht mehr arbeiten gehen zu müssen. Zwei Drittel aller weiblichen Angestellten waren deshalb unter 25 Jahre alt. Wenn sie älter würden, so die allgemeine Überzeugung, befreite sie ihr Ehemann von der Last des Geldverdienens.

Gleichzeitig wurden arbeitende Frauen immer sichtbarer im öffentlichen Raum. Die »neue Frau« zeigte sich als Büroangestellte, Verkäuferin und Studentin. Zwischen 1921 und 1931 verdoppelte sich der Anteil der Studentinnen auf fast 19 Prozent. Vor allem in der Stadt, wo es Cafés, Museen, Kaufhäuser und Filmtheater gab, reckten studierte und berufstätige Frauen den berühmten »Bubikopf« in die Höhe, zeigten Bein im gekürzten Rock und experimentierten mit neuen Lebensformen, propagierten lesbische Liebe und das Recht auf Abtreibung.[6]

Der Nationalsozialismus versuchte zwar, all dem ein Ende zu setzen. Frauen sollten wieder echte Frauen sein und Männer echte Männer. Nach dem Machtantritt der NSDAP wurden Frauen aus angesehenen und lukrativen Berufen gedrängt, Ehestandsdarlehen, Mutterschaftskreuze und das Pflichtjahr für alle Frauen unter 25 Jahren sollten die Rolle der Hausfrau und Mutter attraktiver machen. Das Ziel der Nationalsozialisten, Frauen wieder an ihre angebliche Wesenhaftigkeit zu binden, ließ sich aber nicht durchhalten. Sie wurden erneut für eine »Arbeitsschlacht« gebraucht, die auch schmutzige, körperlich fordernde und psychisch belastende Tätigkeiten in der Rüstungsindustrie, in der Landwirtschaft oder in der Verwaltung der okkupierten Gebieten erforderte. Allerdings unterschied die NS-Ideologie zwischen schützenswerten »arischen«, fruchtbaren Frauen und Frauen, die für harte und schmutzige Arbeit nicht zu schade seien wie zum Beispiel Jüdinnen und Frauen aus der Sowjetunion, Polen oder Frankreich.

Nach der Kapitulation, als viele Männer gefallen, verwundet oder in Gefangenschaft waren, ließ sich das Rad nicht gleich zurückdrehen. Frauen wurden immer noch gebraucht, um den Aderlass bei den Männern zu kompensieren. Das Beispiel von Luise Stieber, der höchstwahrscheinlich verwitweten Ehefrau (ob ihr Mann zurückgekehrt ist, geht aus der Quelle nicht hervor), dokumentiert eine gebräuchliche Überzeugung, dass Frauen und Männer für unterschiedliche Rollen qualifiziert seien. Männer sollten nach dem Krieg so rasch wie möglich wieder an ihre alten Arbeitsplätze zurückkehren. Im Westen Deutschlands erhielten aus der Gefangenschaft entlassene Soldaten und internierte Zivilisten ein Entlassungsgeld, wurden bei der Wohnraumzuteilung bevorzugt und bei der Eingliederung in das Berufsleben besonders unterstützt. Sollte auf der Stelle inzwischen eine Frau sitzen, musste sie gehen. Entsprechend ging die Frauenerwerbstätigkeit im Westen bis 1950 zurück. Wie kamen Frauen über diese Hürde – wenn sie das denn wünschten –, als ihr Einsatz wieder weniger gefragt war und ihre Arbeit außer Haus erneut als »wesensfremd« betrachtet wurde?

Im Fall von Frau Stieber wissen wir nicht, ob sie die Verantwortung für die Gärtnerei und die Kinder mit ihrem Mann tatsächlich »geteilt« oder ob sie ihm wieder den Vortritt gelassen hätte. Mehr Anhaltspunkte erhalten wir aus einer anderen Quelle.

Hoch abgesprungen und tiefer gelandet

Im Jahr 1932 legten fünfzehn junge Frauen aus Erfurt nach dem Abitur ein »Klassenbuch« an, das sie sich reihum schickten, um in Verbindung zu bleiben. Sie waren noch im Kaiserreich geboren und erlebten in jungem Alter den Emanzipationsschub der Frauen in der Weimarer Zeit. Das ist wichtig für die Einordnung, denn die Erfahrungen mit Demokratisierung und Pluralisierung prägten diese Generation auf eine ganz andere Weise als die Sozialisation im Nationalsozialismus die nächste Generation. Das Klassenbuch zieht sich bis ins Jahr 1976. Die Frauen tauschen sich über die ganze Spanne ihres Arbeitslebens aus, privat und beruflich. Natürlich stehen sie voreinander auch unter Erfolgsdruck, was die Einträge positiv eingefärbt haben könnte. Allerdings kommen sie gelegentlich zu Klassentreffen zusammen, weshalb sie nicht völlig frei fabulieren konnten. Wichtig für die Interpretation dieser Quelle ist auch, dass sie als Abiturientinnen einer privilegierten Gruppe angehörten. Ihre Erfahrungen sind nicht auf die Allgemeinheit der Frauen übertragbar. Ein Pluspunkt dieser Quelle ist wiederum, dass sich die Lebensgeschichten in beiden deutschen Systemen entfalteten.[7]

Im Jahr 1932, als die Mädchen das Abitur ablegten, hatte sich die Frauenbildung unlängst rasant beschleunigt. Erst 1893 hatte in Karlsruhe ein Mädchengymnasium die Pforten geöffnet. Die Schülerinnen waren noch wie Außerirdische bestaunt worden, weil man allgemein glaubte, der Gymnasialunterricht gehe dem »schwachen« Geschlecht über die Kraft und führe zur Vermännlichung. Bis dahin hatten sich nur sehr wenige Mädchen extern an Knabenschulen oder privat fürs Abitur vorbereiten können. Die bürgerliche Schicht schickte ihre Töchter üblicherweise bis zur zehnten Klasse auf die höhere Töchterschule, die nicht zum Studium qualifizierte. Im Jahr 1912 absolvierten im Deutschen Reich noch ganze 188 Frauen das Gymnasium, im Jahr 1931 waren es doppelt so viele, ein Jahr später waren es schon 27 Prozent Frauen. Auch das Frauenstudium kam in Deutschland vergleichsweise verzögert an. Im 19. Jahrhundert gewährten wenige Universitäten Frauen das Recht, als Gast Vorlesungen anzuhören. Den ersten vollwertigen Studienabschluss ermöglichte Sachsen im Sommersemester 1906, das Habilitationsverbot für Frauen fiel erst im Jahr 1920. Die wenigen, die es so weit brachten, stammten üblicherweise aus Akademikerhaushalten und studierten Medizin oder Lehramt, die als »Frauenberufe« galten. In den kommenden Jahren, als die deutsche Wirtschaft kriselte, wurden studierte Frauen zur unerwünschten Konkurrenz, und in der Zeit des Nationalsozialismus sollte ihr Anteil an den Unis vorübergehend auf zehn Prozent schrumpfen. Die Zahl der Studentinnen sank so weit, dass wieder gezielt um sie geworben wurde.

Das Verhältnis der Nationalsozialisten zur Frauenbildung blieb aber ambivalent, wie ein Vorkommnis im Jahr 1943 zeigte. Am 13. Januar feierte die Ludwig-Maximilians-Universität in München ihr 470-jähriges Bestehen. Der erste Festredner, Gaustudentenführer Julius Doerfler, breitete sich über die Pflicht zur politischen Betätigung und zum Kriegsdienst im Studium aus. Dann spottete er über die große Anzahl von Studentinnen an der Uni. In seinen Augen »emsige Wühlmäuse«, die sich nur eingeschrieben hätten, um dem Kriegshilfsdienst in den Fabriken zu entgehen. Dann trat Gauleiter Paul Giesler vor das Publikum und nahm die Worte seines Vorredners auf. Er lobte die Studenten in Uniform, den Studentinnen rief er aber zu: Er sei überrascht, wie viele Eltern auf einmal die Begabung ihrer Töchter zum Studium entdeckt hätten, und könne nur hoffen, dass viele von ihnen bald im Hörsaal »ihr Glück« in Gestalt eines Mannes »mit Kraft und Saft« fänden. Das heißt, sich alsbald schwängern ließen. Der vulgäre Angriff auf das Frauenstudium löste heftige Empörung aus. Studentinnen und Studenten schrien auf, es kam zu Handgreiflichkeiten und Festnahmen. Die Rädelsführerinnen der Minirevolte wurden ins Gestapogebäude zur Personenfeststellung gebracht.[8]

Als die Mädchen aus Erfurt direkt nach dem Abitur 1932 ein Studium oder eine Berufsausbildung beginnen, ist die Situation noch vorteilhafter für sie. An Ehe und Familiengründung denken sie vorerst nicht, manche sind in dieser Frage sogar sehr entschieden. Offenbar wissen sie um ihr Privileg und wollen die für Frauen seltene Chance auf einen qualifizierten Beruf nutzen. Eva studiert Philosophie, Germanistik und Kunstgeschichte, Änne besucht eine Schwesternschule, Katharina beginnt ebenfalls eine Krankenpflegeausbildung mit dem Ziel Sozialfürsorge, Jutta lernt Bibliothekarin, Pauline geht auf eine Buchhändlerlehranstalt, Ursel auf eine Fotografieschule in München, Erika macht eine Gärtnerlehre, Käthe wird Apothekerin, Lotte will in die Jugendpflege, Hertha studiert Medizin. Zwar bleiben fast alle mit ihren Berufswünschen unterhalb der formalen Möglichkeiten, die ein Abitur eröffnet hätte. Aber immerhin haben alle ernsthaft vor, einen anspruchsvollen Beruf zu erlernen. Nur Anneliese war vorzeitig vom Gymnasium abgegangen, um einen Pastor zu heiraten und alsbald ein Kind zu bekommen.

Die Ambitionen der meisten werden bald ausgebremst. Die jungen Frauen müssen die neuen Frauenpflichten, die das

NS-Regime verordnet – wie den Reichsarbeitsdienst, den Sanitätsdienst oder Haushaltsausbildungen –, in ihre Laufbahn einbauen. Lotte zum Beispiel, die angehende Jugendpflegerin, leistet den Arbeitsdienst in einem landwirtschaftlichen Lager ab und wird abgrundtief enttäuscht, weil es dort keine sinnvolle Arbeit für sie gibt, aber auch keine straffe ideologische Schulung, sondern viel »verbummelte« Zeit, in der die Frauen zum »Klatschweib« verkämen.[9]

Die nächste Vollbremsung kommt für die allermeisten mit der Ehe, die sie zwingt, ihre Lebensziele anzupassen. Ursel hatte Werbefotografin werden wollen. Sie legt noch die Meisterprüfung ab und arbeitet zwei Jahre lang als Fotografin in Berlin. Doch die Heirat mit einem Arzt zwingt sie dazu, ihren Beruf »mit sehr geteilten Gefühlen« aufzugeben. »Es war schließlich eine innere und äußere Selbstständigkeit, auf die man nun verzichtet, und die mir sehr viel wert gewesen ist. Aber auf der anderen Seite standen eben mächtig alle Wünsche einer Frau, die den Menschen auf der Welt gefunden hat, der ihr wirklicher Lebensinhalt geworden ist.« Stattdessen lernt sie für ihren bayerischen Mann zu kochen und beschäftigt sich mit Kalbshaxen und Leberknödelherstellung.[10] Sie legt sich – gezwungenermaßen? – einen neuen Traum zurecht, nämlich gemeinsam mit ihrem Mann eine Praxis im Kaukasus zu betreiben, er als Arzt, sie als Arzthelferin. Im September 1944 schreibt sie ihren Mitschülerinnen: »Solang die Kinder noch nicht da waren, war die Tätigkeit meines Mannes auch für mich ein Lebensinhalt, und ich kam bald zu der Erkenntnis, dass es keinen schöneren segensreicheren Beruf gibt als den des Arztes. Für mich selbst war es damit ja zu spät, aber auch als Doktorfrau hat man seinen Aufgabenkreis, der einen über das übliche Werkeln mit Kochtopf und Windeleimer hinaushebt.«[11]

Hertha, die Medizinerin hatte werden wollen, verheiratet sich »plötzlich« und verschwindet mit ihrem Mann auf eine Finka im Urwald in Mexiko. Sie wird von »Indianerjungs« bedient, bekommt vier Söhne und unterhält ihre Mitschülerinnen mit Briefen aus einer sehr exotischen Welt. Das Leben der weißen Plantagenherrin sieht für sie keine berufliche Selbstverwirklichung als Ärztin vor, sondern »Pflichtenkreise«, die sie auf das Haus und die Kindererziehung begrenzen. Jutta, die angehende Bibliothekarin, distanziert sich nach der Eheschließung mit einem Chemiker nachgerade von der eigenen Ausbildungs- und Berufszeit, zieht ins Rheinland und beschäftigt sich mit »Haushaltskrämchen«, während sie ihren kulturellen Hunger nur noch ganz gelegentlich bei einem Tagesausflug nach Wiesbaden stillen kann.

Einen Weg, sich weiterhin zu betätigen, bietet der Nationalsozialismus den Frauen, die sich ihm andienen. Änne findet ihre Berufung erst als Lagerführerin beim Reichsarbeitsdienst, was sie als »schönsten, vielseitigsten, interessantesten und befriedigendsten« Frauenberuf empfindet, und wird sogar Stabsführerin. Sie klettert damit ziemlich weit nach oben im NS-Ranggefüge. Ihre Motivation ist stramm ideologisch, sie nennt den Nationalsozialismus eine »herrlich große Zeit« und beglückwünscht alle Mitschülerinnen, »die durch zunehmenden Kindersegen den drohenden Volkstod erfolgreich bekämpfen helfen«.[12] Auch ihre Mitschülerin mit dem Spitznamen »Paul« findet in der Parteikarriere anscheinend ihr Glück und ordnet sich in die große Gemeinschaft ein. Sie wird Lagerführerin beim Reichsarbeitsdienst und führt ein der Position ihres Mannes, eines Hauptmanns der Wehrmacht, adäquates Leben, was dem Paar eine »großartige Kameradschaft« einbringt. Diese endet, als ihren Mann im Februar 1942 der

»Heldentod« ereilt. Die gemeinsame Tochter hatte er nicht mehr gesehen. Weil die Luftangriffe zunehmen, zieht sie zu ihrer Schwester und wird zur Arbeit in einer Rüstungsfabrik beordert, einer Arbeit, die sie hasst, weil sie stumpfsinnig, schmutzig und lärmig sei.[13]

Die meisten ehemaligen Mitschülerinnen jedoch geben während der Jahre des Nationalsozialismus ihre Ambitionen auf. Nicht allen gelingt es, Enttäuschung und teilweise auch Resignation zu verbergen. Käthchen schreibt, fürs Heiraten brauche sie schließlich kein Staatsexamen. Der Krieg bringt eine weitere neue Tonart in das Klassenbuch. Nun ist offen von Opfern die Rede, die eben erbracht werden müssten. Das durch die bürgerliche Ehe motivierte Zurückstecken der Frauen erhält einen Sinn. Wenn es im Einzelfall doch nötig wird zu arbeiten, sind es meistens nicht selbst gewählte Tätigkeiten, von denen sich die Frauen etwas erhoffen. Ursel, die als Werbefotografin hatte aufhören müssen und die vom Leben einer Arztgattin im Kaukasus geträumt hatte, schreibt im September 1944, sie hoffe, dass die Zeiten wiederkämen, »wo wir Teilhaberinnen der Arbeit unserer Männer sein dürfen, und das Leben wieder einen richtigen Sinn bekommt«.[14]

In dieser Stichprobe scheint die Ehe den entscheidenden Bruch in den Berufsbiografien der Frauen zu verursachen. Das bürgerliche Geschlechtermodell, zu dem die Ehe unbedingt dazugehört, ist stärker als die neu gewonnenen Chancen der Frauen auf eine Karriere. Deshalb ist es nicht verwunderlich, dass die einzige nicht verheiratete Mitschülerin auch die Einzige ist, die ihren Berufswunsch Ärztin verwirklichen kann. Jetzt verstehen wir auch, warum die Abschlussschülerinnen anfangs überwiegend nicht hatten heiraten wollen. Sie hatten wohl eine Vorahnung, dass sie sich würden entscheiden müssen zwischen der Ehe und einem (erfüllten) Berufsleben. Nach wenigen Jahren ist jedoch von der ursprünglichen »Anti-Männer«-Fraktion nicht mehr viel übrig. Ilse schreibt im Jahr 1944: »Wenn ich denke, wie männerfeindlich wir fast alle waren, und nun sind doch nahezu alle in den Hafen der Ehe eingelaufen, sehen in der Gemeinschaft mit einem geliebten Mann einen tiefen Sinn und eine Erfüllung und mehr noch in einem gemeinsamen Kind. Ohne ein Kind wäre ein Leben doch nur halb gelebt und als solches im Grunde auch gar nicht wirklich begriffen.«[15] Es entbehrt nicht der finsteren Ironie, dass Ilse diese Sätze in einem Moment in ihrem Leben niederschreibt, als sie ihren Mann erst an den Kriegsdienst verliert und dann mit der Todesnachricht weiterleben muss.

Besungen und diskriminiert

Nach Kriegsende inszenierte die westdeutsche Gesellschaft eine Rückkehr zum klassischen Geschlechtermodell, ohne dass dieses vorher wirklich in die Krise geraten war. Der Frauenanteil an den Universitäten wurde auf maximal zwanzig Prozent festgelegt. Auf dem Ausbildungs- und Arbeitsmarkt wurde Frauen deutlich signalisiert, was ihre Rolle gewesen war – die der Lückenbüßerin. Mit der Währungsreform 1948 stieg die Arbeitslosigkeit der Frauen. Weil ihre Arbeit nun viel teurer wurde und weil immer mehr Männer zurück auf den Arbeitsmarkt drängten, standen sie wieder ohne bezahlte Beschäftigung da. Hinzu kam die Konkurrenz durch Leute, die bislang auf dem Schwarzmarkt ihren Unterhalt bestritten hatten. Weil sich die Regale in den Geschäften wieder füllten, mussten sich die Schwarzhändler Jobs in der regulären Ökonomie suchen. Wie die Historikerin Elizabeth Heineman schreibt, fanden sich dieselben Frauen, die eben noch wegen ihrer Fähigkeit gefeiert worden waren, die mühselige Hausarbeit, die Geschäfte unter der Ladentheke und die Lebensmittelknappheit zu meistern, nun in der desperaten Lage, keine Arbeitslosenhilfe beantragen zu können, weil sie »nur« Hausfrauen gewesen seien (während ihren Männern, die abwesend oder krank gewesen waren, die Arbeitslosenhilfe zustand). Wie ernüchternd diese Erkenntnis für die Frauen gewesen sein muss, einerseits als bezahlte Arbeitskraft nicht richtig ernst genommen zu werden, andererseits keine Arbeitslosenhilfe beantragen zu können, lässt sich leicht denken.[16] Die warmen Worte, die sie sich verdient hatten, waren am Ende nichts wert. Gerichte bestätigten, dass die Löhne für Frauen und für Männer unterschiedlich hoch sein durften. Und Altersbegrenzungen verhinderten, dass Frauen sich weiterbilden konnten, um in höhere Einkommensgruppen zu gelangen. Zumindest im Westen hatten Frauen wenig Aussicht auf eine Belohnung für ihren Einsatz in den »Hungerjahren« nach dem Krieg. Heineman konstatiert, dass die viel besungenen Trümmerfrauen zwar ein wichtiges Symbol des Wiederaufbaus Deutschlands geworden seien, aber gleichzeitig hart diskriminiert wurden.[17]

Zur Begründung wurden hanebüchene Argumente bemüht. Es gelte, das »Doppelverdienertum« zu verhindern (was man ja auch durch die Kündigung der Männer hätte erreichen können), außerdem seien Frauen für bestimmte Tätigkeiten, zum Beispiel als Lehrerinnen an Jungenschulen, nun einmal nicht geeignet, befand zum Beispiel das bayerische Kultusministerium.[18] Besonders hart war das für Frauen, die zuvor alleine für die Existenzsicherung gesorgt hatten und womöglich auch mehr verdient hatten als ihr Mann.

Dabei war es für unverheiratete oder alleinstehende Frauen mit Kindern ohnehin kompliziert genug zu arbeiten. Öffentliche Betreuungsmöglichkeiten gab es so gut wie nicht. Wem keine Familienangehörigen helfen konnten, der gab sein Kind bei Nachbarn, manchmal auch bei ganz fremden Leuten ab. Oder die Kinder mussten tage- oder wochenweise in ein Säuglings- und Kinderheim. Der Frauenfunk des *Bayerischen Rundfunks* sah darin vor allem eine Härte für die Mütter: »Ihr Schicksal ist tragisch und opfervoll. Sie müssen auf die Mutterfreuden zum allergrößten Teil verzichten. Sie können ihre Kinder nur selten besuchen, da es anders vom Standpunkt der Heime aus praktisch nicht durchführbar ist. Um das Geld für die Bezahlung des Aufenthaltes dort für ihre Kinder zu verdienen, müssen sie den ganzen Tag arbeiten.«[19]

Heute würden wir das auch tragisch für die Kinder finden, denn die Heimaufenthalte konnten eine entsetzliche Erfahrung sein. Damals aber waren viele davon überzeugt, dass der Nachwuchs in einer Institution sogar besser aufgehoben sein könne als zu Hause, denn dort gehe es wenigstens sauber, geordnet und diszipliniert zu, und es gebe ausreichend Essen. Eine Hörerin des Frauenfunks vertrat die Meinung, und damit stand sie nicht allein, dass ein kleines Kind seine Mutter ohnehin noch gar nicht kenne. »Da ist es ihm doch ziemlich gleichgültig, ob es von einer Schwester oder von der Mutter versorgt wird, wenn es immer satt und trocken ist.«[20] Dass Sattsein und Trockensein nicht ausreichen, um eine körperlich und psychisch gesunde Entwicklung zu gewährleisten, war damals eine relativ neue Erkenntnis. Insofern war es verdienstvoll, dass die Redaktion des Frauenfunks darauf hinwies, nicht die Hygiene sei entscheidend für ein Kleinkind, sondern die »Nestwärme«, und die biete nur die enge Beziehung zu einer festen Bezugsperson. Deshalb sei, wenn es gar nicht anders gehe, ein Platz in einer Pflegefamilie oder wenigstens in einer Tageskrippe einem Heimplatz bei Weitem vorzuziehen.[21] Als Alternative schlugen die Journalistinnen alleinerziehenden berufstätigen Müttern vor, mit ihrem Kind als Untermieter in eine Familie einzuziehen, die sich tagsüber des Kindes annehmen könne, oder in eine Wohngemeinschaft von mehreren Frauen, in der nur eine Frau daheim bleiben müsse, während die anderen arbeiten gehen könnten.

In den 1950er Jahren war Deutschland im internationalen Vergleich trotzdem vorne dabei in der Frauenerwerbstätigkeit.[22] Besonders die Industrie, aber auch der Handel, das Versicherungswesen und die Dienstleistungen hatten einen großen Arbeitskräftehunger. Dabei bekleideten Frauen prinzipiell untergeordnete Stellen, selbst wenn sie studiert und zuvor Männer auf Führungspositionen vertreten hatten. Vielen Frauen war das recht, denn sie verstanden ihre Berufstätigkeit selbst als vorübergehend und waren nicht erpicht auf Beförderung. Eine Position als Chefin war schwer vorstellbar. Manche Frau glaubte, was der konservative und einflussreiche Soziologe Helmut Schelsky sagte: In leitenden Stellungen müsse die Frau das typisch Weibliche ablegen, denn das verstelle ihr den sachlichen Blick. Bei einer Umfrage im Jahr 1953 beurteilten Frauen weibliche Vorgesetzte negativ und meinten, »dass die Meisterin zu launisch wäre, ungerecht in der Mitarbeiterführung und duckmäuserisch bei den Vorgesetzten«.[23] Bekanntlich sitzen Frauen noch heute seltener in der Chefetage. In Deutschland beträgt der Anteil der weiblichen Führungskräfte etwa dreißig Prozent, damit liegen wir im EU-Vergleich im unteren Drittel. Lettland, Polen und Schweden schneiden deutlich besser ab.[24] Das Zerrbild der vermännlichten Frau im Hosenanzug hat sich noch immer nicht ganz verabschiedet.

In den 1950er Jahren wurden die Konservativen, die schon immer Bauchschmerzen wegen der Erwerbstätigkeit von Ehefrauen und Müttern gehabt hatten, stärker. Sogenannte Männerberufe schotteten sich wieder mehr gegen Frauen ab – wider besseres Wissen. Der Frauenfunk des *BR* berichtete im Jahr 1962: »Die Frau im Hochkran ist ein Bild, an das man sich trotz aller Fortschrittlichkeit noch nicht so recht gewöhnen kann. Jedoch scheinen sich Frauen gerade auf diesem Posten besonders zu bewähren.« Die Redaktion erwähnte lobend die Werksleitung eines großen rheinischen Industriebetriebs, die Frauen als Kranführer und Fahrerinnen für Elektrokarren und Gabelstapler bevorzugte. Sie seien vorsichtiger und sparten der Firma teures Geld, weil sie weniger Unfälle verursachten und weniger Sachen zu Bruch gehen ließen.[25] Doch das war die Ausnahme. Im Allgemeinen verstärkte sich in den 1950er Jahren die geschlechtsspezifische Trennung in der Arbeitswelt. Dabei wurden erneut, wie schon im 19. Jahrhundert, pseudowissenschaftliche Argumente nachgeschoben, wie etwa, die Wahl der Arbeit müsse sich nach der seelischen Struktur der Menschen richten. Nur wenn beides zusammenpasse, könnten Betriebsführer und die weibliche Untergebene vertrauensvoll zusammenarbeiten.

Geborene Verkäuferinnen

Eine wichtige Vertreterin dieses Standpunktes war die Psychologin Martha Moers. Die 1877 in Düsseldorf geborene Tochter eines Düsseldorfer Gymnasialprofessors hatte ab 1914 Philosophie, Mathematik und Naturwissenschaften studiert und war 1918 promoviert worden. Nach einer Phase als Lehrerin und Berufsberaterin folgte sie ihrem Professor Theodor Erismann an die Universität Innsbruck, wo sie zur Eignungsprüfung von Angestellten forschte. Sie habilitierte sich dort als erste Frau im Fach Psychologie. Im Jahr 1940 ging sie nach Berlin an das Institut für Arbeitspsychologie und Arbeitspädagogik der Deutschen Arbeitsfront, dem NSDAP-Dachverband aller Arbeitnehmer und Arbeitgeber. Moers' Spezialgebiet wurde der für die nationalsozialistische Politik so wichtige Einsatz von Frauen in der Kriegswirtschaft.

Nach 1945 lehrte sie angewandte Psychologie an der Universität Bonn. Sie erhielt das Bundesverdienstkreuz und wurde Ehrenmitglied der Deutschen Gesellschaft für Psychologie. Für Moers eigneten sich – nur sie selbst war offenbar eine Ausnahme – Frauen und Männer für unterschiedliche Dinge. Das sei im Triebfundament des Menschen eingebaut und beginne schon im Kindesalter zu wirken. Mädchen verfügten über einen sozialen beziehungsweise mütterlichen Trieb, der sie für Betreuungs- und Pflegearbeiten prädestiniere. Knaben beherrsche der Trieb zur kämpferischen Selbstbehauptung gegenüber der dinglichen Außenwelt. Deshalb seien sie nicht nur aktiver, »stürmisch-vorwärtsdrängender«, sondern auch auf das Sachliche und im persönlichen Umgang auf Krafterprobung und Kampf ausgerichtet. Frauen wollten gefallen, deshalb seien sie geborene Verkäuferinnen. Sie seien gewissenhafter bei der Ausübung ihrer Pflichten. Nicht weil sie sich dem Werk oder der Idee verpflichtet fühlten, sondern ihren Chefs zuliebe.[26] Frauen seien weniger an der Sache interessiert und weniger technisch versiert als Männer, dafür feinmotorisch geschickter und unempfindlicher gegen Monotonie, was sie für Fließbandarbeit besser einsetzbar mache als Männer. Sie seien außerdem weniger kameradschaftlich und weniger befähigt zur Führungsrolle als Männer. Immerhin attestierte die Psychologin Frauen neben ihrer großen Duldsamkeit eintöniger Arbeit, dass sie sich »reibungslos« in die Gemeinschaft eines Werkes einordnen ließen, da sie nicht aus materialistischen Gründen ihren Beruf ausübten, sondern aus Liebe zur Familie, die sie aus einem »sittlich gegründeten Pflichtgefühl« mit ihrer Arbeit ernähren wollten. Aus keinem anderen Grund dränge es Frauen zur Industriearbeit.

Moers hatte diese Erkenntnisse, wie gesagt, schon während der Zeit des Nationalsozialismus. Der Kontext passte zur Ideologie, denn die Nazis wollten Frauen zwar für sogenannte Männerarbeiten heranziehen, aber gleichzeitig nicht an den Mythos der Mütterlichkeit rühren. Dies könne gelingen, konstatierte Moers, wenn ein Ausgleich geschaffen werde zwischen den bevölkerungspolitischen Forderungen nach Kinderreichtum, für die Frauen gesund erhalten werden müssten, und Forderungen der Wirtschaft. Zielvorstellung war nicht die Gleichberechtigung der Frauen in der Arbeitswelt, sondern die »Gleichberechtigung in Hinsicht auf eine gesunde Inanspruchnahme der körperlichen und seelisch-geistigen Kräfte des Einzelnen. Die Überbelastung einer sehr großen Gruppe deutscher Menschen ist untragbar für einen sozialen Staat.«[27]

Das passte auch noch zu den gesellschaftlichen Zielvorstellungen in der BRD und in der DDR. In der DDR standen zwar die Zeichen auf Frauenerwerbstätigkeit, gleichzeitig hatte der Staat die Mütter unter besonderen Schutz gestellt, weil er an Nachwuchs interessiert war. Was davon unten ankam und wie es verarbeitet wurde, können Langzeitbeobachtungen wie die der Erfurter Abiturientinnen zeigen.

Änne, die mit einem Nationalsozialisten verheiratet war und selbst im NS-System Karriere gemacht hatte, erlebt, wie ihr Mann in die Sowjetunion verschleppt wird und in einem Lager verstirbt. Sie weiß davon jahrelang nichts. Sie muss sich, ihre Tochter und ihre Mutter alleine als Krankenschwester durchbringen. Später lernt sie in der DDR den Beruf Arzthelfer, was insgesamt zwei Jahre Ausbildung an einer Medizinischen Fachschule und in Kliniken bedeutete, immerhin im Alter von Mitte vierzig.

Ihr geht es nun nicht mehr um ihre mehr oder weniger gewünschte Berufstätigkeit, sondern, wie so vielen Frauen, um die Ausbildung der Kinder.

Oft soll auch die Karriere des Mannes den eigenen Ehrgeiz kompensieren. Ursel arbeitet einige Jahre lang als Sprechstundenhilfe ihres Mannes, stundenweise, aber hauptsächlich bekocht sie ihren Mann und ihre Söhne und kümmert sich um den Haushalt. Die Errungenschaften und Hobbys der Söhne nehmen allgemein einen breiten Raum im Klassenbuch ein. Daneben Reisen, Urlaube, die Wohnverhältnisse, aber auch Geldsorgen, wenn der verstorbene Mann als Nationalsozialist keine Rentenansprüche vererbt hatte. »Paul«, eine der Mitschülerinnen, fühlt sich der Rolle der alleinerziehenden Mutter nicht gewachsen und gibt ihre Tochter ins Waisenhaus. »Sie hatte mir Schwierigkeiten gemacht, die natürlich zum Teil durch meine damals noch sehr schwer genießbare Persönlichkeit zum Ausbruch gekommen waren.« Im Heim mit seinen gleichmäßigen Abläufen und systematischen Erziehungsmethoden habe sich die Tochter zu einem »nützlichen Glied der Gesellschaft« entwickeln können.[28] Nach einigen Jahren habe sie ihr Kind zurücknehmen müssen. Den Lebensunterhalt bestreitet sie als Zimmerwirtin, mit Büroarbeit und einer kleinen Rente.[29]

Auch existenzielle Not nach einer Scheidung kommt vor: Ilse, die noch 1944 ihren Lebenssinn in der Familie entdeckt zu haben glaubte, berichtet, dass sie nach Jahren der erzwungenen Trennung erkannt habe, dass sie und ihr Mann sich auseinanderentwickelt hätten. Die Ehe habe sich nach dem Krieg als »unerträglich und unwürdig« erwiesen. Es folgen ihr materieller Absturz und die baldige Liaison mit einem jüngeren Mann, der ihr »neuer Lebensinhalt« wird. Typisch für eine DDR-Frau, bildet sie sich unentwegt weiter, erst zur Assistentin ihres Mannes, der Bibliothekar ist, dann zur Referentin in Sachen Literatur und schlussendlich zur Journalistin. Ihr Leben füllt sich, je älter sie wird, desto mehr mit Arbeit – nicht nur mit irgendeiner Arbeit, sondern mit angesehenen Tätigkeiten, verbunden mit Reisen, Vorträgen, Konferenzen.

Den dramatischsten Verlauf nehmen die Geschicke von Käthe, der Apothekerin. Die erste Ehe scheitert, sie heiratet erneut einen deutlich jüngeren Mann, den ihre Mitschülerinnen als »Charmeur« empfinden. Sie wird mit 42 Jahren Mutter. Drei Jahre später fliegt ihr Mann wegen Unterschlagung, Urkundenfälschung und Diebstählen auf. Käthe kann diese Schande nicht ertragen, so jedenfalls die Interpretation ihrer Klassenkameradinnen, und erhängt sich und ihren kleinen Sohn.

Die unterschiedlichen Lebensläufe beruhten sicherlich auf persönlichen Lebensentscheidungen, auf Glück oder Pech. Dennoch lassen sich auf der Grundlage des Klassenbuchs lange Linien ziehen, die sich zwischen Aufbruch und Ernüchterung verorten lassen und typisch für die Frauen der Nachkriegszeit sind. Aus der guten Startposition als Abiturientinnen kommend, haben die meisten in jungen Jahren im Nationalsozialismus ihre ursprünglichen Ambitionen heruntergeschraubt und bei der Eheschließung oft ganz aufgegeben. Die Abwesenheit und der Verlust der Männer katapultierte sie zurück in eine Erwerbstätigkeit, die anfänglich wenig Begeisterung auslöste. Die wenigsten konnten sich ihren beruflichen Traum erfüllen und bis zum Schluss frisch halten. In der Regel endeten die Frauen in einem anderen Beruf als dem, für den sie ausgebildet worden waren, und wechselten im Lauf der Jahre noch mehrfach die Tätigkeit. Die Richtung, die sie dabei einschlugen, wies meistens bergab. Wenn wir uns ihre anfängliche Euphorie vor Augen halten, stimmt diese Bilanz traurig.

6. Politische Schwestern

Ist das schon Politik? Oder nur Alltagsbewältigung? Historikerinnen und Feministinnen haben viel über die Bedeutung des frühen gesellschaftspolitischen Engagements von Frauen nach dem Krieg diskutiert. Das Bild ist so uneindeutig, weil sich Frauenpolitik damals, einem Bonmot der feministischen Forscherin Ingrid Schmidt-Harzbach zufolge, vom »Nähfaden bis zur Atombombe« erstreckte.[1] Frauen waren einerseits auf Initiative der Besatzungsmächte Akteurinnen und Zielgruppe der Demokratisierung Deutschlands und sollten möglichst auf allen Ebenen in den Neuaufbau politischer Institutionen einbezogen werden. Andererseits waren sie hauptverantwortlich für das alltägliche Überleben und schlossen sich deshalb frühzeitig in unzähligen Ausschüssen zusammen, aus denen heraus sie die Verwaltung und Politik der Besatzungszonen mitbestimmten. Im Wilmersdorfer Frauenbund 1945, der ersten Organisation zur Neugründung der Frauenbewegung nach Kriegsende, war es deshalb kein Widerspruch, gleichzeitig über staatspolitische Ziele zu diskutieren und sich unter der Überschrift »Sozialarbeit« als Eheberatungsstelle anzubieten.

Erst Jahrzehnte später erkannte die Frauenforschung diese beiden Seiten des weiblichen Wirkens nach dem Krieg als »Nachkriegsfeminismus« an. Die Nachfahren erhoben das, was ihre Mütter und Großmütter geleistet hatten, zum »Vorpolitischen« oder sogar zum wahrhaftig Politischen. Sich um die Versorgung, die Erziehung des Nachwuchses und die Demokratisierung des eigenen Geschlechts zu kümmern, sei schließlich politisch sehr bedeutsam gewesen, und wer nur die männlichen Entscheider für politisch halte, habe einen »verengten« Politikbegriff.

Inzwischen hat sich der Begriff des Politischen tatsächlich ausgeweitet, und die Forschung hat die frühe Phase nach dem Krieg noch einmal genauer angeschaut. Immerhin acht bis zehn Prozent der Frauen seien im engeren Sinne politisch gewesen. Heute sind es doppelt so viele, aber immer noch erheblich weniger als Männer: Im Jahr 2023 waren laut Umfrage rund 16,7 Prozent der Frauen an politischen Informationen besonders interessiert. Bei den männlichen Befragten lag dieser Anteil bei 30,4 Prozent. Rund 27,1 Prozent der Männer informierten sich im Internet häufiger über Politik, aber nur 15,6 Prozent der Frauen.[2] Allerdings sollten die heutigen Verhältnisse nicht mit den damaligen verglichen werden, weil sich die Möglichkeiten politischer Teilhabe nach dem Ende der NS-Diktatur erst etablieren mussten. Die Menschen mussten sich nach 1945 erst wieder daran gewöhnen oder überhaupt erst erlernen, politisch zu wirken. Ihr Weg ging dabei über Suppenküchen, Rechtsberatung und Diskussionsabende bis in die hohe Politik. So manche politische Karriere begann in einem antifaschistischen Ausschuss und endete im Verfassungskonvent oder im Vorstand einer Partei.

Juristin, Feministin, Politikerin, Kirchenfräulein

Elisabeth Schwarzhaupts Karriere illustriert beispielhaft, wie sich nach dem Krieg das praktische Engagement in Alltagsangelegenheiten und die große Politik gegenseitig bedingen konnten. Ihr Name gehört heute zum Allgemeinwissen, denn sie führte in den Jahren von 1961 bis 1966 unter Konrad Adenauer und Ludwig Erhard das Gesundheitsministerium und war damit in Westdeutschland die erste Bundesministerin. Das machte sie zu einer Pionierin in einer Männerdomäne. Zur Illustration für ihre Ausnahmestellung wird gerne eine Anekdote erzählt: Kanzler Konrad Adenauer pflegte morgens sein Kabinett zu begrüßen mit dem Satz: Guten Morgen, meine Herren. Als auf einmal eine Frau mit am Tisch saß, wollte er an diesem Ritual nichts ändern. Das wollte sich Elisabeth Schwarzhaupt nicht gefallen lassen, sie beschwerte sich darüber. Darauf meinte der Kanzler nur: »In diesem Kreis sind Sie auch ein Herr.«

Als promovierte Juristin dürfte das nicht das erste Mal gewesen sein, dass sie an ihre Grenzen erinnert wurde. Sie saß im CDU-Parteivorstand, war die erste Konsistorialrätin Deutschlands, also in verantwortlicher Position in der Führung der Evangelischen Kirche in Deutschland, Vorsitzende des Deutschen Frauenrats, des Deutschen Frauenrings und vieles andere mehr. Sie bekam dafür eine Briefmarke, als erste Frau das Großkreuz des Bundesverdienstordens, ein Platz wurde nach ihr benannt. Das alles ist beachtlich, und doch sind ihr Lebensweg und seine Bedeutung in Bezug auf die Frauenemanzipation weitgehend vergessen. Feministinnen werden eben nicht in der CDU vermutet und schon gar nicht, wenn ihr Spitzname »Kirchenfräulein« war. Pionierinnen wie sie stellen wir uns eher anders vor: kämpferisch, lautsprecherisch, unangepasst. Schwarzhaupt hingegen steht für fachliche Kärrnerarbeit im Auftrag des Staates und der Kirche.

Sie kommt 1901 in Frankfurt am Main zur Welt, ihr Vater ist Schulrektor, ihre Mutter Volksschullehrerin, die Familie protestantisch.[3] Sie wird nach ihren eigenen Worten in einem politischen Elternhaus liberal erzogen. Der Vater ist Mitglied der DVP, der nationalen und wirtschaftlich liberalen Partei der Weimarer Republik, die Mutter leidet unter der Hausarbeit und sympathisiert mit der Frauenbewegung. Elisabeth darf aufs Gymnasium und tritt schon mit siebzehn Jahren ebenfalls in die DVP ein, macht Abitur. Eigentlich will sie Kunsthistorikerin werden, aber nach dem Veto ihres Vaters geht sie zunächst auf ein Lehrerinnenseminar und studiert dann Jura und promoviert, erhofft sich eine Stelle als Jugendrichterin. In ihrem ersten Job in einer Rechtsberatungsstelle in Frankfurt arbeitet sie mit mittellosen Frauen. Also geht auch in ihrem Fall der Weg nach oben über das praktische Engagement für Frauen.

Prägend für ihr Leben werden dann vor allem zwei Erfahrungen sein: ihre Verlobung mit einem jüdischen Arzt, der 1933 in die Schweiz emigriert und dem sie nach langem Zögern nicht ins sichere Ausland folgt. Sie lösen die Verlobung auf. Schwarzhaupt hat danach nie mehr geheiratet und auch keine Kinder bekommen. In dieser Generation ist das, wenn nicht *die* Voraussetzung, so doch eine *wesentliche* Voraussetzung für Frauen, die sich beruflich verwirklichen wollen. Zur zweiten prägenden Erfahrung wird das faktische Berufsverbot unter den Nationalsozialisten, denn die wollen keine Frauen im Richterberuf sehen. Schwarzhaupt überwintert das »Dritte Reich« in der Kirchenverwaltung. Sie wird die erste deutsche Konsistorialrätin und kann dabei mithelfen zu verhindern, dass Mitglieder der Bekennenden Kirche zum Arbeitsdienst in Fabriken strafversetzt werden. Sie hatte sich auch schon vor 1933 kritisch mit dem rückständigen Frauenbild der Nazis auseinandergesetzt. Gegenüber der braunen Bewegung bleibt sie ideologisch resistent und widerständig.

Nach dem Krieg wird sie so etwas wie die Außenministerin der Evangelischen Kirche. Doch schon bald fordert man sie auf, sich auch parteipolitisch zu engagieren, und sie tritt in die CDU ein, weil ihr das christliche Weltbild wichtig ist. 1953 wird sie in den Bundestag gewählt und gelangt in den Rechtsausschuss. Dort bekommt sie die Chance, an der Umsetzung des Gleichgestellungsgebotes der deutschen Verfassung im Familienrecht mitzuarbeiten. Die Zielmarke zur Umsetzung des Verfassungsgrundsatzes war eigentlich 1953 gewesen, aber die konservative Regierung hatte diese Frist verstreichen lassen. Schwarzhaupt geht es um Fragen wie: Dürfen Frauen gegen den Willen ihres Mannes erwerbstätig sein, und vor allem, bekommen Frauen nach einer Scheidung einen Anteil des Zugewinns in der Ehe, oder bleiben sie weiterhin mittellos und fallen in die Sozialhilfe? Sie wird in diesen Fragen zu einer der treibenden Kräfte im Parlament, trotz ihrer Parteizugehörigkeit – Adenauer übt viel Druck auf die Fraktionsdisziplin aus –, und bekommt gelegentlich mehr Beifall von der SPD als von ihren eigenen Leuten. Erst 1957 sind dem Mann mithilfe von Elisabeth Schwarzhaupt die meisten rechtlichen Privilegien genommen – gegen zum Teil heftigen gesellschaftlichen Widerstand.

1961 kann Konrad Adenauer nicht umhin, auch eine Frau ins Kabinett zu berufen. Die CDU-Frauen zwingen ihn durch einen Sitzstreik dazu. Seine Wahl fällt auf Schwarzhaupt, deren ruhige und »rationale« Art er schätzt, und er lässt sie ein Ministerium gründen, das Ministerium für Gesundheitswesen. In den fünf Jahren, die sie Zeit hat, beschäftigen sie die Contergan-Affäre und ihre Folgen, die Einführung des Mindesthaltbarkeitsdatums von Lebensmitteln, die Verbindung von Gesundheits- und Umweltschutz, die Impfung gegen Kinderlähmung und die Gründung des Krebsforschungszentrums in Heidelberg. 1966 verliert sie mit dem Ende der

Koalition unter Erhard und dem Regierungswechsel ihr Amt, bleibt aber weiterhin im Bundestag. Sie wirkt an der Reform des »Unehelichenrechts« mit und verhilft damit unehelichen Kindern zur Gleichstellung mit ehelichen Kindern – auch das eine entscheidende Besserung für Frauen. 1969 stellt sie sich nicht mehr zur Wahl, bleibt aber im Deutschen Frauenring und in anderen Frauenverbänden in leitender Stellung tätig und kämpft weiterhin für Frauenrechte, unter anderem bei der Alterssicherung und beim Unterhaltsrecht. In der Kirche überarbeitet sie die evangelische Rechtsauffassung von Ehe und Familie.

Woher nahm sie ihre Kraft? Die Sozialisation im Elternhaus spielte eine wichtige Rolle. Politisch denken und agieren hatte sie, wie erwähnt, schon als Kind am Esstisch gelernt. Auch für ihr feministisches Bewusstsein hatten nach eigener Aussage ihre Eltern die Grundlagen gelegt. Ihre eigene Benachteiligung im Beruf als Frau im Nationalsozialismus waren wichtig, aber auch der Eingriff der Nazis in ihre persönliche Lebensplanung, als ihr jüdischer Verlobter emigrieren musste. Später, als Bundestagsabgeordnete, wird sie immer so argumentieren: Der Staat habe kein Recht, sich in die natürliche, gottgegebene Ordnung der Eheleute einzumischen.

In ihren Tätigkeiten in der Kirche und der Politik kann sie von ihrer Qualifikation als promovierte Juristin profitieren. Es sind also ihre berufliche Qualifikation und Leistungsbereitschaft, die ihr neben der Sozialisation und der biografischen Erfahrung im Nationalsozialismus einen Weg ebnen. Aus historischer Sicht beflügeln aber auch die allgemeinen Umstände Schwarzhaupt und ihre Zeitgenossinnen in ihrem Tun. Schwarzhaupt hat sich auf Familien- und Eherecht verlegt, also auf klassische Frauenthemen, und damit ein Feld mit großem Reformbedarf betreten: Auf der einen Seite waren Frauen durch die Veränderung der Wirtschaftsformen schon im 19. Jahrhundert und durch den Krieg in der Produktion sowie in Handel und Dienstleistung unverzichtbar geworden. Auf der anderen Seite wurden sie immer noch nach dem Recht der Geschlechterordnung des bürgerlichen Zeitalters behandelt: Ihren Ehemännern waren sie wirtschaftlich unterstellt, sie durften nicht entscheiden, ob sie arbeiteten, und hatten keine Vollmacht über ihr Einkommen und Vermögen. Wenn sie jedoch nicht erwerbstätig waren, sondern das bürgerliche Alleinverdienermodell lebten und »schuldig« geschieden wurden, weil sie in den Augen des Scheidungsrichters den Anlass für die Trennung geliefert hatten, fielen sie direkt in Armut und Sozialhilfe.

Schwarzhaupt sieht diesen Widerspruch und versucht ihn von oben zu lösen, ob in der Kirche, in der Partei oder im Parlament. Dabei argumentiert sie nie formalistisch, also mit der Aufklärung und den Menschenrechten, sondern immer mit der Lebenswirklichkeit der Frauen. Ihr Argument ist, die Welt der Frauen habe sich geändert, die sozialen Nöte der Frauen seien andere geworden, die Überlastung der kinderreichen Mutter, der Berufstätigen, der Kriegerwitwe erforderten Abhilfe. Die Gesetze kämen mit dieser Situation nicht mehr mit, deshalb müssten sie geändert werden. Es geht ihr nicht um weibliche Identitätsfragen, sondern um die soziologische Veränderung im Leben der Frauen. Dabei hat sie immer auch den Fortbestand der Familie und der Ehe als Institution vor Augen. Sie argumentiert in der CDU und in der Kirche durchaus geschickt, dass, wenn Familien- und Eherecht nicht an die gegenwärtigen Verhältnisse angepasst würden, das am Ende den Bestand der Familie gefährde.

Eine selbstbewusste Klasse

Schwarzhaupt hat, das ist ebenfalls typisch für diese Generation von Politikerinnen, zuerst an sich selbst die Gleichstellung mit Männern vollzogen. Selbstredend führte sie ein wirtschaftlich autonomes Leben, die Entscheidung gegen Mann und Kind steht für sich. Die Geschlechtlichkeit selbst ist für sie jedoch nie ein Thema, der Schlachtruf, das Persönliche sei politisch, ist noch nicht bekannt. Aber es wird klar, dass auch in ihrem Leben das Persönliche das Politische ist. Sie praktiziert Feminismus im klassischen Politikverständnis und versucht, im Parlament Mehrheiten zu finden und im Ministerium durch Gesetzesveränderungen Reformen zu bewirken. Nicht gegen die Männer und das Patriarchat, sondern als notwendige Anpassung der Geschlechterordnung an die Wirklichkeit.

Elisabeth Schwarzhaupt steht ganz klar quer zu der These von den unpolitischen Frauen der Nachkriegszeit. Ihr Erfolg hat sie überdauert. Doch was wurde aus den vielen anderen Frauen, die sich nach 1945 in die Politik oder zumindest ins politische Vorfeld wagten? Die westdeutsche Bevölkerung erhielt ab 1946/47 ein von den Besatzungsmächten kontrolliertes Wahlrecht auf kommunaler und Landesebene, die erste echte freie Wahl seit 1932 war die Bundestagswahl 1949, als deren Ergebnis Konrad Adenauer Kanzler der Koalitionsregierung von CDU, FDP und DP (Deutsche Partei) wurde. Die erste und sehr eingeschränkte Wahl zur Volkskammer der DDR fand im Oktober 1950 statt. Bevor sie ihr Stimmrecht gebrauchen konnten, politisierten sich die Deutschen in Parteien, Initiativen, Vereinen und Ausschüssen. Die erwähnten acht bis zehn Prozent der Frauen fanden sich zunächst in Frauenvereinigungen mit ganz unterschiedlichen Themen zusammen. Sie entstanden unter Bezeichnungen wie Frauendienst, Frauenclub oder Frauenausschuss und leisteten praktische Hilfe im Alltag. Sie verstanden sich aber auch als Lobby für die Interessen der Frauen und als Rechtsvertretung im Kampf um Gleichberechtigung. Ein übergeordnetes Ziel war die sittliche (wie man damals sagte), soziale und wirtschaftliche Erneuerung des Landes.

Initiatorinnen waren in der Regel ältere Frauen, die schon vor 1933 (frauen-)politisch aktiv gewesen und zumeist von den Nationalsozialisten kaltgestellt worden waren. Manche hatten sich im Exil kennengelernt und waren jetzt mehr denn je davon überzeugt, dass sich das Land nur mithilfe der angeblich weiblichen Tugenden erholen könne. Die Aktivistinnen leiteten diese Erkenntnis allem voran von der Befähigung zur Mutterschaft ab. Kinder zu gebären, war schon in der Vergangenheit als besondere Voraussetzung für soziales Engagement im Interesse der Allgemeinheit betrachtet worden. Im 19. Jahrhundert meinten Frauenrechtlerinnen, damit das Wahlrecht für Frauen begründen zu können. Auf diese Weise komme das spezifisch Weibliche in die Politik, ohne das ein Land einseitig und unharmonisch bleiben müsse. Nach dem Ersten Weltkrieg rekurrierten Politiker auf die Mütterlichkeit, um Frauen dazu zu animieren, die im Schützengraben zermürbte Moral der Männer wiederaufzurichten. Außerdem hieß es, Frauen seien aufgrund ihres Geschlechtscharakters dafür prädestiniert, Frieden auf Erden zu schaffen. Nach dem Zweiten Weltkrieg sollten sich Frauen mit der wohlwollenden Unterstützung der Alliierten, allen voran der Sowjets, in demokratischem Verhalten üben. So rief eine Anzeige des im Jahr 1946 gegründeten Klubs deutscher Frauen dazu auf, als »Hüterin eines dauernden zukünftigen Friedens« mitzumachen, die »körperliche und seelische Not« der Zeit lindern zu helfen, sich in das öffentliche und soziale Leben einzuschalten, um der »Entseelung, Verflachung und Verbürokratisierung« des Daseins entgegenzuarbeiten, das Familienleben wiederherzustellen und das Gefühl menschlicher Würde, Moral und gesunden Nationalstolz zu erneuern.[4] Ein stolzes Programm!

Später, in der Neuen Frauenbewegung der 1970er Jahre, griffen die sogenannten Differenzfeministinnen oder Ökofeministinnen das Konzept der »geistigen Mütterlichkeit« übrigens wieder auf. Auch sie meinten, Frauen, die Kinder erzögen, seien von Haus aus näher an der Natur und hätten daher ein größeres Interesse, Krieg und Umweltzerstörung zu bekämpfen. Manche gingen so weit zu behaupten, allein schon das Kinderkriegen sei ein politischer Akt.

Die frühe politische Arbeit der Frauen unterschied sich in mancher Hinsicht von heutigen Vorstellungen von bürgerschaftlichem Engagement. Zum einen wegen der Kombination aus praktischen Hilfsangeboten und hochtrabenden politischen Zielen wie dem Einsatz für Weltfrieden. Zum anderen mischten sich in den Frauenorganisationen Vertreterinnen aller sozialen Schichten und ideologischen Lager. Frauen aus der Kommunistischen Partei Deutschlands standen Seite an Seite mit Frauen der Kirche, Arbeiterinnen Seite an Seite mit Akademikerinnen. Die Ärztin, Journalistin und spätere CDU-Politikerin Gabriele Strecker erzählt in ihrem autobiografischen Buch *Überleben ist nicht genug* von einer allgemeinen solidarischen Stimmung, in der sich die Frauenorganisationen gründeten. Damals sei eine neue, selbstbewusste Klasse, ebendie der Frauen, entstanden. »In den Frauenvereinigungen waren die Frauen unter sich, fühlten sich freier, redeten sich vieles von der Seele, fanden Geselligkeit, konnten Freundschaften schließen, eminent wichtig nach dem Krieg, wo es so viele alleinstehende Frauen im mittleren Alter gab. So wurde die Frauenvereinigung für manche Frau eine Art Heimat.«[5]

In den 1950er Jahren verblasste die Morgenröte. Auch engagierte Frauen ergriff eine Art Lethargie angesichts von Ideologie und Politisierung. Außerdem schienen sich viele Probleme aufzulösen. Der Arbeitskräftebedarf stieg enorm an, jede und jeder durfte hoffen, von den Fortschritten bei der Versorgung und der sich verbessernden Infrastruktur zu profitieren. Das entzog dem praktischen Frauenengagement nach dem Krieg ein Stück weit den Boden. Auch normalisierten sich die Zahlenverhältnisse zwischen den Geschlechtern, der »Frauenüberschuss« respektive Männermangel ließ nach, und zumindest jüngere Frauen fanden wieder leichter einen Partner. Das wirkte sich nachteilig für die Frauen aus, die unverheiratet blieben, sei es, weil sie es so wollten, sei es, weil sie zu alt waren oder sich zu alt fühlten, um sich noch einmal zu binden. Vor allem die »ledigen Mütter« wurden in dem neuen Klima der »Normalisierung« an die Seite gedrängt. Es zerbrach aber auch das, was Strecker als Solidarität unter Frauen erlebt hatte. Manche Fraueninitiativen verloren durch die Macht des Faktischen ihre Ziele aus den Augen. So hatte der Kampf gegen die Wiederbewaffnung Deutschlands nach dem Ende des Besatzungsregimes und dem Eintritt der BRD in die NATO im Jahr 1955 sowie nach der Einführung der allgemeinen Wehrpflicht 1956 kaum mehr Sinn.

Viele glaubten zudem, der Kampf um Gleichberechtigung habe sich erledigt, die Interessen, die in der direkten Nachkriegszeit alle vereinigt hatten, diversifizierten sich. Was den Einsatz im Alltag und am Arbeitsplatz anbelangt, hatten die Frauen schließlich gezeigt, dass sie genauso anpacken konnten wie Männer. Als diese von der Front und aus der Gefangenschaft zurückkehrten, begrüßten sie die »Normalisierung« der Geschlechterverhältnisse. Die Sichtbarkeit der Frauen in der Öffentlichkeit, bei der Arbeit und in kleinem Ausmaß auch in der Politik führte zur Selbstbeschwichtigung wie etwa, dass Frauen schließlich im Alltag längst gleichberechtigt seien und genauso in die politischen Gremien gewählt würden wie Männer. Wie falsch diese Einschätzung war, zeigt die weitere Entwicklung. Der Frauenanteil im Bayerischen Landtag liegt heute immer noch bei nur 27 Prozent und nahm in den vergangenen Legislaturperioden sogar wieder ab. Auf Kreistags- und Bürgermeisterebene sieht es noch schlechter aus. Deutschlandweit sind Frauen in den Kommunalvertretungen durchschnittlich mit 28 Prozent unterrepräsentiert. Bei den Landrätinnen liegt der Anteil bei 9,5 Prozent, nur jedes zehnte Bürgermeisteramt ist von einer Frau besetzt. Noch immer wehren sich die meisten Parteien dagegen, etwas an diesem Missverhältnis zu ändern, zum Beispiel durch paritätisch besetzte Listenplätze.

Nachkriegsfeminismus

Wenn wir heute auf diese Zeit zurückschauen, mögen wir uns darüber wundern, wie viele Frauen sich damals spontan organisiert haben und dann wieder unsichtbar wurden. Man könnte sagen, die erste Welle der Frauenemanzipation nach 1945 erschöpfte sich in Ausschüssen. Das gilt auch für die Sowjetische Besatzungszone. Am 13. und 14. Juli 1946 kamen 1200 Teilnehmerinnen zur Ersten Delegiertenkonferenz der Frauenausschüsse im Theater am Schiffbauerdamm in Berlin zusammen. Zu diesem Zeitpunkt gab es in Berlin und in der SBZ schon rund 7000 Frauenausschüsse, deren Arbeit im Zentralen Frauenausschuss für die Sowjetische Besatzungszone zusammengefasst wurde. Ihre Zahl wuchs ständig.[6] Die Akteurinnen waren meist ältere, schon in der Weimarer Republik aktive emanzipierte Frauen. Sie waren häufig im Nationalsozialismus verfolgt worden, oft Kommunistinnen, und hatten hohe Bildungsabschlüsse und hochkarätige Berufe wie Medizinerin oder Juristin. Es war eine an Herkunft und Bildung gemessen bürgerliche Elite, die eine Grundlage für das künftige Leben der Frauen schaffen wollte.

Erste Delegiertenkonferenz der antifaschistischen Frauenausschüsse im Theater am Schiffbauerdamm in Berlin

Die Aktivistinnen machten sich Gedanken über Frauen in diversen Lebenslagen und formulierten Rechtsgrundsätze, etwa für unverheiratete Mütter, für Ehefrauen, die sich scheiden ließen, deren Männer als vermisst galten, oder für uneheliche Kinder. Sie planten sexual- und gesundheitspolitische Aufklärungskampagnen, was nach dem Krieg aufgrund der grassierenden sexualisierten Gewalt und der großen Angst vor Infektionskrankheiten und ungewollten Schwangerschaften dringend nötig war. Ihr Anblick erscheint uns heute bieder: Wir haben es mit Frauen mit hochgesteckten Haaren und knöchellangen dunklen Kleidern und Mänteln zu tun – doch die Leistungen der Ausschussfrauen nach dem Krieg dürfen nicht unterschätzt werden.

Manche ihrer Forderungen wurden zum Gesetz und prägen das Leben in Deutschland noch heute. So gesehen, waren die Nachkriegsfeministinnen mit dem, was sie real angeschoben haben, sogar wirksamer als die Feministinnen der Zweiten Frauenbewegung der 1960er und 1970er Jahre. Ihre Diskussionen und Appelle griffen weit aus. Auf der ersten Delegiertenkonferenz riefen sie nach der Einheit aller deutschen Frauen, nach dem Aufbau einer Demokratie in Deutschland und nach der Rückkehr zu Humanität und sozialer Gerechtigkeit. Die Zeitung *Nacht-Express* aus Ost-Berlin feierte die zweitägige Konferenz im Juli 1946 als Durchbruch für eine starke, überparteiliche und einheitliche Frauenbewegung in Deutschland.[7]

Für den Osten sollte das der Demokratische Frauenbund Deutschlands (DFD) werden, gegründet im Admiralspalast in Berlin auf dem Deutschen Frauenkongress für den Frieden vom 7. bis 9. März 1947. Noch war die deutsche Teilung nicht vollzogen, doch die Anwesenheitsliste wies bereits in diese Richtung. Gekommen waren 811 Frauen aus der SBZ, aber nur 104 Frauen aus den Westzonen sowie ausländische Gäste und Beobachter der Besatzungsmächte. Der DFD war überparteilich: Else Lüders, Jahrgang 1872, die den Kongress eröffnete, gehörte der CDU an und war eine Mitstreiterin der bürgerlichen Frauenbewegung gewesen. Erste Vorsitzende wurde

Anne-Marie Durand-Wever, Jahrgang 1889, eine im Nationalsozialismus geächtete Gynäkologin, die sich der Sexualreform verschrieben hatte und 1952 den Fachverband für Familienplanung Pro Familia gründen sollte. Sie zog sich nach einem Jahr aus dem Frauenbund zurück, als ihr klar wurde, dass die Pro-Geburten-Politik der SED immer mehr Einfluss gewann.

Außer dem breiten ideologischen Spektrum der Teilnehmerinnen – auch eine dem alten preußischen Adel angehörende Gräfin von Schlieffen gehörte zu den Gründerinnen – fällt auf, dass sich die Rednerinnen beim Gründungskongress des DFD um gendergerechte Sprache bemühten. Wenn wir an das Tamtam denken, das heute ein gesprochenes Binnen-I auslösen kann, verwundert die Anrede der »Delegiertinnen« im Jahr 1947 schon.

Das Präsidium des Demokratischen Frauenbunds Deutschlands im Admiralspalast in Ost-Berlin am 8. März 1947. Erste von links Anne-Marie Durand-Wever, zweite von rechts Else Lüders

Angestrebt war eine parteiübergreifende »Schwesterlichkeit«, die Standesgrenzen überwinden sollte. Im Abschlussdokument hieß es: »Wir dürfen niemals mehr zulassen, dass über Deutschlands Gestaltung und Geschicke ohne uns Frauen entschieden wird. Wir werden von jetzt ab mitwissen, mitverantworten und mitbestimmen« – das war ein Höhepunkt des Nachkriegsfeminismus, der nicht zuletzt der rechtlichen Gleichstellung der Geschlechter nach dem Krieg den Weg bereitete.[8]

Verfassungsgroßmütter

Mit dem Nationalsozialismus war auch die rechtliche Konstruktion des Landes zusammengebrochen. Neue Verfassungen mussten geschrieben werden. Zu diesem Zeitpunkt sah das Land in dieser Hinsicht noch wie ein Flickenteppich aus, bestehend aus alten patriarchalen Grundsätzen aus dem 19. Jahrhundert, die im Bürgerlichen Gesetzbuch aus dem Jahr 1900 weiterwirkten, Hinterlassenschaften der Nationalsozialisten wie zum Beispiel rassistischen Regelungen zur »Erbgesundheit des deutschen Volkes«, und neuen Gesetzesnormen, die von den Alliierten bis zur Neugründung Deutschlands erlassen worden waren. In diesem Prozess der Normensetzung auch für die Geschlechterbilder konnten die engagierten Frauen in Ausschüssen nicht abseitsstehen. Der DFD hatte frühzeitig ein eigenes Gremium dafür gebildet und Vorschläge von über 3000 Unterstützerinnen eingeholt. Er stellte auch die einzige »Verfassungsmutter« im Osten, die stellvertretende Vorsitzende Käthe Kern, die, so wie alle anderen an den deutschen Verfassungen beteiligten Frauen, altersbedingt eher eine Verfassungsgroßmutter war.

Käthe Kern beim Deutschen Frauenkongress für den Frieden in der Deutschen Staatsoper Berlin, 7.–9. März 1947

Sie war im Jahr 1900 in Darmstadt geboren, mit zwanzig Jahren in die SPD eingetreten und hatte in der Weimarer Republik unter anderem im Büro eines Reichstagsabgeordneten gearbeitet. Nach dem Machtantritt der Nationalsozialisten wurde sie kurzzeitig verhaftet, später arbeitete sie bei den Preußischen Bergwerkshütten als Sekretärin und stand der Widerstandsgruppe um den Sozialdemokraten und Gewerkschafter Wilhelm Leuschner nahe, der nach dem Hitlerattentat am 20. Juli 1944 hingerichtet wurde. Nach dem Krieg befürwortete Käthe Kern den Zusammenschluss von SPD und KPD und wurde in den neuen Parteivorstand der SED gewählt. Sie wurde Mitglied des Landtags von Sachsen-Anhalt und der Volkskammer. Für ihre vielfältigen politischen Ämter ehrte sie die DDR verschiedene Male. Sie starb 1985 und erhielt einen Platz in der Gedenkstätte der Sozialisten in Berlin-Friedrichsfelde.

Käthe Kern ist es, die, als Otto Grotewohl den ersten Verfassungsentwurf vorlegt, einen verbrieften Gleichheitsgrundsatz für Frauen und Männer fordert – und sich damit sogleich in die Nesseln setzt. Grotewohl, später Ministerpräsident der DDR, antwortet ihr, es gehe nicht, dass jeder »sein Häppchen aus dem Kuchen, das ihm besonders schmeckt, herauspflückt und Zusatz- bzw. Streichungsanträge stellt, durch die das große Bild vollends verwischt wird«.[9] Doch Kern bleibt dran. Trotz der harten Abfuhr erreicht sie, dass fünf Tage später ein neuer Entwurf vorgelegt wird, der nicht nur die Gleichberechtigung der Geschlechter, sondern auch deren Umsetzung auf allen »Gebieten staatlichen, wirtschaftlichen und gesellschaftlichen Lebens« sowie die Gleichstellung von ehelichen und nichtehelichen Kindern enthält. Die Verfassungsgebung zieht sich hin, und die involvierten Frauen müssen immer wieder neu verhandeln, was schon deshalb ein großer Kraftakt ist, weil sie auch noch im letzten, im Frühjahr 1948 einberufenen Ausschuss nur zwei von insgesamt 21 Mitgliedern stellen. Doch schließlich steht in der Verfassung der DDR vom 7. Oktober 1949 folgender Artikel 7: »Mann und Frau sind gleichberechtigt. Alle Gesetze und Bestimmungen, die der Gleichberechtigung der Frau entgegenstehen, sind aufgehoben.«[10] Die Formulierung geht weiter als das Grundgesetz der BRD. Trotzdem überlebt die damalige Frauenrechtsbewegung diesen Erfolg nicht lange. Die nicht der SED nahestehenden Mitglieder des DFD ziehen sich binnen Jahresfrist zurück, von den 38 bei der Gründung gewählten Vorstandsfrauen bleiben im Jahr 1950 nur fünf übrig. Die zwangsvereinigte SPD und KPD mit marxistisch-leninistischem Kurs bezeichnet die liberalen überparteilichen Anstrengungen der Frauen als »demokratischen Fimmel« und tauscht führende Köpfe, die nicht linientreu oder zu SPD-nah erscheinen, aus. So wächst inhaltlich und personell der Einfluss der SED. Zwei Jahre nach seiner Gründung bestimmt das Politbüro über die vormals demokratisch gewählte Führung des DFD.[11] Im März 1949 geht die SED den letzten Schritt und bestimmt, die Frauenabteilung der Partei solle künftig die Funktionärinnen des DFD bei ihrer Arbeit anleiten. Der Frauenbund, der sich von unten nach oben gegründet hatte, wird zu einer Unterorganisation der SED, aus dem feministischen Grassroots-Projekt eine Frauenorganisation von Gnaden der SED-Männer, die liberale Ideale nach und nach abräumen. Die Historikerin Grit Bühler bilanziert: »[D]ie relativ selbstbestimmte frauenpolitische Arbeit, insbesondere der Gründerinnengeneration, wurde ausgebremst […] und in der Folge blockiert.«[12] Dem DFD wird die Auffassung, dass alle Interessen der Gesellschaft durch die Staatspartei SED vertreten und überwunden werden könnten, zum Verhängnis.

Auch die Flut der Ausschüsse verebbt. Ihre Arbeit soll institutionalisiert werden, zum Beispiel in den städtischen Sozialämtern. Waren die Ausschüsse und die Gründung des DFD ein feministischer Neuanfang unter der Flagge der bürgerlichen und der sozialistischen Frauenbewegung des 19. Jahrhunderts gewesen, so dümpeln die frauenbewegten DDR-Frauen nach einer Weile in den flacheren Gewässern der rein sozialistischen Ausdeutung der Frauenfrage dahin. In der SED unterrepräsentiert – Ende der 1940er Jahre nur mit einem Viertel der Mitglieder –, gelangen nur wenige in politisch führende Positionen. Politische Eigenständigkeit tritt gegenüber der Zuarbeit für die politische Führung, etwa bei der Integration der Frauen in die Berufswelt, zurück. Beim Zentralkomitee übernimmt die »Arbeitsgruppe Frauen« das Kommando. Der DFD verdient sich dadurch einen zweifelhaften Ruf als Erfüllungsgehilfe der SED, wie seine verächtliche Übersetzung mit »Dienstbar-Folgsam-Dumpf« zeigt. Die Leiterinnen der Frauengruppe werden Mitglied des Zentralkomitees. Doch ihre Arbeit dient der Mobilisierung und Agitation für die Partei.

Damit scheitert die Hoffnung auf eine gesamtdeutsche »Schwesterlichkeit« schlussendlich an der harten Realität des Kalten Kriegs. Zwar gelingt es im Osten schnell, 230 000 Unterstützerinnen für den DFD zu rekrutieren, doch Frauen aus den westlich besetzten Zonen halten sich fern, weil sie es kommen sehen, dass der Kommunismus die Sache der Frauen für sich instrumentalisieren wird. Die westdeutsche Ärztin und Aktivistin Gabriele Strecker zum Beispiel erklärt damals, der DFD werde dort weitermachen, wo ihrer Meinung nach der Nationalsozialismus aufgehört habe – bei der Abschaffung der Familie. Geplant sei, dem Staat mehr Gewalt über die Kinder zu verschaffen und die Frau in ihrer fraulichen »Substanz« infrage zu stellen.[13] Als Gegengewicht wird im Mai 1947 unter Mitwirkung der amerikanischen Besatzungsbehörde der interzonale Frauenkongress in Bad Boll organisiert. Aus der SBZ kommen nur drei Vertreterinnen zu der Konkurrenzveranstaltung.

Kampf um ein faires Grundgesetz

Es kann nicht verwundern, dass bei der Verhandlung der Geschlechterfrage die Frauen auch im westdeutschen verfassungsgebenden Prozess extrem unterrepräsentiert waren. Denn natürlich hatten nicht nur Frauenrechtlerinnen ein Interesse an der Geschlechterordnung. Mitspieler und oftmals Konkurrenten waren die Kirchen, Rechtsexperten, Gewerkschaften. Denn es ging nicht nur um die Stellung der Frauen, sondern um tiefergehende Grundsätze des Zusammenwirkens der Geschlechter in der Ehe, der Familie und der Arbeitswelt. Im Ost-West-Konflikt wurden die Grundsatzfragen außerdem zu einer Frage der Wahlfreiheit stilisiert. Die grundsätzliche Frage war, ob Frauen und Männer frei wählen dürfen, welches Lebensmodell ihnen schmeckt, ob sie sich auf Kosten ihrer echten oder vermeintlichen Verschiedenheit für den gesellschaftlichen Fortschritt entscheiden müssen oder ob sie auch das Recht haben, den hergebrachten Vorbildern aus ihren Familien zu folgen. Am 25. September 1948 publizierte die von den Amerikanern kontrollierte Münchner *Neue Zeitung* ein Schaubild mit allen Mitgliedern des Parlamentarischen Rats. Darauf zu sehen sind fünfundsechzig ältere Menschen, die meisten mit Glatze, Brille und Krawatte. Der Blick bleibt an der Überschrift hängen, an der etwas nicht ganz stimmen kann. Da steht »Väter der Verfassung«, obwohl vier der Abgebildeten Frauen sind. Heute würde das als Satire durchgehen, damals ist die sprachliche Vereinnahmung der Frauen durch Männer noch gang und gäbe.

Väter der Verfassung

Kommentare der 65 Mitglieder des Parlamentarischen Rates / „Die Einheit Deutschlands ist und bleibt unser Ziel“

Die neue Zeitung *vom 25. September 1948 mit den Porträts der Mitglieder des Parlamentarischen Rats*

In den Jahren 1946 und 1947 waren die Länder vorangegangen und hatten mehr oder weniger vorläufige Verfassungen formuliert. Dann hatten die elf westlichen Länderparlamente, nachdem sie grünes Licht von den Besatzungsmächten erhalten hatten, die Mitglieder des Verfassungsgremiums bestimmt. Jedem Land wurde eine seiner Bevölkerungsgröße entsprechende Zahl von Delegierten zugestanden, Berlin schickte fünf Delegierte, die jedoch kein Stimmrecht besaßen.

Im Juli 1948 kommen die Ministerpräsidenten auf dem Rittersturz bei Koblenz zusammen und beschließen, die verfassungsgebende Versammlung »Parlamentarischer Rat« zu nennen und die Verfassung »Grundgesetz«. Damit soll deutlich werden, dass es sich um eine Übergangslösung für Westdeutschland handelt und nicht um eine Verfassung für Gesamtdeutschland. Auf Einladung des bayerischen Ministerpräsidenten Hans Ehard versammelt sich ein Sachverständigenrat auf Schloss Herrenchiemsee im Chiemsee, um einen Entwurf zu formulieren. Der Name des Ortes könnte nicht passender sein, denn auf der idyllischen Insel vor Alpenpanorama tagen tatsächlich nur Herren. Innerhalb von weniger als zwei Wochen steht der Entwurf des Grundgesetzes, der am 1. September 1948 in Bonn dem Parlamentarischen Rat vorgelegt werden soll. Doch wie sieht es für die Frauenrechte aus? Welchen Einfluss hatten die vier Frauen, die auf dem Schaubild so gut getarnt waren?

Die »Mütter der Verfassung« haben es schon wegen ihrer Unterzahl nicht leicht. Es lohnt, sich die vier Frauen in der illustren Männergesellschaft etwas näher anzuschauen. Friederike »Frieda« Nadig gehört der SPD an. Sie wurde 1897 geboren und entstammte einer Herforder Handwerkerfamilie. Mit 16 Jahren trat sie der Arbeiterjugend bei. Sie besuchte die Soziale Frauenschule in Berlin, wo sie für die Arbeit im Wohlfahrtsbereich ausgebildet wurde. Danach ging sie als Sozialarbeiterin nach Bielefeld. Bis 1933 saß sie im westfälischen Provinziallandtag, aus dem sie nach dem Sieg des Nationalsozialismus herausflog. Nach Kriegsende wurde sie hauptamtliche Bezirkssekretärin der Arbeiterwohlfahrt und Landtagsabgeordnete in Nordrhein-Westfalen. Bis 1961 saß sie im Deutschen Bundestag.

Nur vier Mitglieder des Parlamentarischen Rats zur Ausarbeitung des Grundgesetzes waren Frauen. Von links nach rechts: Helene Wessel (Zentrumspartei), Helene Weber (CDU), Frieda Nadig (SPD) und Elisabeth Selbert (SPD)

Elisabeth Selbert, 1896 geboren, eine promovierte Juristin aus bürgerlichem Elternhaus, stammte aus Kassel. Ihre Doktorarbeit hatte sie bereits zu einem frauenpolitischen Thema geschrieben, nämlich zur »Ehezerrüttung als Scheidungsgrund«. Selbert war Stadtverordnete und Landtagsabgeordnete für die SPD und arbeitete als Anwältin mit dem Schwerpunkt Familienrecht. Obwohl sie offensichtlich frauenpolitisch engagiert war, bestritt sie ihre Parteilichkeit zunächst. Bei einer Rundfunkansprache im Jahr 1949 sagte sie: »Ich bin Jurist und unpathetisch, und ich bin Frau und Mutter und zu frauenrechtlerischen Dingen gar nicht geeignet.«

Die 1881 geborene Helene Weber war Oberlehrerin und bereits Mitglied der verfassungsgebenden Versammlung der

Weimarer Republik gewesen. Ihr Vater war Grundschullehrer und Ortsvorsitzender der katholischen Zentrumspartei. Ab 1911 setzte sie sich für das Frauenstimmrecht und für die katholische Frauenbildung ein. Sie wurde Zentrums-Abgeordnete und erste Ministerialrätin im preußischen Ministerium für Volkswohlfahrt. Auch sie verlor durch den Nationalsozialismus ihr Reichstagsmandat. Gleich nach dem Krieg zog sie für die CDU in den nordrhein-westfälischen Landtag und dann in den Bundestag ein. Ab 1952 stand sie dem Müttergenesungswerk vor.

Zuletzt die im Jahr 1898 geborene Dortmunderin Helene Wessel, Tochter eines Lokomotivführers und Mitglieds der Zentrumspartei: Auch sie wurde an einer Wohlfahrtsschule ausgebildet. Sie arbeitete in der katholischen Mädchen- und Frauenfürsorge in Münster und war bereits vor 1933 Landtagsabgeordnete gewesen. Nach dem Krieg zog sie für die Zentrumspartei in den Deutschen Bundestag ein und wurde als erste Frau Parteivorsitzende. 1951 verließ sie die Zentrumspartei, gründete erst die Gesamtdeutsche Volkspartei und trat dann der SPD bei. Sie starb als Bundestagsabgeordnete im Alter von 71 Jahren. Auch ihr Hauptthema war das Frauen- und Familienrecht.

In der Zusammenschau wird deutlich, dass alle vier Frauen noch aus dem 19. Jahrhundert stammten. Sie waren schon lange berufstätig gewesen, das heißt wirtschaftlich unabhängig, und sie hatten sich mit Frauen- und Familienpolitik und mit der Wohlfahrt beschäftigt. Der spätere Bundeskanzler Gerhard Schröder hätte ihre Interessen dem »Gedöns« zugeordnet. Für die Verniedlichung der Frauenpolitik gibt es aber keinen Anlass. Frauen- und Sozialpolitik war damals nicht nur das quasi naturgegebene Feld für Frauen. Frauenfragen trugen zur Politisierung bei, wirkten als Türöffner in die »große« Politik. Auch spätere Politikerinnenkarrieren wären, nebenbei bemerkt, ohne Frauenpolitik kaum denkbar gewesen. Selbst die Bundeskanzlerin und langjährige CDU-Vorsitzende Angela Merkel, die sich nur ungern zum Feminismus bekannte, konnte in ihrer Karriere das Thema nicht umschiffen. Ihr erstes Amt in der gesamtdeutschen Regierung, die sich im Dezember 1990 konstituierte, war Ministerin für Frauen und Jugend. Aber wichtiger noch: Das angebliche Gedöns stand nach 1945 im Mittelpunkt der gesellschaftspolitischen Debatten und des Wettbewerbs zwischen den Systemen. Entlang so »trivialer« Themen wie Eherecht, Familienrecht, Kinderbetreuung, Sexualmoral oder Frauenerwerbstätigkeit wurde nicht nur entschieden, wie das Zusammenleben künftig organisiert sein würde, sondern auch, wie die beiden deutschen Staaten und damit die politischen Großsysteme Kontur bekamen und sich voneinander abgrenzten.

Die vier Frauen hatten im Namen aller Frauen im Westen einen harten Kampf auszufechten, bevor die Verfassung in Kraft treten konnte. Sie mussten nicht nur mit den Bemühungen um die Besitzstandsrechte der Männer umgehen, sondern auch mit den Ängsten in der Gesellschaft – auch bei Frauen – vor dem Niedergang der Familie und der hergebrachten Ordnung. Denn die Folgen des Zweiten Weltkriegs (der große Frauenüberschuss, Eheprobleme zwischen daheimgebliebenen Frauen und Kriegsheimkehrern, hochschießende Scheidungszahlen, uneheliche Geburten und nichtbürgerliche Formen des Zusammenlebens) schienen darauf hinzudeuten, dass Ehe, Familie und Moral dem Untergang geweiht seien. Zudem wurde der Nationalsozialismus rückblickend als bindungsfeindliche Ideologie wahrgenommen, weil er Kinder und Jugendliche mit den Jugendorganisationen aus den Familien herausgelöst und während des Kriegs viele Frauen in angebliche Männerrollen gedrängt hatte. Deshalb schien es notwendig, alles zu vermeiden, was einer Wiedergesundung der Familie (und der Moral) im Weg stehen könnte. Die Frauenfrage war darum in den Augen nicht weniger Zeitgenossen ein Kampf um Leben und Tod der entstehenden Demokratie.

Am 30. November 1948 bringt Frieda Nadig im Grundsatzausschuss den von Elisabeth Selbert stammenden Formulierungsvorschlag ein: »Männer und Frauen sind gleichberechtigt.« Das ist klar und einleuchtend, um nicht zu sagen selbstverständlich, doch hat der Satz das Potenzial, sowohl das Familienrecht als auch die Arbeitswelt zu sprengen.[14] Anders als im Verfassungsprozess der SBZ können im Westen die alten ideologischen Gegensätze aber nicht einfach planiert werden. Deshalb wollen die Männer des Parlamentarischen Rats auch nicht zustimmen. Manche CDU- und CSU-nahen Mitglieder wollen sogar noch hinter die Weimarer Verfassung zurück und die Unterschiede zwischen den Geschlechtern wieder stärker betonen. So entsteht eine schwammige Kompromissformel, die es erlaubt, sowohl staatsbürgerliche Gleichberechtigung als auch privatrechtliche Diskriminierung zuzulassen: »Alle Menschen sind vor dem Gesetz gleich. Das Gesetz muss Gleiches gleich, kann Verschiedenes nach seiner Eigenart behandeln. Jedoch dürfen die Grundrechte nicht angetastet werden.« Der Absatz 2, »Männer und Frauen haben dieselben staatsbürgerliche Rechte und Pflichten«, wird unverändert übernommen. Im Absatz 3 heißt es: »Niemand darf wegen seines Geschlechtes, seiner Abstammung, seiner Rasse, seiner Sprache, seines Glaubens, seiner religiösen oder politischen Anschauung benachteiligt oder bevorzugt werden.« Durch die Erwähnung der Kategorie Geschlecht wird nach Ansicht der Befürworter dieser Variante die Gleichberechtigung der Frau in staatsrechtlicher und zivilrechtlicher Hinsicht verankert. Doch die Frauen um Elisabeth Selbert sind ausgeschlafen und erkennen die Fallstricke. Wenn ausdrücklich nur von »staatsbürgerlichen Rechten« die Rede wäre, würden Frauen weiterhin im Alltag, zum Beispiel in der Ehe oder am Arbeitsplatz, benachteiligt bleiben. Gleichberechtigung müsse dezidiert nicht nur staatsrechtlich, sondern auch familienrechtlich ausbuchstabiert werden, insistieren die Frauen. Aus der Männerriege kommt ein Stöhnen, dann sei ja das ganze Bürgerliche Gesetzbuch verfassungswidrig.

Am nächsten Tag bringt Selbert denselben Antrag noch einmal ein. Er wird wieder abgelehnt. An diesem 17. Sitzungstag droht Selbert im Hauptausschuss: »In meinen kühnsten Träumen habe ich nicht erwartet, dass der Antrag im Grundausschuss abgelehnt werden würde. Es ist eine Selbstverständlichkeit, dass man heute weiter gehen muss als in Weimar, und dass man den Frauen die Gleichberechtigung auf allen Gebieten geben muss. Die Frau soll nicht nur in staatsbürgerlichen Dingen gleichstehen, sondern muss auf allen Rechtsgebieten dem Mann gleichgestellt werden. Die Frau, die während der Kriegsjahre auf den Trümmern gestanden und den Mann an der Arbeitsstelle ersetzt hat, hat heute einen moralischen Anspruch darauf, so wie der Mann bewertet zu werden. […] [S]ollte der Artikel in dieser Fassung heute wieder abgelehnt werden, so darf ich Ihnen sagen, dass in der gesamten Öffentlichkeit die maßgeblichen Frauen dazu Stellung nehmen werden, und zwar derart, dass unter Umständen die Annahme der Verfassung gefährdet ist.«[15]

So kommt es. Nach dem erneuten Scheitern alarmiert Selbert Gewerkschafterinnen, Frauenorganisationen, weibliche Abgeordnete und Journalistinnen, referiert über die problematische Rechtsstellung der Frau im Familienrecht, das aus der Zeit der Großeltern stamme. Sie erreicht, was sie beabsichtigt hatte: Protestschreiben gehen ein, körbeweise.

Aber es gibt auch Gegnerinnen im Kampf um die Gleichberechtigung. Ihnen gefällt die Idee, dass Gleiches gleich und Verschiedenes verschieden behandelt wird. Sie berufen sich auf die Unterschiede der Geschlechter und sehen darin eine Rechtfertigung dafür, dass Frauen zum Beispiel nicht in bestimmten Berufen arbeiten und auch nicht zum Militär dürfen (oder müssen). Sie fürchten um Privilegien und sind der Meinung, dass die Probleme zwischen den Geschlechtern besser im Privaten gelöst würden als politisch von oben. Jede Frau sei doch schließlich in der Lage, ihre Rechte selbst zu wahren.

Doch die Befürworterinnen des bedingungslosen Gleichheitsgrundsatzes sind lauter. Am 18. Januar 1949, nach fast zweimonatigen Verhandlungen, muss der Parlamentarische Rat auf den Massenprotest eingehen. Zu viele Frauen, die sich nicht ernst genommen fühlen, wären auch zu viele Frauen, die womöglich ihre Stimme bei der Wahl verweigern. Der Gleichberechtigungsgrundsatz wird einstimmig angenommen und der Bundestag beauftragt, bis zum Ende der Legislaturperiode, also bis zum 31. März 1953, den Grundsatz im gesamten Recht und somit auch im Bürgerlichen Gesetzbuch zu verankern. Die alte Ordnung bekommt also eine Gnadenfrist.

Am 8. Mai 1949 wird der Text angenommen, mit 53 Jastimmen und zwölf Neinstimmen (überwiegend aus der

CSU). Im Verlauf des Monats stimmen die Landtage über das Grundgesetz ab. Nur Bayern ist dagegen, nimmt aber indirekt durch den Beschluss, zur Bundesrepublik Deutschland gehören zu wollen, auch die Verfassung an. Am 23. Mai verliest Konrad Adenauer, der Präsident des Parlamentarischen Rats, feierlich das Grundgesetz. Das Dokument wird von allen Ratsmitgliedern außer den beiden KPDlern sowie von den elf Ministerpräsidenten und den elf Landtagspräsidenten feierlich unterzeichnet. Es tritt in der Nacht vom 23. zum 24. Mai 1949 um 0 Uhr in Kraft.

Konrad Adenauer, Präsident des Parlamentarischen Rats (Mitte), verkündet am 23. Mai 1949 das Grundgesetz für die Bundesrepublik Deutschland in der Pädagogischen Akademie Bonn (vorne von links: Helene Weber, Hermann Schäfer, Adolf Schönfelder, Jean Stock).

Der Plan, eine Verfassung zu schaffen, die das Land vor einer erneuten Katastrophe wie der Machtübernahme der Nationalsozialisten schützt, wird aufgehen. Davon profitieren Frauen und Männer gleichermaßen. Das Engagement vor allem von Elisabeth Selbert und die breite Unterstützung in der weiblichen Bevölkerung bewirken darüber hinaus, dass die BRD eine für die damalige Zeit fortschrittliche Gleichberechtigungsnorm erhält. Die Umsetzung auf der Ebene des realen Zusammenlebens in Ehe und Familie fällt allerdings vorerst aus. Die Parteien nutzen die Kulanzzeit bis 1953, um die Änderung des BGB zu verschleppen und sich erneut in Stellung zu bringen. Fast alle sind schließlich weiterhin davon überzeugt, dass die Familie eine vom Mann dominierte Institution bleiben muss. *Sein* letztes Wort in Erziehungsfragen, *seine* Entscheidungen über die Finanzen sollen weiterhin maßgeblich sein, *sein* Einkommen soll zumindest überwiegend den Lebensunterhalt bestreiten. So dauert es noch weit bis über das Jahr 1953 hinaus, bis in der Bundesrepublik die Idee der geteilten Verantwortung in Familie, Ehe und Arbeitswelt gesetzlich umgesetzt wird.

Medienfrauen

Sowenig die Emanzipation nur an der Erwerbsquote der Frauen abgelesen werden kann, sowenig kann ihre politische Teilhabe nur an ihrer Quote in den Parlamenten gemessen werden. Ein besonderes Phänomen des gesellschaftspolitischen Engagements nach dem Krieg war neben den Ausschüssen der weibliche Anteil in den Medien. Heute sind diese Frauen weitgehend vergessen, obwohl sie so wichtig waren für die Politisierung auch in den eigenen Reihen. Sie profitierten von dem Projekt der Siegermächte, Deutschland zu demokratisieren. Frauen nähmen in ihren Rollen als Mütter, Erzieherinnen oder Lehrerinnen besonders großen Einfluss auf die nächste Generation, dachte man, deshalb sorgten die Siegermächte dafür, dass Frauen medial präsent waren. So war – wenigstens für eine Übergangszeit – die Geschlechtszugehörigkeit für einige Frauen vorteilhaft und wichtiger als ihre Qualifikation. Diese Prioritäten änderten sich freilich bald, und die Zahl der weiblichen Medienschaffenden ging wieder zurück.

Auch wenn sie keine berufliche Erfahrung vorweisen mussten, überprüft wurden die Pionierinnen im Medienbetrieb gewissenhaft. Besonders das Radio galt als eine Möglichkeit, die deutsche Bevölkerung zu informieren, zu bilden und umzuerziehen. Eine der Schlüsselgestalten war Gabriele Strecker, eigentlich eine Ärztin in Bad Homburg nahe Frankfurt. Sie durchlief einen tagelangen Prozess auf verschiedensten Ebenen der Besatzungsmacht. Ihr Bekanntenkreis wurde befragt, sie brachte Leumundszeugnisse von Amerikanern, die sie kannten, bei, und sie beantwortete Fragen zur politischen Geschichte Deutschlands. Besonders belustigte sie der Rorschachtest, den sie bestehen musste. Ein Psychoanalytiker zeigte ihr abstrakte Klecksbilder und fragte sie nach ihren Einfällen dazu. Dadurch hoffte er herauszufinden, ob sie tief im Inneren nicht doch militaristische und nazistische Einstellungen hegte. Da sie das Anliegen durchschaute, antwortete sie bewusst harmlos. Den eigentlichen Ausschlag für ihre Auswahl gab allerdings, dass sie im Interview bekannte, ihren Vater immer schon gehasst zu haben. Damit erschien sie den Amerikanern als politisch zuverlässig. Nur die Deutschen, die ihre Väter bekämpft hätten, davon waren sie nämlich überzeugt, seien gegen den Nationalsozialismus resistent gewesen. Strecker wurde zur Leiterin des Frauenfunks bei *Radio Frankfurt* ernannt.[16]

Gabriele Strecker kommt 1904 in Trier auf die Welt. Nach einem Intermezzo im Elsass zieht ihre katholische Kaufmannsfamilie nach Frankfurt am Main. Mit 21 Jahren legt sie das Abitur ab, immatrikuliert sich für Jura und bricht das Studium nach wenigen Monaten ab, um eine Stelle als Erzieherin bei einer Familie in Ägypten anzutreten. Zurück in Europa, studiert sie doch noch ein Semester Jura in Genf, lebt aber dann eine Weile in Paris. In Frankfurt beginnt sie dann ein philologisches Studium, lernt neben romanischen Sprachen auch Arabisch und besucht historische Seminare. 1930 heiratet sie den zwölf Jahre älteren Frauenarzt Josef Strecker. Dass sie von der Lehrerausbildung zum Medizinstudium wechselt, hängt womöglich mit der drohenden Entlassung verheirateter Beamtinnen zusammen. Schon während der Weimarer Zeit versuchte der Staat, wie bereits beschrieben, auf diese Weise Männer vor der weiblichen Konkurrenz um lukrative Arbeitsplätze zu schützen und gleichzeitig Frauen in die ihnen angeblich angestammte Hausfrauenrolle zu verweisen. Wir können jedenfalls festhalten, dass auch in Gabriele Streckers Fall krumme Wege an ein Ziel führen, das sie so vorher gar nicht für sich definiert hatte. Wie es scheint, ein typisches Frauenschicksal in Hinblick auf die Berufskarriere.

Erst im Jahr 1943, als sie schon 39 Jahre ist, wird Gabriele Strecker fertige Ärztin. Zwei Geburten und Unterbrechungen des Studiums aufgrund des Kriegs sowie verpflichtende Arbeitseinsätze für die »Volksgemeinschaft« hatten sie aufgehalten. Ihre erste Anstellung als Assistenzärztin erhält sie in der Abteilung ihres Mannes am Kreiskrankenhaus Bad Homburg. Doch es dauert nicht lange, bis sie von der jüdischen Journalistin Jella Lepman »entdeckt« wird. Die gebürtige Stuttgarterin hatte die NS-Herrschaft in England überlebt und war als Beraterin der Amerikaner für Reeducation nach Deutschland zurückgekehrt. Später gründet sie, weil sie überzeugt ist, dass die Deutschen nur über die Sozialisation der nächsten Generation in die Zivilisation zurückfänden, gemeinsam mit anderen Prominenten die Internationale Jugendbibliothek in München und leitet sie bis 1957.

Gabriele Streckers Weg von der Erzieherin und Lehramtsstudentin über die Medizinerin zur Journalistin bleibt kurvenreich. Ihre Biografie wirkt auf uns heute wie zufällig, als habe sie alles angenommen und ausprobiert, was sich ihr bot. Doch in der Sache ist sie konsequent. Als Leiterin des Frauenfunks will Strecker die Hörerinnen von der »Ausschließlichkeit des Kochtopfs« wegführen, hin zur verantwortlichen Staatsbürgerin, die selbstständig denkt. Wie wichtig Strecker als Multiplikatorin ist, zeigt sich schnell. Schon im Jahr 1946 wird sie von den Amerikanern ausgewählt und darf am Kongress des International Council of Women im Staat New York teilnehmen. Sie fliegt als einzige Zivilistin in einem Militärflugzeug in die USA und schlägt sich dort durch – buchstäblich ohne einen Cent in der Tasche, denn sie hatte kein amerikanisches Geld mitbekommen. Gleich zu Beginn ihrer Reise muss sie sich etwas leihen, um den Zielort zu erreichen, dort angekommen, ernährt sie sich mehr schlecht als recht vom Konferenzessen. Sie ist überwältigt, nicht nur von der fremden Welt, sondern auch von der Bandbreite der internationalen Delegierten, die ihr teilweise unter die Arme greifen, die sie es aber auch spüren lassen, dass sie Deutsche ist.

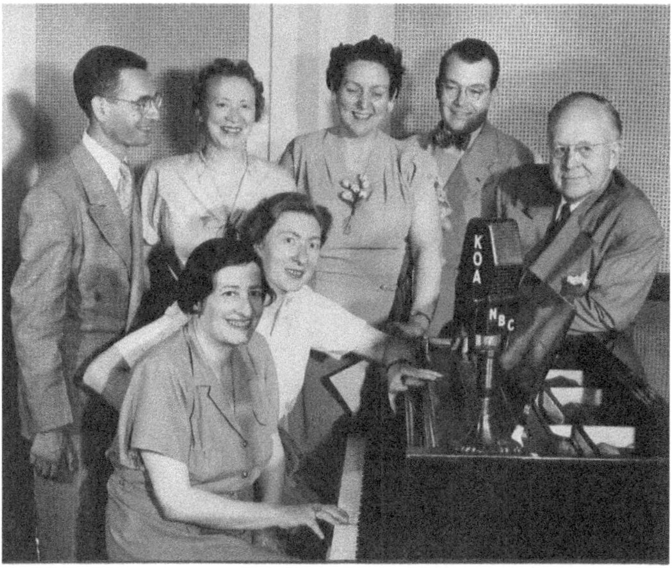

Gabriele Strecker (stehend, zweite von links) besuchte 1949 bei ihrer feministischen Fortbildungsreise in die USA auch einen Rundfunksender in Denver.

Später wird sie noch oft ins Ausland reisen, um die Arbeit von Medien und Frauenorganisationen kennenzulernen oder selbst Vorträge zu halten. Sie initiiert verschiedene lokale Frauenverbände, wird Beisitzerin im Vorstand des Deutschen Frauenrings. 1948 tritt sie der CDU bei und wird Vorsitzende der CDU-Frauenvereinigung Hessen und Mitglied des Vorstands der Hessen-CDU. Sie ist von 1954 bis 1962 Landtagsabgeordnete und nimmt 1959 an der Bundesversammlung zur Wahl des Präsidenten Heinrich Lübke teil. Ihre dritte Karriere im Leben.

Nach dem Tod ihres Mannes zieht sie in den Tessin – ein Projekt, das sie gemeinsam geplant hatten und das sie nun alleine durchziehen muss. Aber auch dort bleibt sie nach ihrer

Zeit als Parlamentarierin als Mitglied im deutschen Fernsehrat und in zahlreichen Frauenorganisationen aktiv. Bis in die 1980er Jahre hinein berichtet sie fürs Radio, schreibt Artikel und geht auf Vortragsreise rund um den Globus. Sie stirbt im Alter von achtzig Jahren bei ihrem Sohn in Bad Homburg.[17]

Auch *Radio München*, Vorläufer des *Bayerischen Rundfunks*, beschäftigte eine Frauenredaktion. Die Sendemanuskripte mussten den amerikanischen Besatzungsbehörden vorgelegt werden, aber die Beiträge der Frauen scheinen zunächst ohnehin wenig Anstoß erregt zu haben. Darin ging es nicht nur um Kindererziehung, Eheprobleme und um die Frage, wo eine Mutter die nächste Mahlzeit organisieren konnte. Neben den praktischen Tipps erzählten die Redakteurinnen im unverbindlichen Plauderton von der Bedeutung der Frau in der Gesellschaft und appellierten an ihre Hörerinnen, sich politisch zu engagieren.

Ilse Weitsch, die Leiterin des bayerischen Frauenfunks, nahm sich selbst beim Wort, als sie im Jahr 1952 im *BR* von Frauen forderte, sich im Sozialen und Politischen einzumischen. Eine Frau dürfe nicht »kneifen« und sich in ihr häusliches und privates Leben zurückziehen, sondern müsse genauso wie Männer für »eine bessere Ordnung dieser Welt, für ein Leben in Frieden und Freiheit« sorgen. Sie und ihre Kolleginnen traten Frauenausschüssen bei wie etwa dem Süddeutschen Frauenarbeitskreis München oder dem Münchner Rechtsreformausschuss. 1950 gründete die *BR*-Redakteurin Marianne Feuersenger gemeinsam mit der später bekannten FDP-Politikerin Hildegard Hamm-Brücher nach amerikanischem Vorbild die Arbeitsgemeinschaft der Wählerinnen, die eine größere politische Beteiligung der Frauen zum Ziel hatte. Feuersenger war im Übrigen in die Abteilung Politik gewechselt. Man hatte sie mit dem Argument geködert, für den Frauenfunk sei sie doch viel zu schade.[18] Wie vorurteilsbeladen die Herren Redakteure damals waren, verdeutlicht auch eine Anekdote der späteren Frauenfunk-Leiterin Lore Walb. In der Ausschreibung für ihre Stelle habe es geheißen, man suche nach einer Bewerberin, die sowohl fachliches Können als auch ein »frauliches Wesen« vorweise.[19]

Nach und nach änderte sich der Umgang zwischen den Geschlechtern. Der Wunsch zusammenzuarbeiten kühlte ab. Die Frauen hatten offenbar ihren Vertrauensvorschuss, den sie nach dem Krieg erhalten hatten, aufgebraucht. 1968 wurde der Frauenfunk des *BR* in den »Familienfunk« umgewandelt, und ein männlicher Redakteur ergänzte die lange als kritische Bastion im CSU-dominierten Sender wahrgenommene Redaktion. Vor allem die legendäre Sendung *Notizbuch*, die täglich auf dem Programm stand, wurde von Ministerpräsident Franz Josef Strauß heftig attackiert, er vermutete dort »rote Gifttropfen«. 1978 folgte trotz inständiger Bitten eine männliche Leitung der bisherigen Chefin Lore Walb. Seine einzige Qualifikation für den Posten: seine konservative Haltung.

Woher holten sich die Frauen in diesem Durcheinander von Nachkriegshärten, Versprechen auf eine Karriere und baldiger Zurücksetzung ins Glied ihre Orientierung? Wahrscheinlich half ihnen ihre Geschichte in der unmittelbaren Nachkriegszeit, in der sie es eingeübt hatten, gleichzeitig selbstlos die Wunden anderer zu versorgen, sich selbst zu realisieren und dabei das Große und Ganze, das unter dem Schlagwort »Weltfrieden« firmierte, nicht aus den Augen zu verlieren. Sie hatten, wie ich anhand der Pionierinnen im Politikbetrieb gezeigt habe, gemeinsame Wurzeln in der Weimarer Zeit, als sie sich bereits auf dem weiten Themenfeld der Frauenemanzipation engagiert hatten. Sie kannten sich untereinander, auch aus dem inneren oder dem realen Exil im Nationalsozialismus, und konnten sich daher nach Kriegsende, als ihre Mitarbeit gebraucht wurde, schnell miteinander kurzschließen. Persönliche Erfahrungen mit politisierten Elternhäusern und biografische Brüche, verursacht durch die Hitlerdiktatur, mögen sie zusammengeschweißt haben. Außerdem zogen sie ganz konkrete Lehren aus dem »Dritten Reich«, wie zum Beispiel Elisabeth Schwarzkopf, die dafür eintrat, dass sich der Staat ein für alle Mal aus dem privaten Leben der Menschen herauszuhalten habe. Andere fühlten sich als Konsequenz zur sozialistischen Politik hingezogen, weil sie eine konsequente Abkehr vom Faschismus versprach. Als eine weitere verblüffende Gemeinsamkeit erscheint die wechselvolle Biografie der Frauen. Die lässt sich mit den historischen Umständen – abgebrochenen Ausbildungen, Berufsverboten, existenziellen Notlagen – erklären, aber es scheint auch klar zu sein, dass die politischen Pionierinnen der Nachkriegszeit in besonderem Maße flexibel waren. Der Sprung von der Medizinerin zur Journalistin zur weltoffenen Politikerin musste erst einmal gewagt werden. Das erforderte Mut und Selbstvertrauen.

7. Lebensentwürfe im Kalten Krieg

Die gesellschaftlichen Verhandlungen über die Rolle der Frau in Ehe, Familie und Arbeitswelt waren, das wollen wir nicht vergessen, in den ersten Nachkriegsjahren für Millionen von Frauen ein eher theoretisches Problem. Natürlich sind politische Diskurse immer ein Stück weit abgehoben von den individuellen Lebenslagen, aber in den Nachkriegsjahren war die Diskrepanz zwischen dem, was Parteipolitiker, Frauenbewegte und Kirchenmänner umtrieb, und dem, was die Frauen in ihrem sehr konkreten Alltag beschäftigte, besonders groß. Im Jahr 1950 betrug der Anteil der Witwen an der Gesamtbevölkerung zwölf Prozent.[1] Ihre Lebenslage rief nicht nach frommen Wünschen oder forschen Emanzipationsparolen, sondern nach unmittelbaren Lösungen, denn die Witwenrenten wurden – je nach Besatzungszone – vorübergehend ganz ausgesetzt und später auf ein sehr niedriges Niveau gesetzt, das höchstens das bloße Überleben sicherte. Auch für die vielen anderen alleinstehenden Frauen, die nicht zuletzt wegen des Männermangels nach dem Krieg unverheiratet blieben, waren die großen Debatten um Moral und Lebenszuschnitt wenig relevant. Das lässt sich auch an den Memoiren von Martha Weber ablesen.[2]

Martha Weber wurde 1905 in Hofstädten im Landkreis Aschaffenburg in Unterfranken geboren, sie starb fast hundertjährig im Jahr 2002 in Amorbach im Odenwald. Der Radius ihres Lebenswegs blieb klein. Sie heiratete nie und hatte keine Kinder. Ihr Vater war Lehrer gewesen. Sein Wunsch wäre es gewesen, dass seine Tochter auch Lehrerin würde, aber ihre Mutter war dagegen – warum Geld für ein Studium ausgeben, wenn das Kind ohnehin eines Tages heiraten wird? Spätestens dann würde sie als Lehrerin ohnehin nicht mehr arbeiten dürfen, weil laut Beamtenrecht verheiratete Frauen nicht mehr arbeiten durften.

In der Nachkriegszeit hört Martha Weber von den Vergewaltigungen der Besatzungssoldaten. Da sie wegen chronischer Unterleibsleiden lange Zeit im Krankenhaus liegt, ist sie selbst davon mutmaßlich verschont geblieben. Sie arbeitet als Angestellte im Finanzamt von Pforzheim, und weil sie tagsüber keine Zeit hat, um auf dem Schwarzmarkt Nahrungsmittel zu suchen, arbeitet sie abends nach Dienstschluss bei Privatleuten noch zwei bis drei Stunden weiter, schreibt Briefe, erledigt die Buchhaltung und lässt sich dafür mit einem Stück Wurst und einem Kanten Brot entlohnen. Sie wohnt zur Untermiete in einem Wohnzimmer mit Kanonenofen und zweiflammiger Kochplatte und kümmert sich um ihre alleinstehende Mutter, die sich nach dem Tod des Mannes einsam und ohne Lebensinhalt fühlt. Martha Weber kauft auf Kredit eine Wohnung in Pforzheim, um mit ihrer Mutter zusammenleben zu können. Als sich die Zeiten bessern, legt sie die Meisterprüfung als Schneiderin ab und verlässt ihren Arbeitsplatz bei der Finanzbehörde. An Zulauf mangelt es nicht, schreibt sie in ihren Memoiren, denn die Pforzheimer Damenwelt will sich nach den Kriegsjahren neu einkleiden. Ihre Kundinnen sind Frauen, die im lokalen Schmuck- und Uhrengewerbe arbeiten und sich präsentabel kleiden müssen. Besonders zugute kommt ihr die Nachbarschaft einer angesehenen Uhrenfabrik. Die Chefin, die Prokuristin, Angestellte und Frauen der Führungskräfte zählen zu ihren besten Abnehmern. Ihre Mutter genießt diese Nachbarschaft und nimmt an der Geschäftigkeit, dem Kommen und Gehen von Käufern und Vertretern, dem Vorfahren ihrer Autos, neugierig teil. Außerdem kocht sie und berät und kritisiert ihre Tochter bei der Arbeit. »Ich war für sie immer noch das Kind. Selbst bei den Anproben schloss ich sie nicht aus. Sie hätte es nicht verstanden, nicht dabei sein zu dürfen.«

Sonntagmorgens gehen die beiden zum Gottesdienst, sie unternehmen Ausflüge in den Schwarzwald, gehen zum Mittag- oder Abendessen in ein Lokal. Abends und nachts sitzt Martha Weber dann wieder an der Nähmaschine, da sie immer unter Zeitdruck steht. Dass die Mutter-Tochter-Lebensgemeinschaft nicht nur praktisch, sondern auch nervend ist, lässt sich zwischen den Zeilen lesen. Sie hat Mühe, ihrer Mutter klarzumachen, dass »das Geldverdienen manchmal viel Zeit und Anstrengung erfordert«. Martha Weber arbeitet fast rund um die Uhr. Samstags liest sie einem Privatkunden, einem sehbehinderten Arzt, die neueste Fachliteratur vor und beantwortet seine Post. Trotz ihres erheblichen Pensums erlaubt sie sich über Jahre keine Ruhepausen. Erst als ihre Gesundheit immer stärker leidet, werden Martha Weber Thermalbäder in Bad Wildbad verschrieben. Sie sucht eine Pension, später mietet sie ein Häuschen – die Mutter immer im Schlepptau. Als selbstständige Damenschneiderin hat Martha Weber sicher auch geschlechtsspezifische Probleme, und dass sie sich lebenslang um ihre Mutter kümmert oder kümmern muss, ist nach dem Krieg ein frauentypisches Schicksal, dennoch dürften die Diskussionen über Frauenerwerbstätigkeit, Familienrecht und die Stellung der Frau in der Ehe weitgehend an ihr vorbeigegangen sein.

Hausfrauenehe versus Alleinverdienerehe

Der politische Diskurs um die Stellung der Frau, verwoben mit der Frage der Rolle der Familie im Ost-West-Konflikt, erlebte keinen Moment des Dammbruchs. Nur hier und da holte die Politik nach, was im Alltag schon längst unvermeidbar geworden war – die Liberalisierung der Rollenvorstellungen. In den späten 1950er Jahren begann das hergebrachte Bild der Alleinverdiener- und Hausfrauenehe auch in der Mittelschicht zu erodieren. Die Konservativen hofften nach wie vor, das Hausfrauenmodell gewissermaßen von oben, mithilfe von finanziellen Anreizen, erhalten beziehungsweise durchsetzen zu können, während die Sozialdemokraten einsahen, dass ihr bevorzugtes Modell von der Wirklichkeit überholt wurde. Nur die KPD pochte auf das Recht der Frauen zu arbeiten, bis der Kalte Krieg die linke Alternative durch ein Parteienverbot aus dem Wettbewerb nahm.

Die Adenauerregierung zielte durch eine Reihe von pronatalistischen und familienfreundlichen Gesetzen darauf ab, die Hausfrauenehe weiter zu stützen. Mit dem Kindergeld für Familien mit drei und mehr Kindern sollte es möglich sein, auf das Gehalt der Mutter zu verzichten. Doch auch die Möglichkeiten zu arbeiten wurden notgedrungen ausgedehnt, schließlich musste die Wirtschaft mit billigen und flexiblen Arbeitskräften versorgt werden. Im Beamtentum entfiel die Verbannung verheirateter Frauen im Jahr 1951 (in Baden-Württemberg erst im Jahr 1956), der Mutterschutz wurde ausgebaut und der Kündigungsschutz für Schwangere eingeführt. Doch abgesehen von der arbeitsrechtlichen Ebene, taten sich die Entscheider weiterhin schwer, das Gleichheitsgebot umzusetzen. Ein Entwurf aus dem Jahr 1952 für die Realisierung des Gleichheitsgrundsatzes erhielt weiterhin verfassungswidrige Elemente wie zum

Beispiel das Letztentscheidungsrecht des Ehemannes. Nach langem Ringen, an dem die katholische Kirche mit ihrer Auffassung, das Patriarchat entspreche der »natürlichen« Ordnung, lautstark teilnahm, kam ein Gleichberechtigungsgesetz erst mit vier Jahren Verspätung, am 3. Mai 1957, zustande. Es schaffte die Entscheidungshoheit des Mannes ab und gab Frauen das Recht, über ihr Vermögen selbst zu verfügen. Allerdings behielten Väter das Privileg, in der Kindererziehung das letzte Wort zu sprechen und ihren Frauen die Erwerbstätigkeit zu verbieten, wenn sie fanden, die Arbeit lasse sich nicht mit den Pflichten im Haushalt vereinbaren. Als warnendes Gegenmodell wurden der Nationalsozialismus und die DDR bemüht. Beide Systeme hätten Frauen in die Arbeit und Kinder unter die Kontrolle des Staates gezwungen. Doch ein Jahr später musste das Letztentscheidungsrecht des Ehemanns in allen Eheangelegenheiten weichen. Die Zugewinngemeinschaft in der Ehe wurde zur Norm, Frauen durften ihr eingebrachtes Vermögen selbst verwalten, und Männer konnten nicht mehr das Dienstverhältnis ihrer Ehefrauen kündigen. Allerdings blieb der Rechtsgrundsatz bestehen, dass Ehefrauen nur dann arbeiten gehen durften, wenn dies mit ihren Pflichten in Ehe und Familie vereinbar war. Erst seit 1977 gilt die altvordere Aufgabenteilung – der Mann für den Unterhalt, die Frau für den Haushalt – nicht mehr.

»Heldinnen der Arbeit« oder Sklavinnen der SED-Doktrin?

War die DDR bei der Gleichstellung der Geschlechter viel schneller und erfolgreicher, wie es heute noch heißt? Nach dem Mauerfall wurde diese Frage den ehemaligen DDR-

Bürgern sehr wichtig. Wenigstens in diesem Punkt sollte der Arbeiter-und-Bauern-Staat der BRD weit überlegen gewesen sein. Wenn West-Feministinnen auf Ost-Feministinnen trafen, ging es deshalb schnell hoch her. Im April 1990, beim ersten Ost-West-Frauenkongress in der Dynamo-Sporthalle in Ost-Berlin, kam es darüber zum offenen Streit. Ost-Frauen behaupteten, mit der Wiedervereinigung würden sie »zurück in die Steinzeit« versetzt. Die schlechtere Ausstattung mit Kinderbetreuungsangeboten, die niedrigere Erwerbsquote der Frauen und der Paragraf 218, der Abtreibung bis heute unter Strafe stellt – die Zeichen standen aus ihrer Sicht auf Rückschritt, wenn sie gezwungen wären, mit dem Beitritt die bundesrepublikanischen Standards zu übernehmen. West-Frauen hielten dagegen, die DDR habe gar keinen Feminismus gekannt. Alle Errungenschaften für Frauen seien der kommunistischen Ideologie zu verdanken gewesen, für die der Klassenkampf der zentrale Hebel für alles und eben auch für die Lage der Frauen gewesen sei.[3] Die über neunzigprozentige Erwerbsquote der Frauen in der DDR sei kein Beweis für Emanzipation, sondern für die Instrumentalisierung der Frauen für die wirtschaftlichen Planziele des SED-Regimes gewesen. In der BRD waren zum Zeitpunkt der Wiedervereinigung nur 53,8 Prozent der weiblichen Bevölkerung zwischen 15 und 65 Jahren erwerbstätig, und das in einem erheblichen Ausmaß in Teilzeit.

Waren die DDR-Frauen freier, weil sie mehr gearbeitet haben, dadurch von Männern finanziell unabhängiger wurden und gleichzeitig sozial besser integriert waren als die Frauen im Westen? Oder waren die BRD-Frauen freier, weil sie mehr Wahlmöglichkeiten hatten, da es nicht die eine Staatsdoktrin gab, die ihnen vorschrieb, welche Art von Leben sie zu führen hätten? Inzwischen ist die Forschung zwar viel weiter und das Bild der beiden Staaten ist differenzierter, aber auch ambivalenter geworden. So bleibt die Frage aus einem heutigen liberalen Verständnis heraus schwer zu beantworten.

Tatsächlich hatte die schon in der SBZ intensiv betriebene Integration der Frauen in die Erwerbswelt eine ideologische Voraussetzung und war nicht mit den Frauen abgesprochen worden. Man berief sich auf die kommunistische Lehre. Schon der Sozialdemokrat und Marxist August Bebel hatte 1879 in seinem einflussreichen Buch *Die Frau und der Sozialismus* in der Einleitung geschrieben: »Die Frauenfrage ist also für uns nur eine Seite der allgemeinen sozialen Frage, die gegenwärtig alle denkenden Köpfe erfüllt und alle Geister in Bewegung setzt; sie kann daher ihre endgültige Lösung nur finden durch die Aufhebung der gesellschaftlichen Gegensätze und Beseitigung der aus diesen hervorgehenden Übel.«[4] In Kurzform hieß das: Das Problem löst sich mit der sozialen Frage von allein. An diesem Punkt setzte die SED an. In einem sozialistischen System sei die Frau fraglos gleichberechtigt. Um dieses System zu verwirklichen, sei es aber nötig, alle Menschen zu »produktivieren«. Durch Arbeit sollten Frauen nicht nur zum wirtschaftlichen Überleben des Landes und des Systems beitragen, sondern in den Staat eingeordnet und an das sozialistische Persönlichkeitsideal herangeführt werden. Wie ernst es den Kommunisten damit war, war bereits in der DDR-Verfassung nachzulesen, die Lohngleichheit von Frauen und Männern sowie Einrichtungen zur Kinderbetreuung versprach. Das sollte gewährleisten, dass die Frau ihre Aufgabe als Bürgerin und Schaffende mit ihren Pflichten als Frau und Mutter vereinbaren könne.[5]

Die erste Schnelldreherin in der DDR im Leipziger Betrieb Wetzel auf einer Aufnahme aus dem Jahr 1952

Die Formulierung verrät aber auch, in welche Richtung es gehen sollte – in Richtung zweite und dritte Schicht am Tag. Und da scheiden sich die Geister. Frauen sollten trotz voller Werktätigkeit weiterhin für die Reproduktion zuständig bleiben und sich zusätzlich als loyale Staatsbürgerinnen gesellschaftspolitisch betätigen. Das bedeutete praktisch: Weiterbildung in sogenannten Männerberufen zur Erfüllung des Wirtschaftsplans, Ableisten der langen Fünfzigstundenwoche am Arbeitsplatz, oftmals endlose Wege zu den Kinderkrippen (die es im großen Stil auch erst ab den 1970er Jahren gab) und zeitaufwendige Einkaufstouren durch mangelhaft bestückte Geschäfte. Hinzu kamen Abendvorträge zur politischen Ertüchtigung. Hausarbeit und Hobby waren da noch nicht miteinberechnet. Wenn das Emanzipation war, dann ging der Staat im Osten auf jeden Fall in die Vollen.

Bei den Frauen im Westen sollte hingegen bei der Kultur angesetzt werden; nicht die Klassenfrage sollte über ihre Stellung entscheiden, sondern ihre Position im patriarchalen System. Das Patriarchat als Lebensmodell, seit dem bürgerlichen Zeitalter verankert, war und blieb – den West-Feministinnen zufolge – der Universalschlüssel für die Situation der Frauen, ihre Unterdrückung, ihre Geschlechtsidentität, ihre Opferrolle.[6] Dass sich DDR-Frauen und BRD-Frauen später einmal nicht so schnell einigen würden, wer auf welcher Seite der Mauer »wahrhaftig« emanzipiert oder gar frei hatte leben können beziehungsweise wirklich gelitten hatte, kann nicht verwundern.

Wir betrachten hier die Nachkriegszeit, um die Entstehung der auseinanderlaufenden Pfade besser zu verstehen. Noch in der SBZ waren frühzeitig die Stellschrauben für die Erwerbstätigkeit von Frauen gesetzt worden. Ökonomen hatten frühzeitig erkannt, dass der Zone ohne die Frauen und ohne die Nachqualifizierung von Frauen für bestimmte Branchen die Arbeitskräfte ausgehen würden. Allerdings schien das Interesse der Frauen zu arbeiten begrenzt. Nachdem die ersten zwei Notjahre nach Kriegsende überstanden waren, stagnierte die Erwerbsquote bis 1949. Das hatte mit konjunkturellen Schwankungen zu tun, von denen abhing, wie viele zumeist unqualifizierte weibliche Arbeitskräfte benötigt wurden, aber auch damit, dass Frauen, wenn die Männer vom Kriegseinsatz zurückkamen, sich freiwillig aus der Arbeitswelt zurückzogen. Sie wussten, dass sie in einer Wirtschaft, in der das meiste über Tausch und Schwarzhandel lief, als Hausfrauen effektiver zum Familienunterhalt beitragen konnten als an einer Werkbank.[7]

Ein Gesetz über den Mutter- und Kinderschutz, das die Volkskammer im Jahr 1950 verabschiedete, sollte die Arbeitsbereitschaft der Frauen steigern und gleichzeitig ihre Bereitschaft, Kinder auf die Welt zu bringen. Es brachte Entlastungen in der Familienarbeit und zielte darauf ab, Frauen, denen man mehr Distanz zum Kommunismus unterstellte, für die SED zu gewinnen. Geregelt wurden die finanzielle Unterstützung kinderreicher Mütter, die Bevorzugung alleinerziehender Mütter bei Kinderkrippen und Kindertagesstätten, die Gründung von sogenannten Kinderheimen für Kleinkinder, Kinderkrippen und Kindertagesstätten, die Freistellung von der Arbeit fünf Wochen vor und fünf Wochen nach der Entbindung sowie die medizinische Indikationsregelung des Schwangerschaftsabbruchs, das gemeinsame Entscheidungsrecht in der Ehe, das Prinzip der Lohngleichheit für Frauen und Männer und Vorgaben zur Repräsentanz von Frauen in politischen Ämtern. Es beinhaltete viele Errungenschaften, die in der BRD noch lange auf sich warten lassen würden. Doch ging der Plan in der DDR auch auf?

Der Demokratische Frauenbund Deutschlands (DFD) sollte die SED dabei unterstützen, nicht berufstätige Frauen zum Einstieg ins Berufsleben zu motivieren. Er betrieb Frauenakademien zur Weiterqualifizierung und sogenannte Hausfrauenbrigaden, die berufstätigen Frauen bei der Hausarbeit unter die Arme greifen sollten. Doch auch das bedarf einer Bewertung. Handelte der DFD im Fraueninteresse oder im Interesse der SED? Damit einher ging die Herabwürdigung der Hausfrau als westlich-dekadentes Luxuswesen. Der Druck zu arbeiten war mindestens ebenso groß wie der Gewissensdruck im Westen, aus Rücksicht auf Mann und Familie besser nicht zu arbeiten. Das Ergebnis war eine Vielfachbelastung der Frau, die sich in harten Zahlen ausdrücken lässt. Während Männer in der DDR statistisch zwanzig Stunden Freizeit pro Woche hatten, hatten Frauen nur elf. Stimmt es also, was die DDR-Historikerin Anna Kaminsky behauptet, nämlich dass die Frauen in der DDR bei allen Fortschritten auf ein »paternalistisches Konzept« der SED zurückgeworfen wurden, das für sie entschied, was für sie gut war?[8]

Dafür müsste erst einmal geklärt werden, was damals wirklich im Interesse der Frauen lag. Weder war (und ist) die Erwerbsarbeit ein weibliches Urbedürfnis noch war (und ist) das Hausfrauenmodell eine böse List des Patriarchats. Außerdem müsste die Frage genauso im Westen gestellt werden, denn auch in der BRD herrschte politischer und sozialer Druck, unter dem sich Frauen für ein Lebensmodell entscheiden mussten. Alleinstehende Frauen und vor allem alleinstehende Mütter waren finanziell schlechter gestellt und standen unter kritischer Beobachtung der Nachbarn, der eigenen Verwandtschaft und der Behörden. Wenn wir die beiden unterschiedlichen Wege für Frauen in der BRD und der DDR heute abgleichen, können wir deshalb meines Erachtens nicht von einem unterlegenen und einem überlegenen System sprechen, ohne vorher die Frage zu klären, für welche Frauen welches Modell damals wünschenswert war.

Im Kapitel über die viel gerühmten Trümmerfrauen wurde schon deutlich, dass an dem Mythos nicht nur nicht viel dran war, sondern dass der Auftrag, Schutt zu räumen, meistens unfreiwillig und unter großen körperlichen Strapazen verrichtet wurde und mit Beschämung verbunden war. Pionierinnen der gleichberechtigten Arbeit waren die Trümmerfrauen nur in der DDR-Propaganda. Auch die frühzeitig behauptete Umsetzung der Frauengleichstellung in der DDR entlarvt sich als Eigenpropaganda. Denn Frauen waren nicht nur in der Politik unterrepräsentiert, sodass ihre Sicht und ihre Bedürfnisse schon strukturell nicht angemessen vertreten sein konnten. In der Arbeitswelt waren Frauen, obwohl sie systematisch gefördert und von der Kinderbetreuung entlastet wurden, ebenfalls weit von einer Gleichberechtigung entfernt. Im Freien Deutschen Gewerkschaftsbund (FDGB) standen sehr hohe Zahlen weiblicher Mitglieder sehr niedrigen Zahlen weiblicher Führungsposten gegenüber. Im Bundesvorstand besetzten zwischen 1950 und 1989 gerade mal 22 Frauen die insgesamt 140 Sekretärsposten. Und die waren mit »typisch weiblichen« Aufgabenbereichen wie Soziales, Frauen, Arbeitsschutz oder Feriendienst betraut.[9]

Dasselbe Bild ergibt sich in den Betrieben. Auch hier blieben die Verhältnisse erstaunlich unausgewogen. Obwohl das Hausfrauendasein offiziell passé war und obwohl alles getan wurde, um Frauen beruflich zu qualifizieren und sie durch Betreuungsangebote und Dienstleistungen zu entlasten, bekamen sie bis zu dreißig Prozent weniger Lohn als Männer. Das hing formal mit ihrer niedrigeren Qualifikation zusammen, die sich an der Werkbank, im Büro oder im Krankenhaus in niedrigeren Gehaltsgruppen niederschlug. Arbeit war schlicht weniger wert, wenn sie von Frauen geleistet wurde. In der Bundesrepublik wurden in den 1950er Jahren analog dazu die sogenannten Leichtlohngruppen erfunden, die sich angeblich am körperlichen Belastungsgrad orientierten, aber tatsächlich ermöglichten, das Gleichheitsgebot im Grundgesetz zu umgehen und typische Frauentätigkeiten schlechter zu bezahlen. Im Unterschied zur DDR war aber auch nicht an eine Gleichstellung der Frauen im Bereich Arbeit gedacht.

In beiden Staaten herrschte großer Arbeitskräftemangel. Die DDR schloss mit »Bruderstaaten« wie Algerien, Angola, China, Kuba, der Mongolei, Mosambik, Polen, Ungarn und Vietnam Abkommen zur Anwerbung von sogenannten Vertragsarbeitern. Die BRD warb im »Wirtschaftswunder« Menschen aus Griechenland, Spanien, der Türkei, Marokko, Portugal, Tunesien und Jugoslawien als sogenannte Gastarbeiter an. Das zu kleine Reservoir an einheimischen Arbeitskräften kann also nicht erklären, warum die Frauenerwerbstätigkeit in beiden deutschen Staaten so unterschiedlich behandelt wurde. Dahinter standen, wie gesagt, unterschiedliche Geschlechtermodelle, die im Kalten Krieg gegeneinander in Stellung gebracht wurden.

Während die Geschlechterfrage in der SBZ und der DDR ein »Nebenwiderspruch« des Kapitalismus war, wurde sie in der BRD zu einem Kernbestand der Rückkehr zur bürgerlichen Familie, der »Keimzelle« des Staates. Für die Frauen bedeutete das, dass sie idealerweise ein Leben als Vollzeithausfrau und -mutter führen sollten – als Fixstern der Familie, als Erholungsspenderin für den erwerbstätigen Mann und als Sozialisationsagentur der Kinder. Weil die Jahre des Nationalsozialismus und des Kriegs als belastend für Ehe und Familie und für die tradierten Geschlechterrollen wahrgenommen wurden, ging man davon aus, dass umgekehrt die Gesellschaft davon profitieren würde, wenn der Staat in die Familie investierte. Mit der Gründung eines eigenen Ministeriums im Jahr 1953 bekam die Familienpolitik mit Minister Franz-Josef Wuermeling einen starken konservativen Streiter für das hergebrachte Familien- und Geschlechtermodell. Der Katholik und fünffache Vater setzte erhebliche Privilegien für Familien durch wie zum Beispiel unverzinsliche Darlehen für den Eigenheimbau, ein monatliches Kindergeld für alle dritten und weiteren Kinder, Fahrpreisermäßigungen bei der Bahn für kinderreiche Familien, Verdopplung der Steuerfreibeträge für Kinder, Ausbau des Müttergenesungswerks und kinderzahlabhängige Zulagen für Rentner und im öffentlichen Dienst. Wuermeling reformierte auch das Jugendschutzgesetz von 1957 und setzte das Schutzalter von 16 auf 18 Jahre hoch. Sein patriarchales Menschenbild stand auf zwei Säulen: Die Jugend muss vor den Auswüchsen der modernen Kultur- und Vergnügungsindustrie geschützt werden, und Frauen und Männer müssen als wesenhaft verschieden angesehen werden.

Familien profitierten von dem Kurs in der Familienpolitik, für die anderen war sie ein Instrument der Ausgrenzung und Disziplinierung. Denn natürlich war die bürgerliche Kernfamilie bei Weitem nicht das einzige Lebensmodell. Von 15,4 Millionen westdeutschen Haushalten im Jahr 1950 waren 1,7 Millionen Singlehaushalte alleinstehender Frauen, und 2,1 Millionen Haushalte hatten als »Haushaltsvorstand« eine Frau, sie waren »Mütterfamilien«. Fast ein Viertel der Haushalte wich somit von der bürgerlichen Norm und vom Wuermeling'schen Ideal ab. Im herrschenden Diskurs galten sie als »unvollständig«, die Frauen als »alleinstehend«, und die Kinder von alleinerziehenden Mütter wurden »illegitim« genannt. Während die DDR schon 1950 die Amtsvormundschaft für alleinerziehende Mütter gesetzlich aufhob, verschärfte die BRD sogar noch die Lage dieser Frauen. Entweder sie suchten sich einen Mann, zum Beispiel ihren eigenen Vater, als Vormund, oder für sie wurde ein Amtsvormund bestellt, der in den wesentlichen Erziehungsfragen, zum Beispiel bei der Wahl der Schule und der Ausbildung, entscheiden konnte. Diese Entmündigung der Mütter hielt sich noch bis 1962. Erst danach konnte die Frau die elterliche Gewalt für sich beantragen, was jedoch auch abgelehnt werden konnte. Im Jahr 1970, nach einer Klage vor dem Bundesverfassungsgericht, geriet ein nichteheliches Kind nicht mehr automatisch unter Amtsvormundschaft, sondern bekam nur noch einen Amtspfleger zur Seite.

Doch es soll hier nicht um die Details des Nichtehelichen- und des Kindschaftsrechts gehen, sondern darum, was damit über die Stellung der Frauen ausgesagt ist: Nicht verheiratete Mütter galten in der BRD als nicht geeignet, ihre Kinder alleine zu erziehen. Gleichzeitig hatte der Staat kein Interesse daran, die Erzeuger der Kinder zur Verantwortung zu ziehen und nichteheliche Kinder in der Erbfolge ehelichen Kindern gleichzustellen. Er schützte die Männer. Er zementierte die Unterordnung der Frau unter den Ehemann oder den Staat und privilegierte die bürgerliche Ehe und Familie mit dem Mann als Familienoberhaupt und Ernährer. Das ging bis ins Intime. Frauen sollten sich ihren Männern zur Verfügung halten und Lust vorgaukeln, wenn sie nicht eines Tages die Schuld an einem »Fehltritt« des Mannes tragen wollten. Noch 1966 urteilte der Bundesgerichtshof in Karlsruhe, dass eine Frau ihren »ehelichen Pflichten« nicht schon dadurch nachkomme, dass sie »die Beiwohnung« teilnahmslos über sich ergehen lasse. Sollte sie dabei unbefriedigt bleiben, »so fordert die Ehe von ihr doch eine Gewährung in ehelicher Zuneigung und Opferbereitschaft und verbietet es, Gleichgültigkeit oder Widerwillen zur Schau zu tragen. Denn erfahrungsgemäß vermag sich der Partner, der im ehelichen Verkehr seine natürliche und legitime Befriedigung sucht, auf die Dauer kaum jemals mit der bloßen Triebstillung zu begnügen, ohne davon berührt zu werden, was der andere dabei empfindet.«[10]

Zu den Ungeheuerlichkeiten des bundesrepublikanischen Familienrechts gehörte auch, dass es Frauen im Vergleich zu Männern die Scheidung stärker erschwerte. Sie konnten zwar nicht gegen ihren Willen geschieden werden, was zumindest theoretisch dazu führte, dass Frauen in lieblosen Ehen abgesichert weiterleben konnten. Aber wenn eine Frau angeblich für das Ende ihrer Ehe verantwortlich war, zum Beispiel, weil sie untreu geworden war, dann hatte sie keinen Anspruch auf Unterhalt. Wenn sie nicht arbeiten ging, was ja dem gesellschaftlichen Ideal entsprach, war es mithin sehr schwierig für sie, sich zu trennen.

Wir können festhalten: Staatlicher Grundsatz auf beiden Seiten des Eisernen Vorhangs war der Schutz der Familie als Keimzelle des Staates, in der die kommende Generation gemäß der jeweiligen Staatsideologie heranwachsen sollte. Die Familie galt als »natürliche« Lebensform. Kinderlose Ehen wurden tief betrauert, sie standen unter Verdacht, materialistisch und egoistisch zu leben. Da die Rolle der Frau als zentral für die Familie betrachtet wurde, bedeutete das in Ost und West, dass sie sich dieser Verantwortung kaum entziehen konnte. Auch in der DDR ging es immer darum, Frauen darin zu bestärken, Kinder zu bekommen und trotz der Erwerbsarbeit als Mütter zu funktionieren, wohingegen die Männer nur zart daran erinnert wurden, dass sie sich als Väter einbringen könnten.

Der größte Unterschied der Systeme in Hinblick auf die Geschlechterbilder war der Stellenwert der Arbeit der Frauen. Im Westen dauerte es lange, bis Frauen zugestanden wurde, dass sie nicht nur aus materiellen Gründen an Erwerbsarbeit interessiert sein könnten. Erst im Jahr 1954 anerkannte eine Studie des Arbeitsministeriums den Wunsch der Frauen, bei der Arbeit auch die Gesellschaft anderer zu suchen. Ein neues Lebensgefühl war nicht mehr zu leugnen, Frauen wünschten sich mehr Selbstständigkeit und Unabhängigkeit vom Mann. Auch deshalb gingen Verheiratete immer öfter gerne einer Erwerbsarbeit nach. Zuerst in der SPD entwickelte sich allmählich ein neues Leitbild, das der Ehefrau in Teilzeitarbeit. Die reduzierte Berufstätigkeit sollte ihr mehr Handlungsspielräume ermöglichen, ohne sie gleichzeitig zu überlasten, denn dass sie weiterhin für Kind und Haushalt zuständig sei, war klar. Die Wirtschaft bot solche Teilzeitmodelle gerne an, vor allem in der Fabrik, in der die einzelnen Arbeitsschritte von beliebig austauschbaren Werktätigen verrichtet werden konnten. Allerdings arbeiteten viele Frauen lieber stundenweise von zu Hause aus, erledigten zum Beispiel Büroarbeiten für ihren Mann, weil sie das besser mit ihren prioritären Aufgaben im Haushalt und bei der Kinderbetreuung vereinbaren konnten. Das hieß letztlich, sich doch wieder zu vereinzeln. Der Widerspruch zwischen den Bedürfnissen nach sozialer Wirksamkeit am Arbeitsplatz und makelloser Haushaltsführung und zeitintensiver Kinderbetreuung schien kaum auflösbar. Zumal Kinderkrippen Mangelware waren und selbst Kindergärten für über Dreijährige skeptisch betrachtet wurden. Sein Kind stunden- oder gar tageweise außer Haus zu geben, galt als schädlich für seine Entwicklung, und den Einrichtungen hing der Ruf an, in erster Linie für Alleinerziehende und arme Familien gedacht zu sein. Erst nach jahrzehntelangen Debatten über die angebliche Unersetzbarkeit der Mutter als frühe Bindungsperson änderte sich langsam der Fokus. Inzwischen werden auch die Forderungen nach Chancengleichheit bei der Bildung für Kinder aus weniger privilegierten Familien ernst genommen, und seit 2013 haben alle Eltern einen Rechtsanspruch auf einen Krippenplatz für ihr Kind ab dem ersten Geburtstag.

Bis heute sind Frauen und Männer in Deutschland nicht in gleichem Umfang berufstätig, aber immer mehr Frauen wollen im Vergleich zu früher arbeiten. Ihr Anteil der Erwerbstätigen betrug im Jahr 2022 46,8 Prozent. Bei den Führungskräften ist jede dritte eine Frau. Der Trend hat sich vor allem in den letzten zehn Jahren verstärkt. Deutschland hat damit im europäischen Vergleich die dritthöchste weibliche Erwerbsquote und liegt damit nur noch hinter Schweden und Litauen (die geringsten Quoten haben Griechenland, Italien und Kroatien). Allerdings hat sich in Deutschland auch die Teilzeitquote fast verdoppelt. Vor dreißig Jahren arbeiteten 70 Prozent der angestellten Frauen Vollzeit, 30 Prozent Teilzeit. Heute sind wir bei 50 zu 50 Prozent.[11] Das lässt sich nicht nur damit erklären, dass Frauen ganzheitlich leben und ihre »Work-Life-Balance« im Auge behalten wollen. Die Begründungen der Frauen sind vielschichtiger: 28 Prozent nannten als Grund für die Teilzeitarbeit die »Betreuung von Kindern«, 18 Prozent »persönliche und familiäre Verpflichtungen«, und acht Prozent sagten, sie hätten keine Vollzeitstelle finden können. Das addiert sich zu 46 Prozent, die sich für die Familie oder andere verantwortlich fühlen und deshalb nicht Vollzeit arbeiten gehen. Wenn

Männer Teilzeit arbeiten, steht dagegen bei einem Viertel eine Aus- und Weiterbildung im Hintergrund, 13 Prozent konnten keine Vollzeitstelle finden, während sieben Prozent »persönliche und familiäre Verpflichtungen« und nur vier Prozent »Betreuung von Kindern« angaben.[12] Bei nur elf Prozent der in Teilzeit arbeitenden Männer steckt also ein Fürsorgethema dahinter. Das bedeutet, dass sich für Frauen und Männern das Thema Verantwortung immer noch sehr unterschiedlich darstellt.

Bedenklich daran ist, dass Teilzeit schlechter bezahlt wird als Vollzeit. Laut einer Untersuchung des Deutschen Instituts für Wirtschaftsforschung DIW beträgt das »Part-Time-Wage-Gap« 3,25 Euro pro Stunde. Frauen in Teilzeit verdienen mit einem Stundenlohn von brutto 15,87 Euro 3,25 Euro weniger als in Vollzeit. Verglichen mit dem durchschnittlichen Stundenlohn von Männern in Höhe von 23,20 Euro, verdienen Frauen in Teilzeit 7,33 Euro weniger pro Stunde. Auch die Zeitschrift *Capital* hat das alarmiert. Sie errechnete einen monatlichen Verlust von 590 Euro. Hochgerechnet auf dreißig Jahre, betrage der Vermögensschaden für Frauen 480 000 Euro. *Capital*, das weder des Feminismus noch des Sozialismus verdächtig ist, moniert, Frauen blieben »damit finanziell abhängig, werden um Lebensarbeitseinkommen und eine auskömmliche Rente gebracht und sind weiterhin Hauptverantwortliche für unbezahlte Care- und Hausarbeit«.[13] Für ein Wirtschaftsmagazin ist diese Argumentation folgerichtig. In der ökonomischen Denkweise sind der ökonomische Erfolg und die finanzielle Unabhängigkeit am wichtigsten. Weniger ins Gewicht fällt, ob die Frauen vielleicht schon in jungen Jahren entschieden haben, dass sie ein familienzentriertes oder ein ausbalanciertes familien- und berufszentriertes Leben führen wollen. Relevant ist nur, ob die Frau als Homo oeconomicus dem Auftrag, den wirtschaftlichen Ertrag zu steigern, gerecht wird oder nicht.

Nehmen wir hier einmal eine andere, eine historische Perspektive auf das Problem ein. Wenn wir den Faktor Kultur miteinbeziehen, spielt die Geschichte – individuell und kollektiv – eine erhebliche Rolle bei der Wahl der Lebensmodelle. Frauen und Männer werden seit ihrer Kindheit auf bestimmte Lebensentwürfe vorbereitet. Sie stehen in einer Familientradition und in der Tradition ihres Milieus und des Zeitgeists. Unter diesem Gesichtspunkt ist es schwieriger, ein klares Urteil über die vielen in Teilzeit arbeitenden Frauen zu fällen. Wählen sie diese Variante, die sie finanziell schlechterstellt, freiwillig, oder »erben« sie eine bestimmte Lebensführung, ohne sie groß zu hinterfragen? Für mich ist jedenfalls klar, dass die heutigen Präferenzen der Frauen bei der Wahl ihrer Geschlechterrolle auf die deutsch-deutsche Geschichte zurückprojiziert werden müssen. Das heißt, dass die Frauen weder in der DDR noch in der BRD gemäß ihren individuellen Wünschen an der Arbeitswelt teilhaben beziehungsweise ihre selbst empfundene Verantwortung für die Kindererziehung und den Haushalt so wahrnehmen konnten, wie sie es gewollt hätten.

DDR-Historikerin Anna Kaminsky hat in dieser schwierigen Frage auf einen weiteren wichtigen Punkt hingewiesen, nämlich die Generationenlage. Die Frauen der 1940er und 1950er Jahre als »Aufbaugeneration« hätten in der SBZ die gewiss großen Zumutungen an ihr Rollenverständnis mit Hoffnung auf eine bessere Zukunft erfüllen können, während die nach dem Mauerbau Geborenen in ein geschlossenes System hineingeraten seien, von dem klar war, dass es die Hoffnungen nicht mehr erfüllen werde.[14] Als Lehre aus den verschiedenen

Pfaden in der deutsch-deutschen Geschichte stellt sich daher nicht nur die Frage, ob die Erwerbstätigkeit finanziell notwendig und freiwillig oder erzwungen war, sondern auch, ob sie in einen übergeordneten Deutungsrahmen gestellt werden konnte, wie das kurz nach dem Krieg der Fall war, oder ob sie individuellen Selbstverwirklichungswünschen entsprach. Daraus folgt meiner Meinung nach für die Gegenwart: Es wäre immer noch gut zu unterscheiden, ob Frauen und vor allem verheiratete Mütter wegen der gewachsenen Lebenshaltungskosten, wegen persönlicher Karrierewünsche, wegen der Erfordernisse der Wirtschaft oder wegen einer kulturellen Prägung durch Weiblichkeitsnormen arbeiten gehen oder nicht. Eine ideologische Antwort im Sinne des klassisch-bürgerlichen Geschlechtermodells oder im Sinne eines die Autonomie unterstreichenden Feminismus greift in jedem Fall zu kurz, weil sie mit sich bringt, dass Frauen ihre unterschiedlichen und wahrscheinlich ambivalenten Motive ignorieren müssen.

8. Kinder großziehen

Sowohl die junge BRD als auch die junge DDR feierten die Mütterlichkeit. Für Ost-Deutschland überrascht das vielleicht, da so viel Energie darin gesteckt wurde, dass sich Frauen als Werktätige verstünden. Doch der sozialistische Staat versuchte gleichzeitig, durch eine pronatalistische Politik die Fruchtbarkeit anzuregen. Der Aderlass des Kriegs und später des Kalten Kriegs durch die Flucht in den Westen sollte kompensiert werden, deshalb winkten denen, die Kinder bekamen, Geldprämien und praktische Unterstützung. Rudolf Neubert, Professor für Sozialhygiene und wichtiger Ratgeberautor (*Das neue Ehebuch* von 1957) verkündete gar, ein Leben sei erst erfüllt mit drei Kindern. Mit vier bis sechs Kindern werde es komplett.[1] Für Frauen und Männer war das nicht immer das, was sie sich wünschten.

Schon seit Längerem waren die Geburten rückläufig gewesen. Im letzten Drittel des 19. Jahrhunderts hatte die aufblühende Wirtschaftskraft, die einen größeren Arbeitsmarkt und einen höheren Lebensstand mit sich brachte, die Geburtenrate sinken lassen. Weil mehr Säuglinge und Kleinkinder überlebten und die Aufmerksamkeit für das individuelle Kind stieg, begnügten sich Eltern mit weniger Kindern. Nach dem Ersten Weltkrieg mit Millionen Toten waren Staaten darum bemüht, im Wettbewerb mit anderen Nationen die schiere Größe ihrer Bevölkerung konstant zu halten oder zu steigern. Themen wie Geburtenkontrolle durch Verhütung beziehungsweise durch Schwangerschaftsabbruch kamen auf die Tagesordnung und wurden heftig umkämpft. Coitus interruptus, Kondom, Pessar oder spermizide Cremes waren unzuverlässig. Ehebücher berieten, so gut es ging. Die Abtreibung als »Verhütungsmethode« war nur vorübergehend in der Nachkriegszeit legal, allerdings mussten Anträge gestellt und peinliche Befragungen vor Kommissionen durchgestanden werden. Die Rechtslage war deutschlandweit ein Flickenteppich, bis sich in Ost und West wieder restriktive Regelungen durchsetzen konnten. In der DDR wurde im Jahr 1950 ein besonders scharfes Gesetz über den Mutter- und Kinderschutz und die Rechte der Frau erlassen, das Abtreibung nur nach einer eugenischen Indikation zuließ. Jetzt war die DDR-Führung der Auffassung, der sozialistische Staat habe das Recht, den Wunsch der Mutter zu überstimmen, solange für akzeptable Lebensbedingungen gesorgt sei.[2] Trotzdem wurden zwischen 1950 und 1955 zwischen 70 000 und 100 000 Schwangerschaften illegal beendet. Eine Stichprobe unter Anträgen auf eine legale Abtreibung brachte zutage, dass die Mehrheit dieser Anträge von den Ehemännern gestellt wurden, dass es häufig ihr Wille war, kein weiteres Kind zu bekommen, der den Ausschlag gab. Das deutet darauf hin, dass auch in der jungen DDR trotz der forcierten Integration der Frauen in die Arbeitswelt die Bedingungen für Familien alles andere als optimal waren.[3] Das galt, obwohl Prämien für den Kauf von Windeln sowie sich steigernde Einmalzahlungen für jedes weitere Kind verheirateten wie unverheirateten Müttern zustanden. Nur Frauen in sogenannten wilden Ehen erhielten keine finanziellen Transferleistungen – der Staat wollte die Kernfamilie als Prinzip schützen. Beim Ministerium für Gesundheitswesen wurde eine Hauptabteilung »Mutter und Kind« eingerichtet, deren Leiterin von 1949 bis 1970 Käthe Kern war, eine Mitgründerin des Demokratischen Frauenbunds Deutschland. Sie sorgte dafür, dass 1951 fast siebzig Prozent der schwangeren Frauen zur Vorsorgeuntersuchung eingeladen wurden und 1958 angeblich hundert Prozent. Die hohe Beratungsquote ging allerdings auf Kosten der Qualität. Stündlich 25 bis 30 Frauen wurden durch die Beratung geschleust, in kleinen Städten und auf dem Land waren die Verhältnisse so abschreckend, dass viele Frauen lieber keinen Beratungstermin wahrnahmen. Der Staat versuchte die Zögerlichen damit zu ködern, dass er ihnen Extrarationen für Milch, Brot und Fett versprach und Bezugsscheine für Stoffe. Diese Wohltaten konnten nur im Beratungszentrum abgeholt werden, nicht etwa beim niedergelassenen behandelnden Frauenarzt, was zu Protesten und chaotischen Zuständen in den Zentren führte.

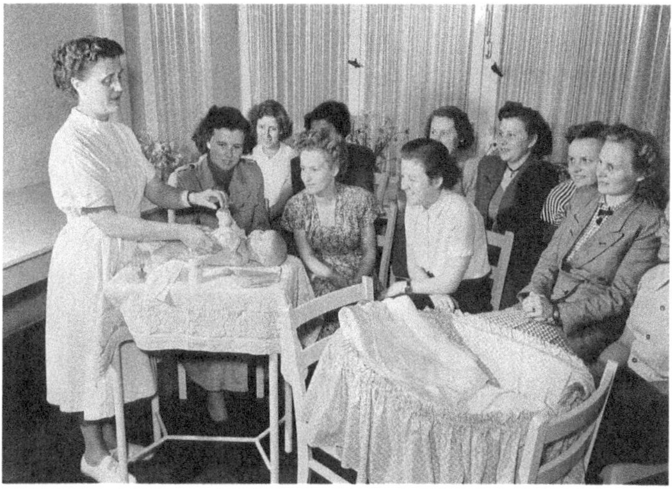

In den Mütterberatungsstellen, hier in Plagwitz im Jahr 1954, wurden Schwangere nicht nur untersucht, sondern auch im Umgang mit Säuglingen geschult.

Die materiellen Anreize haben nach Einschätzung der heutigen Forschung dazu beigetragen, dass die Frauen in der SBZ sehr jung Mütter wurden. Nach einem kurzen Tal Mitte der 1940er Jahre stieg die Geburtenrate bis 1951 und blieb bis Ende der 1950er Jahre auf gleichbleibendem Niveau. Bemerkenswert ist, dass Ost-Frauen im Vergleich zu West-Frauen genauso häufig oder häufiger Kinder bekamen, obwohl ihr Lebensstandard niedriger war und obwohl sie häufiger arbeiten gingen.[4]

Obwohl der Staat viel tat für werdende Mütter und Familien, wäre es ein Trugschluss zu glauben, dass Mütter nach dem Krieg mit sich und der Welt im Reinen gewesen seien, weil sie wussten, dass sie »das Richtige« taten. Lesen wir Tagebücher junger Frauen mit Kind aus dieser Zeit, drängt sich der gegenteilige Eindruck auf. Viele scheinen sich beim Erziehen ihrer Kinder regelrecht verloren gefühlt zu haben, und zwar in Ost und West. Die Selbstverständlichkeit, die Frauen zu früheren Zeiten empfunden hatten, wenn sie Kinder bekamen, war dahin. Und das wog schwer in einem allgemeinen Klima, das von Frauen einen angeborenen Muttertrieb erwartete. Das Stöhnen einer Mutter in Wolfen bei Bitterfeld, die kurz nach Kriegsende in ihr Tagebuch schreibt, ist deutlich vernehmbar. Wie die Buchhalterin die Geburt und Säuglingszeit ihrer Tochter erlebt, scheint gar nicht den damals gängigen Vorstellungen von Mutterglück entsprochen zu haben: »Ich hatte ja so gar keine Ahnung von Säuglingspflege und habe daher meine ganze Weisheit aus Büchern geschöpft. Was man in dem einen empfahl, wurde in anderen verworfen. Dadurch habe ich mir so viele Gedanken gemacht und nichts kam mir schwieriger vor als die Säuglingspflege. [...] Vielleicht war auch zu großes Pflichtbewusstsein ausschlaggebend, dass ich ja alles richtig mache. So habe ich mir auch vor lauter Pflichteifer nicht die Zeit genommen, ab und zu müßig an Deinem

Körbchen zu sitzen, um mich an Dir zu erfreuen. Ich hatte immer die Sorge, dass es warm genug im Zimmer sei, und dass auch die Wärmeflaschen die richtige Temperatur hatten [...]. So ging mir die richtige Freude am Säugling ab. Es wird davon in den Büchern so viel geschrieben, und auch von den Frauen davon geredet. Dies kann auch nur leere Phrase sein [...].«[5] Die allgemeine Verunsicherung dieser Mutter war keine Ausnahme und auch nicht selbst verursacht.

Ein käufliches Babytagebuch, das Tabellen zum Ausfüllen und Erziehungsratschläge enthielt

Lebenstüchtige Kinder braucht das Land

Im Mai 1948 fand auf dem Berliner Messegelände eine interzonale Tagung der Sozialpädagogen statt. Es nahmen teil: 25 Ärzte, 75 Pädagogen, 140 Fürsorgerinnen, 300 Kindergärtnerinnen und 300 Behördenvertreter. Die Fachleute schlugen einen geradezu mütterfeindlichen Ton an.[6] Hauptredner war Dr. Werner Kemper, ein bereits in der NS-Zeit tätiger Arzt und Psychoanalytiker, der das Berliner Institut für Psychotherapie leitete. Die Bestandsaufnahme des 49-Jährigen über das Aufwachsen der Kinder der Gegenwart hätte düsterer nicht sein können. Begonnen hatte es nach seiner Meinung damit, dass die Mütter auf die Bombenangriffe und Trümmerfelder nicht richtig reagiert hätten. Anstatt ihren Kindern mit Schutz, Hilfe und Geborgenheit beizustehen, hätten sie sich ängstlich gezeigt und damit den Kindern das Gefühl allgemeiner Hilflosigkeit in der Welt vermittelt. Die Frauen wirkten außerdem bedrückt, weil ihre Männer gestorben oder noch in Gefangenschaft seien, und könnten deshalb »dem Kind einfach nicht das Maß warmer, freundlicher, bergender Zuwendung« zuteilwerden lassen, das der Fachmann für notwendig hielt. Sie fütterten und pflegten das Kind vielleicht optimal, aber emotional böten sie kein »Stückchen Sonnenschein«. Stattdessen kümmerten sich die Mütter entweder »auf schlecht mechanisierte Weise« nur oberflächlich alle vier Stunden um ihre Babys oder stürzten sich mit falschem Überschwang auf den Nachwuchs. Zu Kempers psychoanalytischem Rundumschlag gegen die Mütter gehörte auch die Behauptung, die Frauen seien, anstatt sich dem Kind geduldig zuzuwenden, ständig gehetzt. Als Folge würden die Kinder entweder gehemmt werden, oder sie versuchten, sich alles zu ertrotzen. Kemper beschwor das Szenario von Kindern herauf, die nie von einer »normalen« Mutter in der richtigen Dosis mit der Umwelt in Kontakt gebracht worden seien. »Wir sehen also«, sagte er auf dem Kongress, »der Mutter erwächst eine unerhört verantwortungsvolle Aufgabe, insbesondere der Mutter deshalb, weil sie ja die meisten Lebenswochen und -monate und -jahre des Kindes die wichtigste Bezugsperson ist. [...] [U]nd von ihr hängt es ab, ob ein solches Kind später zu den lebenstüchtigen gehört oder ob wir es zu denen rechnen müssen, die als Lebensversager bei auch nur überdurchschnittlichen Belastungen anzusehen sein werden.«[7]

Kemper bezog seine düstere Sicht, wie übrigens Jahrzehnte später auch sein berühmter Nachfolger, der Kinderpsychiater Michael Winterhoff mit seinem Bestseller *Warum unsere Kinder Tyrannen werden*, vom Umgang mit kranken Kindern.[8] Er beklagte auf der Tagung, dass von 150 Kindern in der Psychotherapeutischen Poliklinik 76 Bettnässer seien. Dass diese Patienten kaum dem statistischen Durchschnitt entsprachen, sagte er nicht. Zum Schluss der Rede stellte Kemper seine ideale Kinderwelt der realen gegenüber. Ein Kind brauche »Verwurzelung an Menschen und Objekte«. Dazu gehöre nicht nur die Mutter, es brauche auch den Baum, das Zimmer, das Feld, die Kuh, die Ziege. Das alles dürfe sich nicht alle Vierteljahre ändern, wie das durch die Kriegseinflüsse geschehen sei. Und es brauche den Vater, der aber sei gefallen oder getürmt oder als gebrochener Mensch aus der Gefangenschaft zurückgekehrt. Die Folge seien enttäuschte Frauen, die statt einer Hilfe und Stütze im Mann nur »ein Kind mehr« hätten, weshalb es in den Ehen zu Zerwürfnissen komme. »Das natürliche Gleichgewicht der Ehe, wo die Frau am Mann den Halt hat, ist weitgehend in vielen Ehen aufgehoben. Oder die

Mutter fehlt, sei es, dass sie tot ist, sei es, dass sie berufstätig sein muss, den ganzen Tag abwesend ist […]. Ist die Mutter da, ist sie verhetzt, verhungert, nicht leistungstüchtig, muss auf Kartenstellen anstehen […]. Ergebnis: Was erlebt das Kind? Statt eines geordneten Familienverbandes, der biologisch genau ausgewogen ist, erlebt es ein denaturiertes Gebilde, das ihm keinen Halt, keine Bergung, keine Sicherheit mehr gibt, ein Chaos.«[9]

Die harsche Kritik an der Mutter fügte sich nahtlos in seine Gegenwartsanalyse. Seiner Meinung nach waren nach den beiden Weltkriegen alle Ordnungen zusammengebrochen, nicht nur die politische, sondern auch die familiäre und sittliche Ordnung. Kinder könnten sich daher nicht mehr mit den Erwachsenen und deren Wertmaßstäben identifizieren. Dadurch würden sie unsicher und orientierungslos, und ihnen bliebe nur noch der Weg in die neurotische Erkrankung oder in die Verwahrlosung. Erkennbar werde das an einer ganzen Reihe von Symptomträgern, so Kemper: »Störer: klauen, weglaufen, stehlen; das stille Kind: schüchtern, brav, ängstlich, fügsam, beim Zubeißen, Zugreifen gehemmt, empfindlich, zart, leicht gekränkt; das ewig beleidigte Kind: Daumenlutscher, Stubenhocker, schlechte Esser.«[10] Die Zahl und Bandbreite der neurotischen Kranken werde sich so richtig erst in der nächsten Generation bemerkbar machen. Deshalb müsse jetzt schon prophylaktisch eingegriffen werden, damit die Menschen später wieder glücklicher würden.

Deutsche Mütter haben wehrhafte Kinder

Die von Kemper heraufbeschworene gesellschaftliche Not, die Eltern daran hindere, ihre Kinder wunschgemäß zu erziehen, soll hier nicht heruntergespielt werden. Sicherlich waren die Bedingungen des Aufwachsens nach dem Krieg angesichts der schlechten Wohn- und Versorgungssituation und der vielfältigen Belastungen der Erwachsenen alles andere als optimal. Allerdings war der Druck der Experten und staatlichen Berater auf die Eltern schon seit Längerem immer stärker geworden. Die Normen im Umgang mit Babys und Kleinkindern hatten sich schon seit Ende des 19. Jahrhunderts zusehends standardisiert und in ihrer Wirkung vervielfacht. Man war überzeugt, Mütter seien unwillig und schlecht darauf vorbereitet, ihre Aufgabe zu erfüllen. Sie hätten keine ordentlichen Vorbilder in ihrer Herkunftsfamilie erlebt, da sie oft ohne Väter und mit heillos überforderten Müttern aufgewachsen seien. Sie seien angesichts der wachsenden Konsummöglichkeiten zu materialistisch eingestellt und hätten es verlernt, »richtige« Frauen zu sein und ihre eigenen Bedürfnisse zurückzustellen. Man sprach Frauen die Befähigung ab, in Schwangerschaft, frühkindlicher Betreuung und Erziehung richtig zu agieren, und versuchte, sich über verschiedene Kanäle in die Mutter-Kind-Interaktion einzuschalten. Nicht nur im Rahmen der Schwangerenberatung, mit deren Hilfe auch die Säuglings- und Müttersterblichkeit gesenkt werden sollte, sondern auch im Rahmen der Mütterberatung, die versuchte, bestimmte Normen der Säuglingspflege und Kleinkinderziehung zu etablieren.

Hintergrund war eine neue Wissenschaft, die Pädiatrie, die ihr frisch erworbenes Wissen um die Entwicklungsprozesse des Menschen in praktisches Wissen und sogenannte neuzeitliche Pflegeroutinen umsetzte. Um 1900 erschien das berühmte Buch des Arztes Adalbert Czerny *Der Arzt als Erzieher des Kindes.*[11] Czerny hatte nicht nur Kinderkrankheiten entdeckt, sondern war, wie der Titel des Buches schon sagt, der Meinung, dass mit den allerersten Hygienemaßnahmen und Pflegehandlungen bereits die erste Erziehung des Kinds beginnen müsse. Indem Eltern ihr Kind in einen festen Rhythmus brächten – alle vier Stunden Füttern und eine zehnstündige Nachtruhe –, lerne das Kind frühzeitig, sich in die Ordnung einer Gesellschaft einzuordnen. Die Regeln, wann gefüttert, wann geschlafen, wann das Kind zur Ausscheidung angehalten werden musste, wann sich Erwachsene mit ihm abgeben könnten und wann es vor Umweltreizen einschließlich der Verwandtenbesuche abgeschottet werden müsse, sollten konsequent eingehalten werden. Ansonsten drohe die Entwicklung des Kindes zu entgleisen, und die Eltern respektive die Mütter und Kindermädchen züchteten einen asozialen Menschen, einen »kindlichen Tyrannen« heran.[12] Waren diese Vorgaben anfangs nur einer kleinen gebildeten bürgerlichen Schicht zugänglich gewesen, die Zeit und Geld hatte, um sich mit viel Akribie mit ihrem Nachwuchs zu beschäftigen, so begannen in den 1930er Jahren Ratgeberautorinnen diesen Diskurs zu popularisieren. Der Kreis der angesprochenen Familien wurde immer weiter. Es kamen günstige Broschüren und Bücher in Umlauf, die sich direkt an die Mütter oder Eltern richteten.

Das berühmteste Beispiel ist Johanna Haarers *Die deutsche Mutter und ihr erstes Kind.* Es erschien erstmals 1934 und erhielt durch das Programm der NS-Mütterschulungen, aber auch durch Zeitungsartikel zum Beispiel im *Völkischen Beobachter* so viel Rückenwind, dass es sich rasend gut verkaufte. Durch seine moderne Aufmachung mit Bildtafeln und Grafiken und durch die vermeintlich kameradschaftliche Ansprache der Mütter wurde es zum wichtigsten Erziehungsratgeber Deutschlands aller Zeiten. Es erschien auch nach 1945 in vielen Auflagen bis 1987 und wurde insgesamt in über 1,2 Millionen Exemplaren verkauft.

Johanna Haarers Die deutsche Mutter und ihr erstes Kind, *Buchcover von 1938*

Nach Kriegsende wurde der Text um die offen nationalsozialistischen Stellen bereinigt, er rief nicht mehr Volk und Führer an wie in den Auflagen der NS-Zeit, aber die inhaltlichen Vorgaben und vor allem der autoritäre Ton blieben gleich. Er war nach wie vor Pflichtlektüre in der Ausbildung von Säuglingsschwestern und Erziehern und wurde in den Familien weiter tradiert. Das heißt, eine Tochter, die Mutter wurde, informierte sich nicht selten mit demselben Exemplar der Haarer-Bibel, mit dem sie selbst einst großgezogen worden war.

Johanna Haarer im Jahr 1936 mit ihren ältesten Kindern

Johanna Haarer, 1900 im böhmischen Bodenbach (tschechisch Podmokly) geboren, arbeitete seit 1926 als Lungenfachärztin in München, wurde geschieden, heiratete 1933 ein zweites Mal und bekam fünf Kinder. Ihr Mann suizidierte sich nach Kriegsende. Die von ihr propagierte weibliche Zurückhaltung im Arbeitsleben ließ sie selbst vermissen. Eine spezielle Ausbildung für Kindermedizin, Säuglingspflege oder Pädagogik hatte sie nicht, aber sie sammelte das zeitgenössische Wissen der Experten und popularisierte es. Haarer war zeitweise »Gausachbearbeiterin für rassenpolitische Fragen« der NS-Frauenschaft in München. Bei Kriegsende handelte sie sich mit ihrem NS-Engagement eine eineinhalbjährige Gefangenschaft bei den Amerikanern ein. Berufsverbot erhielt sie aber nicht. Nur in der Sowjetischen Besatzungszone kam ihr Buch auf den Index. Sie konnte bis zu ihrer Pensionierung im öffentlichen Dienst arbeiten und ihren Erziehungsratgeber verkaufen. Für die letzte Ausgabe von *Die Mutter und ihr erstes Kind* (das Wort »deutsch« im Titel wurde nach dem Krieg gestrichen) gewann sie kurioserweise eine ihrer Töchter als Ko-Autorin, die Ärztin Anna Hutzel.

In einem Fernsehinterview schilderte Gertrud Haarer, eine andere Tochter, ihre Mutter als überzeugte Nationalsozialistin, die auch ihren Mann Otto dominiert habe. Nähe zu den Kindern habe sie nur zugelassen, wenn sie krank gewesen seien. Ihr Erziehungsziel sei es gewesen, wie in ihrem Ratgeber propagiert, den Nachwuchs abzuhärten und zu stählen. Damit sei sie so erfolgreich gewesen, dass Gertrud einen Fahrradausflug mit gebrochenem Arm fortgesetzt habe, den Schmerz habe sie ignoriert. Den Selbstmord ihres Mannes habe Johanna Haarer ihm als Schwäche ausgelegt. Sie sei nicht nur eine gestrenge Mutter gewesen, sondern auch selbst eine gepeinigte Tochter. Ihre Kraft war so stark, dass sie ihre eigenen Kinder bis ins hohe Alter unter der Knute halten konnte. Erst mit über vierzig Jahren gelang es Gertrud Haarer, sich mit dem Engagement der Mutter im Nationalsozialismus und mit ihren Erziehungsratgebern zu konfrontieren. Sie brauchte dafür viel Abstand von der Stadt München, wo sie mit ihrer Mutter gelebt hatte, und von der Person selbst. Erst nach Johanna Haarers Tod im Jahr 1988 begann die Tochter, darüber zu schreiben und in den Medien zu sprechen.[13]

Zu diesem Zeitpunkt nahm die Kinder- und Jugendtherapeutin Ute Benz als eine der Ersten den erfolgreichsten deutschen Erziehungsratgeber aller Zeiten kritisch unter die Lupe. Ihr Interesse galt vor allem den Anforderungen an die Mutter, was Pflichtbewusstsein, sogenannte Charakterfestigkeit, Sinn für Ordnung, Regelmäßigkeit, Pünktlichkeit und Sauberkeit anbelangt. Ihr Urteil war vernichtend. Die Haarer'schen Erwartungen seien beängstigend hoch und im Alltag kaum zu realisieren gewesen. »Wir sehen durch dieses Buch deutsche Mütter vor uns, die sich vor ihren eigenen Impulsen durchaus fürchten mussten, die stets kontrolliert erscheinen sollten: Pflegemaschinen, die, einmal richtig eingestellt, ein Leben lang zu funktionieren hatten [...].«[14] Trotzdem, folgerte Benz, dürfe man sich durch diesen Eindruck nicht dazu verleiten lassen, »Mütter als Täter zu sehen«. Mütter hätten kaum Spielraum gehabt, der strenge Ton Haarers habe zu sturer Pflichterfüllung geführt. Eigentlich liebesbedürftige Mütter seien quasi gezwungen worden, alles Gefühlvolle ins Lustige, Humoristische umzubiegen, zu ironisieren. »Zärtlichkeit wurde abgewehrt als lästiges Geschmuse. Musste aus so Erzogenen nicht eine Generation emotional Verhungerter hervorgehen?«[15]

Die Psychologin Benz plädiert für Mitgefühl für Mütter und Kinder, beide hätten sich im Prinzip nicht wehren können. Auch habe man von den Kindern, die mit dieser Erziehungsdoktrin aufgewachsen waren, nicht erwarten können, dass sie ihre Beziehungen zu ihren Müttern nachträglich entwerteten. Das hätte für sie bedeutet, Götter zu entmachten. Als Folge der unaufgearbeiteten Geschichte vermutet Benz eine besondere deutsche Haltung zur Mütterlichkeit, zum Beispiel hinsichtlich der Frage des Alleinerziehens. Dank der ideologischen Aufwertung durch die Naziratgeberin Haarer hätten sich deutsche Frauen noch Jahrzehnte später für besonders geeignet gehalten, Kinder alleine großzuziehen, ohne Vater. Auch Autoritätsgläubigkeit (Frauen-)Ärzten gegenüber, die anhaltende Diskriminierung sogenannter Einzelkinder sowie die eifrige Befolgung von Ratgebertipps »in der Hoffnung, auf diesem Wege eine bessere angstfreiere Zukunft für die neue Generation zu erreichen«, seien typisch deutsche Hypotheken der Haarer'scher Erziehungslehre, meint Benz.[16]

Wissenschaftlich informiert, konsequent, sachlich – die ideale deutsche Mutter

Haarers Buch war nur die Spitze des Eisbergs. Ich konnte in meiner umfassenden Studie über die frühkindliche Erziehung in Deutschland im 20. Jahrhundert nachweisen, dass die »neuzeitlichen« Methoden schon im späten 19. Jahrhundert in großem Stil aufgekommen waren und immer weitere Kreise gezogen hatten. Auch waren Haarers Maximen keineswegs typisch deutsch oder nationalsozialistisch. Sie entsprachen dem westlichen Stand der Wissenschaft. Typisch deutsch war nur, dass diese Vorstellungen sich hierzulande besonders lange halten konnten. Das hatte damit zu tun, dass sie im NS-Reich mit besonderem Nachdruck unters Volk gebracht worden waren und dass es nach 1945 besonders lange dauerte, bis sich Deutschland wieder an die internationalen Weiterentwicklungen der Kinderheilkunde und Entwicklungspsychologie andocken konnte.

Hier fasse ich einige wesentliche Grundsätze der damaligen Erziehungsvorstellungen zusammen, die für die Frauen der Nachkriegszeit zum festen Fundament ihrer Mutterrolle gehörten: Das Kind musste nach der Geburt von der Mutter bis zu 36 Stunden getrennt werden und in dieser Zeit eine Nahrungskarenz einhalten. Dann wurde es sofort in einen festen Rhythmus gebracht. Die Still- beziehungsweise Fütterzeiten sollten auf sechs, zehn 14, 18 und 22 Uhr gelegt werden, danach forderte die Norm die Nachtruhe. Besondere Bedeutung hatte die Frage der Reizexposition. Das Kind sollte grundsätzlich mit dem Leben und der Welt konfrontiert werden, ohne falsche Rücksichtnahme, ohne Mitleid. Das diente der Abhärtung und sollte das Kind in die Lage versetzen, das Leben zu »bemeistern«. Der Idee der »Lebensbemeisterung« lag ein Weltbild zugrunde, wonach der Mensch bei der Geburt in eine feindliche Umwelt gesetzt werde, die er nur durch Härte gegen sich selbst überleben könne. Gleichzeitig galt es, das Neugeborene von zu viel Reizen abzuschotten. Zum Beispiel sei von Verwandtenbesuchen kurz nach der Geburt abzusehen. Denn das Kind hatte – nach Ansicht der Kindheitsforschung – anfangs noch keine Antennen oder Schutzvorrichtungen nach außen. Die Vorstellung war, das Baby sei ein asoziales und emotionsloses Wesen, das erst allmählich durch den Kontakt mit der Welt zum Menschen werde. Zum Vergleich: Ab den 1970er Jahren setzte sich international und auch im deutschen Erziehungsdiskurs eine ganz andere Ethnotheorie durch, und zwar, dass der Mensch mit Kompetenzen auf die Welt komme, die ihm ermöglichen, diese Welt gemäß seinen Bedürfnissen zu gestalten. Bei Johanna Haarer und ihren Zeitgenossen musste der Mensch erst lernen, das Leben zu bemeistern.

Die Erziehungsziele bei Haarer und den zeitgenössischen Experten, von denen sie ihre Weisheiten nahm, waren Schmerzunempfindlichkeit und Unabhängigkeit von Emotionen, Bedürfnissen und Bindungen. Selbstbeherrschung erlerne das Kind dadurch, dass man ihm nicht zu viel Mitleid schenke, wenn es krank sei, sondern ihm sage, »ein Indianer kennt keinen Schmerz«. Die Mutter solle ihm nicht zu viel Zärtlichkeit zeigen, schon gar nicht in der Öffentlichkeit, denn das verweichliche und verwöhne das Kind nur. Schließlich müsse es sich daran gewöhnen, auch ohne seine Eltern und Geschwister auszukommen. Das Mittel der Wahl seien Heim- oder Ferienlageraufenthalte, die großen erzieherischen Nutzen hätten. Ein Kind, das sich leicht trennen lasse, das kein Heimweh kenne, das sich in jede Gemeinschaft reibungslos einordnen könne, sei das ideale Kind. Bedürfniskontrolle erlerne das Kind, indem es niemals auf den Arm genommen werde, wenn es zum Beispiel nicht schlafen wolle oder könne. In diesen Fällen sei die sogenannte Machtprobe das Mittel der Wahl. Das bedeute, die Mutter müsse sich unbedingt durchsetzen, indem sie die Bedürfnisse und Nöte des Kindes ignoriert. Dadurch lerne das Kind, seine Bedürfnisse nach Aufmerksamkeit und Nähe zu unterdrücken und sich in die Gemeinschaft und ihre Regeln zu fügen. Das hieß konkret: Es sollte so lange weinen, bis es verstand, dass es dadurch nichts erreicht, und verstummt.

Im Haarer-Buch las sich das zum Beispiel so: »Fange nur ja nicht an, das Kind aus dem Bett herauszunehmen, es zu tragen, zu wiegen, zu fahren oder es auf dem Schoß zu halten, es gar zu stillen. Das Kind begreift unglaublich rasch, dass es nur zu schreien braucht, um eine mitleidige Seele herbeizurufen und Gegenstand solcher Fürsorge zu werden. Nach kurzer Zeit fordert es diese Beschäftigung mit ihm als ein Recht, gibt keine Ruhe mehr, bis es wieder getragen, gewiegt oder gefahren wird – und der kleine, aber unerbittliche Haustyrann ist fertig.«[17]

Die Drohung mit Konsequenzen, sollte eine Mutter einmal nicht ihren Willen durchsetzen und die Erziehung nur ein einziges Mal schleifen lassen, war typisch für die Haarer'sche Lehre und den damaligen Ratgeberdiskurs. Nichts war schlimmer als wechselhaftes oder gar intuitives Verhalten der Eltern. Mütter mussten regelrecht lernen, gegen ihre eigenen Impulse zu handeln. Als Belohnung für die Selbstüberwindung lockte am Ende ein kerniges, robustes und buchstäblich schlagkräftiges Kind.

Manche dieser Attribute mochten der damaligen Angst vor Krankheiten und vor dem frühen Kindstod, der in der Vergangenheit so häufig zugeschlagen hatte, geschuldet gewesen sein. Doch im Lauf der 1930er und 1940er Jahre, der Blütezeit Johanna Haarers, wurden diese Qualitäten auch moralisch überhöht. Es ging nicht mehr allein um das gesundheitliche Wohl des Kindes, sondern um die Gesundheit des »Volkskörpers«. Eine Mutter schuldete nicht nur ihrem Kind eine »richtige« Erziehung, sondern auch der »Volksgemeinschaft«. In der Kombination aus individueller und kollektiver Bringschuld lag die Botschaft und Sprengkraft der Erziehungsvorgaben von Johanna Haarer. Eltern und vor allem Mütter, die sogenannte Erziehungsfehler machten, fügten dem Kind und der Allgemeinheit Schaden zu. Letztlich waren Mütter nämlich nicht nur für das Überleben des Kindes zuständig, sondern auch für das Überleben der Nation.

Das erklärt, warum sich Mütter so sehr anstrengten, alles »richtig« zu machen. Sie ließen tatsächlich, wie sich in Elterntagebüchern aus der Zeit nachlesen lässt, ihre Kinder weinen, nur um den vorgegebenen Rhythmus durchzuhalten. Sie verkniffen sich den Trost, wenn ein Kind sich verletzte, nur um es »abzuhärten«, und sie gaben es in einem Heim ab, nur um es an Trennung zu gewöhnen und gewisse Etappenziele der Erziehung zu etablieren. Wenn das dann nicht klappte, war die Enttäuschung groß.

Die Mutter von Brita aus Göttingen schickte ihre Tochter noch während des Kriegs in ein Kinderheim im Gebirge, weil sie schlecht aß und einen Knickfuß hatte. Alle acht Tage erhielt die Mutter eine Nachricht, wie es der Vierjährigen ging. Zu ihrem Schrecken erfuhr sie, dass das Kind nur mäßig aß, zu den anderen Kindern keinen Kontakt aufnahm, nicht mitspielte. Nach zwei Wochen habe sich das zwar gebessert, doch nun nässe sich Brita nachts ein. »Ja, eine schlimme Geschichte! Ich hoffe, sie wird es sich dort abgewöhnen«, kommentiert die Mutter im Tagebuch. Nach dem achtwöchigen Heimaufenthalt von Brita macht sie folgende Bilanz auf: »Sie hat zwar nur zweieinhalb Pfund zugenommen, aber ihr Gesamtbefinden und Aussehen ist wohler und frischer als vorher. Auch der Appetit hat sich gebessert. Besonders aber in erzieherischer Hinsicht scheint es Brita gutgetan zu haben. Sie hat gelernt, sich selbst an und auszuziehen, und kann sich allein waschen und auch das Bettnässen ist Gott sei Dank verschwunden.«[18]

Tagebücher aus der Nachkriegszeit bis Mitte der 1950er Jahre erwecken oft den Eindruck, als sei den Eltern der Umgang mit dem eigenen Kind durch die hohen Erwartungen an die konsequente Pflege und Erziehung regelrecht verleidet worden. Die Enttäuschung über sich selbst, wenn die erwünschten Ergebnisse nicht eintraten, und über das Kind, das sich anscheinend bockig den höheren Einsichten der Experten versperrte, war oftmals groß. Von der Umsetzung der Normen hing zu viel ab, um sie einfach zu vergessen. Eltern legten Babytagebücher mit Tabellen an, um sich jederzeit vergewissern zu können, dass alle Vorgaben erfüllt und die Ergebnisse sichtbar seien. Väter beteiligten sich und operierten als eine Art Supervisor. Das lässt sich daran ablesen, dass sie es oft waren, die den Vollzug der Anordnungen in Bücher und Tabellen eintrugen, und dass Mütter sich davor fürchteten, ihren Männern ihre vermeintlichen Fehlleistungen bei der Erziehung zu beichten. Ebenso fürchteten sie sich vor den Ärzten und staatlichen Experten, wenn sie ihr Kind (und oftmals auch die ausgefüllten Tabellen) vorstellten. Die Mutter von Regina und Astrid aus der DDR ist verzweifelt, als eine Ärztin bei ihrer Dreijährigen eine »Neurose« diagnostiziert und das Kind mit Schlafmitteln gegen seine Angst vor Dunkelheit und gegen Einschlafstörungen behandelt. Sie schreibt: »Wir müssen unsere Methode wahrscheinlich sehr ändern. Ich habe eben eine Broschüre über Nervosität gelesen. Laute, harte Worte sind demnach tabu. Wir haben sicher manchmal genau das Gegenteil von dem getan, was wir hätten tun müssen. Es wird noch sehr viel Geduld erfordern. Wollte Gott, wir schafften es bald. Manchmal ist es aber wirklich eine Qual. Habe ich sie denn so falsch erzogen? Ich könnte mich oft in Selbstzerstücklung meiner Handlungen ergehen.«[19]

Die Anstrengung, die Erziehungsnormen zu erfüllen, addierte sich zu den ohnehin großen Belastungen der Mütter nach dem Krieg, ihrem Überlebenskampf bei der Versorgung, der katastrophalen Wohnsituation und ihrem Kummer über die abwesenden Männer, eventuell eigenen Gewalterfahrungen und Verlusten von Nahestehenden. Eine Antwort darauf im Westen war das von Elly Heuss-Knapp mit ins Leben gerufene Müttergenesungswerk.

Elly Heuss-Knapp, damals First Lady der Bundesrepublik, mit der Mitgründerin des Müttergenesungswerks Antonie Nopitsch (rechts)

Elly Heuss-Knapp kam 1881 in Straßburg als Tochter eines Professors für Nationalökonomie und einer Adeligen auf die Welt und wuchs in einer bildungsbürgerlich und sozialreformerisch geprägten Atmosphäre auf. Sie besuchte ein Lehrerinnenseminar, wo sie 1899 das Examen ablegte, arbeitete ehrenamtlich im Straßburger Armenwesen und lernte Sozialreformer wie Albert Schweitzer und Pastor Friedrich Naumann kennen. Ab 1905 studierte sie einige Semester Volkswirtschaft in Freiburg und Berlin und begann, politische Vorträge zu halten. Sie heiratete den Journalisten und späteren Bundespräsidenten Theodor Heuss und bekam 1910 einen Sohn, ihr einziges Kind. In den 1920er Jahren begann sie sich in der evangelischen Kirche zu engagieren. Im Nationalsozialismus spürten sie und ihr Mann schnell die Repressalien des Staates.

Elly Heuss-Knapp bestritt den Lebensunterhalt der Familie mit Tätigkeiten in der Werbebranche. Von 1946 bis 1949 saß sie für die Deutsche Volkspartei und später für die FDP im Landtag von Württemberg-Baden und setzte sich unter anderem dafür ein, dass Schulkinder jeden Tag wenigstens eine Mahlzeit bekamen. 1950 hob sie als Ehefrau des 1949 gewählten Präsidenten Heuss gemeinsam mit Antonie Nopitsch, die 1933 den Bayerischen Mütterdienst gegründet hatte, das Deutsche Müttergenesungswerk aus der Taufe. Sie starb 1952 im Alter von 71 Jahren.

Das Müttergenesungswerk für gesundheitlich angeschlagene Mütter finanzierte sich anfangs großteils aus Spenden, für die mit Plakataufrufen wie »Mutter braucht Ferien« geworben wurde. In den 1960er Jahren wurden bis zu 80 000 Kuren jährlich bezuschusst. Seit den 1970er Jahren konnten Kinder zur sogenannten Mutter-Kind-Kur mitkommen. Seit 1989 gehört diese Leistung, die inzwischen auch erschöpften Vätern zusteht, zum Regelkatalog der gesetzlichen Krankenkassen.

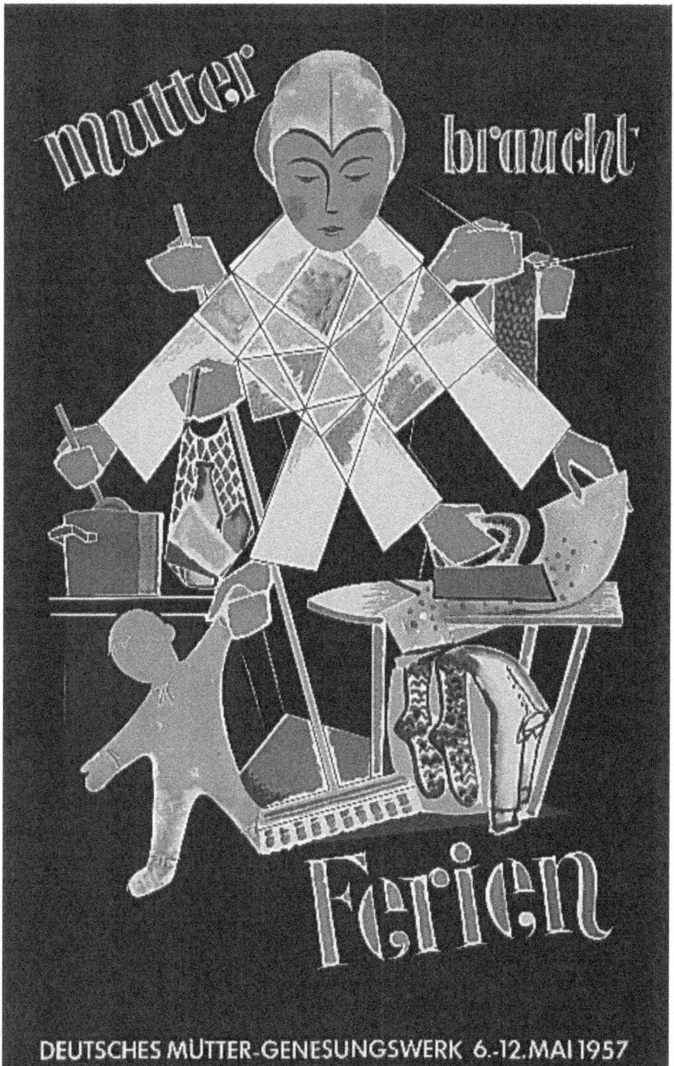

Ein Plakat des Müttergenesungswerks von 1957 illustriert die häusliche Überforderung vieler Frauen.

Nachkriegskinder im Heim

Wir wollen an dieser Stelle nicht die Kinder vergessen, da ihr Wohlergehen direkt von den Lebensbedingungen der Eltern und vor allem der Mütter abhing. Außerdem verbanden sie die Vergangenheit mit der Zukunft. Wie die Kinder damals erzogen wurden, hatte einen großen Einfluss, da sie sich, wenn sie selbst Eltern wurden, in der Regel an ihre eigene Erziehung erinnerten und sie entweder wiederholten oder versuchten, das Gegenteil davon umzusetzen. Seit einigen Jahren werden wir uns einer psychischen Hypothek bewusst, die mit den seelischen Wunden der Kriegs- und Nachkriegskindheit zusammenhing.

Auch in der Bundesrepublik wurden in den frühen 1950er Jahren Kinder ins Heim gegeben, damit ihre Eltern freie Zeit hatten, um etwa in den Urlaub zu fahren, oder aus pädagogischen Gründen, wie weiter oben geschildert. Das größte Risiko, dauerhaft ins Heim zu kommen, hatten allerdings Kinder aus »unvollständigen« Familien. Zwischen 1951 und 1990 wuchsen zwischen 700 000 und 1,1 Millionen Kinder in Westdeutschland in Heimen heran, in der DDR waren es zwischen 1949 und 1990 knapp 500 000 Kinder. Seit den 1960er Jahren gingen in beiden Staaten die Zahlen zurück, besonders die der unter Dreijährigen in Dauerheimen, nachdem die Veröffentlichung des britischen Arztes und Psychoanalytikers John Bowlby *Maternal Care and Mental Health* für die Weltgesundheitsorganisation WHO von 1952 rezipiert worden war.[20] Bowlbys Studie hatte gezeigt, dass Heimkinder, die zwar nach modernsten Hygiene- und Pflegeleitlinien behandelt wurden, aber denen es an liebevoller körperlicher und geistiger Zuwendung fehlte, ernsthafte psychische Schäden davontragen konnten. Er leitete daraus die sogenannte Bindungstheorie ab, wonach die Nähe zwischen Mutter beziehungsweise der engsten Betreuungsperson und Kind die Voraussetzung für Bindung schaffe, von der wiederum die psychische Stärke und Gesundheit des Menschen im späteren Leben abhänge. Diese Erkenntnis war bahnbrechend, denn sie ermöglichte sowohl eine andere Einstellung zur Heimerziehung als auch zur frühkindlichen Sozialisation allgemein. Heutige junge Eltern sind, ohne sich dessen unbedingt bewusst zu sein, von der Bindungstheorie mehr oder weniger geprägt. Wenn es heißt, das Wichtigste, was ein Kind brauche, sei Liebe, ist das letztlich eine populäre Version dieser psychoanalytischen Entwicklungstheorie. Das hat Kindern viel gebracht, sowohl an liebevoller Grundhaltung als auch an körperlicher Nähe zu ihren Eltern. Die Kehrseite davon ist sicherlich, dass Elternschaft unter dem Einfluss der Bindungstheorie nicht unkomplizierter geworden ist. Denn wie viel Liebe Mütter und Väter ihren Kindern entgegenbringen, ist letztlich nicht quantifizierbar und kann Anlass für Selbstzweifel oder sogar Vorwürfe sein.

Von allen Berliner Heimkindern nach dem Krieg waren 60 bis 80 Prozent unehelich auf die Welt gekommen. Ihre Mütter waren häufig ohne Ausbildung und arbeitslos, ein Drittel obdachlos oder schwer krank. Wenn die Mütter verheiratet waren, hatten meist körperliche Gewalt oder Vernachlässigung zur Einweisung in ein Heim geführt. Die Lebensbedingungen der Kinder waren also in der Regel ohnehin schon belastet gewesen, bevor sie ins Heim kamen. Hinzu kam die defizitäre Heimerziehung, in deren Rahmen es keine Zeit für individuelle und persönliche Betreuung gab. Die Kinder wurden oft stundenlang auf dem Töpfchen festgebunden, damit das

Windelwechseln nicht so viel Arbeit verursachte. Sie bekamen ein Fläschchen an die Seite gelegt, aus dem sie sich selbst bedienen mussten, das sparte Personal. So sahen die normalen Zustände aus. Wenn die Kinder nicht funktionierten, setzte es drakonische Strafen wie Gewalt, Isolation und Aushungern. Die Folgen zeigten sich auf emotionaler und kognitiver Ebene. Die Kinder verhielten sich oft auffällig, lernten verspätet das Sprechen, schnitten bei der Intelligenz schlechter ab. Erst die Erkenntnis, dass eine sozial randständige Mutter besser ist als keine, sowie die Möglichkeit, soziale Hilfen und Kindergeld zu beantragen, in Teilzeit zu arbeiten und Betreuung untertags zu nutzen, verbesserten die Situation der Kinder grundlegend.[21]

Nicht nur die Situation im Elternhaus, sondern auch das kindliche Erscheinungsbild und Verhalten konnten zu einer Heimeinweisung führen. Mit besonderer Härte wurden sogenannte Verwahrloste behandelt. Meistens waren es Mädchen, was an der damaligen Definition des Begriffs Verwahrlosung lag. Denn während Jungen wegen kleiner krimineller Handlungen wie Diebstahl eingewiesen wurden, gerieten Mädchen meistens in die Inobhutnahme, weil sie als frühreif galten, schon sexuelle Erfahrungen gemacht hatten, im schlimmsten Fall unfreiwillige. Deshalb fristeten nicht nur mehr Mädchen als Jungen ihre Zeit im Heim, sie blieben dort auch länger.

Folgendes Schicksal stellt keine Ausnahme dar. Anna K. wurde 1932 in Ostpreußen geboren. Sie waren sieben Kinder zu Hause, der Vater arbeitete als Lagerplatzverwalter. Ihr Leben verlief nach eigenen Angaben bis zu ihrem zwölften Geburtstag »gleichmäßig«. Sie besuchte die Volksschule und fühlte sich in der Obhut ihrer Eltern sehr glücklich. Anfang 1945 fielen die ersten Bomben, und gleichzeitig näherten sich die ersten Flüchtlingstrecks. Ihre Familie rückte zusammen, Anna teilte nun ihr Zimmer mit sieben anderen Personen.

»Es war der 27.4.45 morgens, wir wurden früh durch lautes Rufen und Schreien wach, haben uns schnell angekleidet und sind vor die Tür getreten. Da sahen wir, dass die Russen schon da waren, also war auch unsere Stadt gefallen. Aber ehe wir uns dessen gewahr waren, wurde ich schon von einem Russen mitgerissen, ich habe sehr geschrieen [sic]. Aber er stieß mich in einen Keller rein, hat mir den Mund mit einem Lappen zugestopft und rief seinen Kameraden dazu. Dann haben sie meine Unterwäsche entfernt und haben ihre Wollust an mir ausgelassen. Es war sehr furchtbar, wie ich dann nachher zu meinen Eltern wieder gekommen bin, weiß ich nicht mehr.«[22] Diesen Bericht schrieb Anna K. am Ende ihres Heimaufenthaltes. Der Aufsatz wurde von ihr verlangt, er sollte der Heimleitung die Besserung des »Zöglings« in der Anstalt anzeigen. Entsprechend angepasst und durch den Blickwinkel der Fürsorge geschrieben hört sich der Text an. Dennoch wird deutlich, welche Schrecken Anna K. überstehen musste, nur um am Ende in einer Erziehungsanstalt zu landen.

Nach den Vergewaltigungen kam die Flucht. In Königsberg musste sie mit anderen Kindern Leichen bergen und im Wald begraben. Anna erkrankte an Typhus. Nach fünf Monaten im Krankenhaus war ihre Mutter nicht mehr am Leben. Sie sorgte nun allein mit dem Vater für ihre verbliebenen Geschwister im Alter von zwei, sechs, neun und elf Jahren. Dann kam die Hungersnot Anfang 1947 und raffte ihre restliche Familie dahin. »Sie starben am 5., 25., 29., 30. und 31. Januar. Es war meine furchtbarste Zeit. Denn ich musste meine Geschwister und meinen Vater alleine begraben.« Anna schloss sich einer Bande von Jungen an, die auf Raubzüge ging, um sich zu ernähren. Sie schor ihre Haare kurz und trug Anzüge, damit sie nicht als Mädchen auffiel. So zog sie durch Litauen, Lettland, Estland, Polen und Russland. Dann suchte sie Arbeit als Haushaltsgehilfin, büxte aber immer wieder aus. Schlussendlich landete sie im Heim. Ihr größter Wunsch sei es nun, schließt ihr Bericht, eine Arbeit zu finden, die Spaß mache, womöglich etwas mit Kindern. »Somit hab ich im groben Stil meinen Lebenslauf geschildert, leider konnte ich nicht ausführlicher schreiben, da das Zurückdenken an die Vergangenheit zu furchtbar für mich ist.«[23]

Einer Statistik zufolge galten fast achtzig Prozent der Mädchen, die wegen angeblicher Verwahrlosung von der Fürsorge aufgegriffen wurden, als sexuell abweichend. Darunter verstand man damals bei Kindern Homosexualität, Prostitution, Selbstbefriedigung, aber auch Frühreife (Sex vor dem 13. Lebensjahr). In der Weimarer Republik und im Nationalsozialismus waren die Erziehungsanstalten, die häufig kirchlich geführt wurden, mehr und mehr dem Ziel der »Volksgesundheit« untergeordnet worden. Es ging um die Bekämpfung der Prostitution, der Volkskrankheiten und sogenannten unwerten Lebens, nicht um wirkliche Hilfe für die Kinder und Jugendlichen. Schon jetzt waren die eingewiesenen Mädchen älter als die Jungen und blieben länger, was bedeutet, dass ihre angebliche Gefährdung im Kontext mit ihrer Geschlechtsreife und Gebärfähigkeit gesehen werden muss.

Rechtlich und personell änderte sich nach 1945 erst einmal nicht viel an der alten Praxis. Nach dem moralischen Zusammenbruch, so hat man das Ende des Kriegs empfunden, wurde das weibliche Geschlecht als besonders gefährdet, aber auch gefährlich wahrgenommen. Mädchen, die häufig wechselnde Geschlechtspartner hatten, abgekürzt »hwg«, waren ein

Problem, sie bedrohten die erwünschte Wiederaufrichtung des bürgerlichen Familienmodells. Es genügte schon, dass Mädchen in sogenannter schlechter Gesellschaft gesehen wurden, stark geschminkt oder aufreizend gekleidet waren, dass sie bis spätnachts ausgingen, sich selbst befriedigten oder als Minderjährige Sex hatten, geschlechtskrank oder schwanger wurden. Die unterbürgerlichen Schichten und Flüchtlingskinder waren von der aberwitzigen Fürsorgepraxis besonders betroffen – über neunzig Prozent der in Heime eingewiesenen Mädchen kamen aus der sogenannten Unterschicht.[24]

Aus heutiger Sicht wirkt das so, als habe man die Logik von Ursache und Wirkung umgedreht. Eine Studie zum Phänomen »verwahrloste Mädchen« schilderte beispielsweise folgende Fallgeschichte: Das Mädchen wurde mit vierzehn Jahren zum Bauern zur Arbeit geschickt. Darüber kam es zum Streit, das Mädchen rannte von zu Hause davon und wurde deshalb ins Heim gesteckt. Nach zwei Jahren kam sie wieder ins Elternhaus, weil ihre Mutter sie als Hilfe bei der Betreuung eines Neugeborenen brauchte. Als ihre Mutter 1949 starb, kam das Mädchen wieder ins Heim, lief wiederholt davon. Das führte zu der Einstufung des Mädchens als »unerziehbar«.[25] Man könnte sagen, das Kind wurde für sein unverschuldetes Unglück auch noch bestraft.

Von den rund 1,6 Millionen Kindern und Jugendlichen, die durch den Krieg einen oder beide Elternteile verloren hatten, wurden 80 000 bis 100 000 als »bindungs-, heimat-, berufs- und arbeitslos« kategorisiert und gerieten deshalb automatisch in die Mühlen der Fürsorge.[26] Bei Mädchen suchte man die Ursache der Verwahrlosung nicht bei den äußeren Umständen, sondern man unterstellte, sie seien besonders triebhaft. Ihre sogenannte Verwahrlosung galt als Ausdruck

»tiefer liegender krankhafter Charakterfehler«, einer »abnormen charakterlichen Ungebundenheit und Bindungsunfähigkeit, die auf eine geringe (oder geringer gewordene) Tiefe und Nachhaltigkeit der Gemütsbewegungen und der Willensstrebungen zurückgeht« und zu einer »Lockerung (oder Unterentwicklung) der inneren Beziehung zu sittlichen Werten führt«. So die Einschätzung des berüchtigten zeitgenössischen Kinder- und Jugendpsychiaters Werner Villinger, der im Nationalsozialismus Euthanasie und Zwangssterilisierung verantwortet hatte und nach seinem Entnazifizierungsverfahren Dekan und Rektor an der Marburger Philipps-Universität und Präsident der Gesellschaft Deutscher Neurologen und Psychiater wurde.[27]

Die »Behandlung« von sexueller Verwahrlosung entsprach dieser Einschätzung. Da man glaubte, dass diesen Mädchen die intellektuelle Voraussetzung dafür fehle, ihre überschießenden Triebe zu »sublimieren«, schien eine Erziehung ohnehin zum Scheitern verurteilt zu sein. Im schlimmsten Fall »behandelte« man die Mädchen durch Sterilisation und Zwangsmedikalisierung. Sich bewähren konnten sie nur durch »ehrliche« Arbeit, korrekte Haushaltsführung, die im Heim eingeübt wurde, und schlussendlich durch eine Ehe. Nur der eheliche Hafen galt letztlich als Ort der Heilung für ein vermeintlich unsittliches Mädchen.

Die massenhafte Kasernierung in katholischen, evangelischen, von den Wohlfahrtsverbänden oder von Land und Kommunen getragenen Institutionen bereitete der westdeutschen Verwaltung schon zwei Jahre nach dem Krieg Kopfzerbrechen. Obwohl es in den westlichen Zonen immerhin 1400 Heime für Kinder und Jugendliche gab, sprengten die hohen Zahlen alle Kapazitäten. Das bayerische Innenministerium beklagte sich schon 1947 darüber, dass kein Platz mehr sei für die Unterbringung »verwahrloster Frauen und Mädchen«.[28] In einem Schreiben des Regierungspräsidenten von Oberbayern an das Staatsministerium des Innern über die Unterbringung verwahrloster Frauen und Mädchen wurde die angeblich grassierende »sittliche Verwilderung« der Frauen als eine Begleiterscheinung der Besatzung interpretiert. Um überfüllte Anstalten zu vermeiden, sei es notwendig, »dass der Einweisung eine Verwarnung mit Androhung der Einweisung in eine Arbeiterziehungsanstalt vorgeschaltet wird. Diese könnte in der Kennkarte eingetragen werden, sodass auch bei einem Aufenthaltswechsel, der wohl in der Regel auf die Verwarnung folgen wird, die Tatsache der bereits erfolgten Verwarnung feststeht.«[29] Verwahrloste aus anderen Besatzungszonen sollten nach Möglichkeit in ihre Heimat abgeschoben werden.

Ein weiteres Fallbeispiel zeigt, wie eng die rigorose Fürsorgepraxis mit den Nachkriegsverhältnissen zusammenhing. Die Landpolizei Traunstein meldete am 27. Oktober 1947, aus dem Krankenhaus Traunstein sei R. P. entsprungen, ein angeblich hochansteckendes syphiliskrankes Mädchen. Als die Polizei sie stellt, sagt sie aus, eine Mitpatientin habe ihr mit der Behauptung Angst gemacht, sie müsse für ihre stationäre Behandlung selbst täglich 4,20 Mark bezahlen. Da sie kein Geld habe, sei sie morgens um sechs Uhr aus dem Fenster der Männertoilette geklettert und in den Wald gerannt, ihre Krankenhauskleidung habe sie unterwegs weggeworfen. Sie sei Richtung Trostberg gelaufen und am Bahnhof in Nussdorf in den Zug eingestiegen. Als sie später zurückkommt, um Wäsche abzuholen, wird sie festgenommen. R. P. sei »eine Gefahr für die Volksgesundheit«, heißt es. Da das Krankenhaus Traunstein keine Haftung für sie übernehmen könne und die

Polizei die Patientin für ein »leicht beeinflussbares Geschöpf« hält, wird sie in die Krankenabteilung des Münchner Gefängnisses Stadelheim überführt. Von dort kommt sie ins Heim. Die Ursache ihrer Infektion mit einer Geschlechtskrankheit interessierte in diesem Fall niemanden.[30]

Die Beispiele aus Oberbayern zeigen, wie fest die Zeitgenossen daran glaubten, die sogenannte Volksgesundheit sei nicht nur von Geschlechtskrankheiten, sondern von den Mädchen und Frauen selbst gefährdet. Es vermischten sich medizinische und moralische Kategorien mit einem toxischen Bild vom weiblichen Geschlecht. Die (christlich geprägte) Vorstellung von der leicht entflammbaren weiblichen Triebhaftigkeit, die nicht unter Kontrolle zu kriegen sei, da es den Frauen von Haus aus an Vernunft und Sublimierungsmöglichkeiten fehle, war ein weiterer Grund dafür, warum es für die Gesellschaft so wichtig war, dass Frauen durch die Ehe und die damit verbundenen Pflichten im Haushalt und bei der Kindererziehung domestiziert würden.

9. Ehemänner und andere Träume

Nachdem die Verfassungen der BRD und der DDR Frauen nominell mit Männern gleichgestellt hatten, blieben die Verhältnisse zwischen den Geschlechtern bekanntlich noch lange Jahre von patriarchalen Machtstrukturen geprägt. Da das Bürgerliche Gesetzbuch aus dem Jahr 1900 nicht gleich angepasst wurde, galt in der BRD in Ehe und Familie weiterhin das letzte Wort des Mannes, wenn es um die Verfügung über das Geld, die Berufstätigkeit der Frau, die Wahl des Wohnortes oder die Erziehung der Kinder ging. Die Unterordnung der Ehefrau unter ihren Mann – und, wenn sie ein Kind, aber keinen Mann hatte, unter einen staatlichen Vormund – löste sich nur zögerlich auf, beginnend mit Gesetzesänderungen in den Jahren 1953 und 1958 und einem Verfassungsgerichtsurteil im Jahr 1959, das den sogenannten Letztentscheid des Familienvaters abschaffte. Manche Relikte aus dem bürgerlichen Zeitalter hielten sich viel länger, wie zum Beispiel der Paragraf 218, der Abtreibung bis heute unter Strafe stellt, oder die fehlende Möglichkeit einer Frau, ihren Mann, der sie vergewaltigt hatte, gerichtlich zu belangen – dieses Recht hat sie erst seit 1997. In Fragen des weiblichen Selbstbestimmungsrechts über den eigenen Körper tat sich der westdeutsche Staat also besonders schwer bei der Abwägung mit dem angestammten Verständnis der Oberhoheit des Ehemannes beziehungsweise des Staates und der Kirchen über die Frauen.

Auch in der DDR sprachen hergebrachte Vorstellungen von den unterschiedlichen Rollen und Wesenszügen der Geschlechter gegen eine faktische Gleichstellung, zum Beispiel bei der Hausarbeit oder bei der Verteilung der Verantwortung in der Ökonomie und in der Politik. Insgesamt dürften in den privaten Beziehungen die Geschlechterverhältnisse zählebiger gewesen sein als im Recht oder bei der Arbeit. Der Historiker Till van Rahden legt uns diese These nahe: »Viele andere Facetten der geschlechtsspezifischen Ungleichheit erwiesen sich jedoch als langlebiger. In der Schule, in der Ausbildung und im Studium, im Familienalltag und der Kinderbetreuung, am Arbeitsplatz und in der Wirtschaft blieben die Rollen von Männern und Frauen ungleich verteilt. Die Rede von der demokratischen Familie klang gut und erklärt zudem, warum es gelang, die rechtliche Gleichstellung von Mann und Frau, Vater und Mutter allmählich durchzusetzen. Doch die schönsten Gesetze nutzten wenig, wenn Gegenbegriffe wie Kultur und Natur, Vernunft und Gefühl, privat und öffentlich, Arbeit und Sorge geschlechtsspezifisch aufgeladen blieben und die Arbeitsteilung im Alltag weiterhin bestimmten. Das galt vor allem für die Norm des Vaters als Familienernährer. Es reichte nicht, den Patriarchen in der Sphäre des Rechts zu entmachten.«[1]

Die Beharrlichkeit der tradierten Rollenbilder ist ein Argument gegen die These, dass sich die »Stunde der Frauen« letztlich nur in den privaten Beziehungen ausgewirkt habe. Ich nehme an, sie war paradoxerweise eine Folge der formal gewachsenen Gleichberechtigung. Die verbesserte Rechtsstellung der Frauen und die notwendigen Rollenwechsel während des Kriegs und im Nachkrieg bedrohten die bürgerliche Geschlechterordnung und führten zu ihrer besonders verbissenen Verteidigung. Seit dem frühen 20. Jahrhundert hatten Frauen entscheidende Bastionen errungen wie das Recht, Abitur abzulegen, zu studieren, zu wählen und gewählt zu werden. Nicht nur in Wissenschaft und Kultur wurden Frauen immer sichtbarer, auch für die Wirtschaft waren sie als Büroangestellte, als Fabrikarbeiterinnen oder als

Konsumentinnen wichtig geworden. Die Kriege, in denen Frauen harte Männerarbeit übernehmen mussten, und die Schwäche des militärisch geschlagenen deutschen Mannes verstärkten den Eindruck, dass das angeblich schwache Geschlecht so schwach gar nicht war. Das löste Ängste und Gegendruck aus.

Die Angst vor der Entmännlichung des Mannes

Schon nach dem Ersten Weltkrieg beschäftigten die psychisch traumatisierten »Kriegszitterer« die Öffentlichkeit, weil sie dem Bild des hartgesottenen Kriegers so gar nicht entsprachen. Nach 1945 grassierten erneut ernsthafte Befürchtungen, die Männlichkeit könnte im Krieg beschädigt worden sein. Die deutsche Niederlage wurde als Entmännlichung interpretiert, gedemütigte Ehemänner seien unfähig zu arbeiten, Geld zu verdienen und zu funktionieren und müssten nun auch noch ertragen, dass ihre Frauen das Ruder übernähmen. Die Abwesenheit einer angemessen männlichen Autorität und das Anwachsen sichtbarer weiblicher sozialer und sexueller Autonomie verhießen in den Augen konservativer Kräfte nichts Gutes. Sie glaubten, die deutschen Männer hätten in der Niederlage ihren Status als Beschützer, Versorger und Garanten der Fortpflanzung verloren.[2]

Außerdem wurden die Geschichten von brutalen Vergewaltigungen deutscher Frauen durch alliierte Soldaten zum Topos für die nationale Schändung und Viktimisierung Deutschlands und damit auch des deutschen Mannes. Besonders präsent waren (und sind bis heute) die übertreibenden Erinnerungen an die sexualisierte Gewalt durch schwarze Soldaten der amerikanischen und französischen Armee. Das Bild des »schwarzen Mannes«, der sich über eine weiße Frau hermache, war besonders finster, weil es rassistische *und* sexistische Stereotype transportierte.

Nicht nur die sogenannte Fraternisierung der Frauen, also die Verbrüderung mit dem ehemaligen militärischen Gegner, störte angeblich die soziale und sexuelle Ordnung in Deutschland und entwertete das Gedächtnis an die Opfer in der Wehrmacht.[3] Auch wenn die Frauen mit brutaler Gewalt zum Sex gezwungen worden waren, führte das offenbar zur Schwächung des Patriarchats und musste mit forcierter Männlichkeit beantwortet werden.

Hatte die Hausfrau die Hosen an?

Welche Auswirkungen hatten die veränderten Rechtsbeziehungen zwischen Männern und Frauen, die gewachsene wirtschaftliche Autonomie der Frauen, die Präsenz der Besatzungssoldaten, die Schwächung des Männlichkeitsideals durch den verlorenen Krieg auf die intimen Beziehungen? Wir haben naturgemäß wenig Einblick in das alltägliche Zusammenleben der Geschlechter damals. Ob sich Männer wirklich schwächer fühlten und deshalb an die alte Ordnung der Geschlechter klammerten, wie es die klischeemäßige Beschreibung der 1950er Jahre gerne unterstellt, ist abseits der Rekonstruktion von Diskursen schwer feststellbar. Was ist zum Beispiel von der These zu halten, dass Frauen zwar im populären Diskurs (zum Beispiel im Werbefilm) eine devote Rolle spielen mussten, aber im realen Miteinander durchaus »die Hosen angehabt« hätten? Kann es nicht auch sein, dass die Rede oder auch Karikatur von der Frau, die zu Hause das Heft in der Hand hält, zur Folklore des Patriarchats gehört? Weiblicher Widerspruch und Insubordination werden von Anbeginn des bürgerlichen Familienmodells miteingerechnet (oder hinzugedichtet). Oder haben sich Frauen nach ihren oft harten Erfahrungen im Krieg und im Nachkrieg tatsächlich privat emanzipiert und ihren Männern, die wieder an ihre alte Position als Familienpatriarchen zurückkehren wollten, die Stirn gezeigt?

Werbung um 1959 für Dr. Oetker Pudding mit den klassischen Geschlechterstereotypen

Populär bearbeitet haben dieses Thema die amerikanischen Screwball-Komödien der 1930er und 1940er Jahre. Tadellos aussehende Ladys und Gentlemen der gehobenen Klassen werden darin in Situationen gebracht, in denen sich die Männer tollpatschig und weltfremd verhalten und die Frauen wesentlich patenter und geistesgegenwärtiger wirken. Diese Filme enden meist mit einer neuen Balance: Die schönen Filmfrauen spielen, nachdem sie kurz ausgebüxt waren, ihren Männern zuliebe wieder die untergeordnete Rolle. Die Männer lehnen sich nach einigen schreckhaften Momenten der Verunsicherung beruhigt in ihren Armsesseln zurück.

Sich zu verstellen und zu tricksen, war das in der Realität ein Weg aus einer widersprüchlichen Situation für Frauen – einerseits in vielerlei Hinsicht untergeordnet, andererseits eine unverzichtbare Stütze der Familie und der Gesellschaft? Diese Strategie wurde tatsächlich ganz offen empfohlen, zum Beispiel im Frauenfunk des *Bayerischen Rundfunks.* Die Sendebeiträge stellten die Frau grundsätzlich als selbstbewusst und kompetent dar. Sie sei aber so »klug«, die Vorrangstellung des Mannes nicht anzugreifen, sondern ihre Sache mit Diplomatie durchzusetzen. Die traditionellen Machtverhältnisse wurden im Frauenfunk als eine äußere Form ohne Inhalt, als Illusion entlarvt: »Der Mann lebt von Illusionen! Sie ihm zu belassen – darin liegt für die Frau das Geheimnis einer klug geführten Ehe. Warum ihm z. B. die Illusion nehmen, er sei der Herr im Haus?«[4]

Wenn es Konflikte in der Ehe gebe, solle eine Frau mit klugem Geschick vorgehen. »Ein guter Diplomat beherrscht die Kunst, Reibungen zu vermeiden und Spannungen auszuschalten und damit die Atmosphäre zu schaffen, die ihm die Erreichung seiner Ziele erleichtert«, empfahl die Sendung *Gu-*

ten Morgen, liebe Hausfrau am 2. Mai 1946 den Hörerinnen. Dazu gehöre zum Beispiel, den von der Arbeit heimkehrenden Mann nicht gleich mit den eigenen Nöten und Sorgen zu überfallen, sondern ihn sich erst einmal ausruhen zu lassen. Die Frau dürfe nicht ungeduldig werden, wenn ihr Mann schweigend sein Abendessen verzehre, sie werde wissen, dass es darauf ankomme, ihn mit einem freundlichen Lächeln aufzuheitern und den richtigen Moment für ihre Anliegen abzuwarten.[5] Inwieweit haben solche Ratschläge gefruchtet? Ließ sich das Täuschen und Taktieren im Ehealltag überhaupt durchhalten? Zeitschriftenartikel, Ratgeberkolumnen oder Radioglossen bieten natürlich nur Anhaltspunkte, weil sie nicht die Wirklichkeit abbilden, sondern im Kontext der damaligen Diskurse um Entmännlichung und Krise der Familie entstanden sind.

Wie ich weiter oben erwähnt habe, hat eine stichprobenartige Untersuchung von Anträgen auf eine Abtreibung in der DDR gezeigt, dass sie häufiger von Männern gestellt wurden. Hatte das womöglich damit zu tun, dass im damaligen Eheverständnis Männer die Aufgabe der Kommunikation mit der Außenwelt, mit Behörden und Autoritäten, übernahmen? Die Paare könnten gehofft haben, ein vom Mann gestellter Antrag werde von den Kommissionen, die über die Gesuche entschieden, ernster genommen. Durch Sozialarbeiter befragt, stellte sich allerdings heraus, dass es in den Paaren wohl tatsächlich die Männer waren, die kein Kind oder kein weiteres Kind wollten und sich mit ihrem Wunsch offenbar hatten durchsetzen können. Sollte die Stichprobe aussagekräftig sein, wäre das ein Hinweis darauf, wer in den Ehen bei wichtigen Entscheidungen etwas zu sagen hatte.

Weitere Indizien lassen sich in Elterntagebüchern finden. In meiner Untersuchung zur frühkindlichen Sozialisation in

Deutschland im 20. Jahrhundert habe ich in den Quellen aus den 1950er Jahren viele Beispiele für asymmetrische Beziehungen zwischen den Eltern gefunden.[6] Anfangs blieben die Väter noch eher im Hintergrund. Sie sollten mit den Schwangerschaftsproblemen möglichst nicht belästigt werden, den Frauen wurde geraten, sich gerade während der Schwangerschaft möglichst sorgfältig zu stylen, damit sie auf ihre Männer nur ja nicht abschreckend wirkten. Auch die Entbindung sei reine Frauensache. Erst wenn das Kind auf der Welt sei, werde es dem Vater stolz präsentiert. Das heißt aber nicht, dass seine Rolle als unbedeutend betrachtet wurde. Aus den Tagebüchern geht hervor, dass die Mutter für die tägliche Versorgung und Betreuung zuständig war, der Vater für das Einkommen und die rationalen Erziehungsprinzipien.[7] Die Aufgabenverteilung war so fest geregelt, dass sich eine Mutter, deren Mutter starb, bei ihrem Mann dafür entschuldigte, dass sie in dieser Zeit nicht ganz und gar für Mann und Kind da sein könne. »In Gedanken bat ich Papi und Dich um Verzeihung für meine Trostlosigkeit; ich hatte ja noch Euch.«[8] Obwohl diese Frau aus Mannheim die Betreuung ganz allein übernahm und obwohl sie mit der Unterstützung der Großeltern gelegentlich sogar etwas hinzuverdiente, entschied ihr Mann alle wichtigen Erziehungsfragen. Nachdem sich der Sohn beim Arzt gegen das Temperaturmessen gewehrt hatte, heißt es im Tagebuch: »Nach Papis Anweisung soll jetzt ein paar Tage lang Temperatur gemessen werden, bis Ulrich sich daran gewöhnt hat.«[9]

Frauen kehrten in den Tagebüchern ihre Mütterlichkeit heraus, unterstrichen ihre quasi natürliche Kompetenz auf dem Gebiet, gleichzeitig betonten sie, der Vater habe die primäre Entscheidungsverantwortung. War das etwa nur Rhetorik? Oder spricht das für die These der Historikerin Hanna Schissler, die sagt, dass sich nach dem Krieg zwar die soziale Realität für Frauen und Männer geändert habe, die kulturellen Zuschreibungen polarer Geschlechterrollen jedoch nach 1945 sogar noch stärker aufblühten?[10] Das führte offenbar zu einer manchmal etwas forciert anmutenden Haltung der Tagebuch schreibenden Frauen: Sie unterstrichen ihre primär als mütterlich gedeuteten Gefühle, versuchten dabei gleichzeitig, den Vater in seiner Bedeutung für die Mutter-Kind-Dyade zu bestärken und seine Entscheidungsgewalt zu legitimierten. Die Tagebuchautorinnen heben immer wieder die Sicht der Väter hervor. Ihre Reaktion auf den Nachwuchs war allemal einen Eintrag wert. Die Mütter würdigten ausdrücklich, wenn der Vater das Kind einmal fütterte oder den Kinderwagen schob, sie äußerten sich zur Ähnlichkeit zwischen Vater und Kind. Vor allem aber schien es Müttern wichtig zu sein, eine emotionale Beziehung des Vaters zum Kind und umgekehrt frühzeitig festzuschreiben: »Unser Vati hat Urlaub. […] Ingrid lacht ihn gleich an, wenn er sich mit ihr unterhält«, schreibt zum Beispiel eine Mutter aus München über das dreimonatige Kind. »Ich glaube nicht, dass Papi sich schon andere Babys angesehen hat. Doch er ist der Meinung, dass du ein besonders lieber Kerl bist.«[11] Es scheint, als müssten die Mütter in ihren Tagebüchern zwischen Vater und Kind dolmetschen. Zum anderen betonen die Tagebücher die unverminderte Autorität der Väter, die geschlechtsspezifisch legitimiert wird. Zum Beispiel schämen sich Mütter vor ihren Männern, wenn sie bei der Betreuung des Kindes einen Fehler gemacht haben, sie versuchen es, vor ihnen zu verheimlichen, oder sie »beichten« ihr Versagen und nehmen dann das Urteil des Mannes entgegen.

Es ist heute schwer zu sagen, ob Ehefrauen damals den Willen ihres Mannes vorauseilend versucht haben zu erfüllen, wenn sie sich in den Tagebüchern der 1950er Jahre selbst als so devot beschreiben. Klar zu sein scheint, dass das gesellschaftliche Leitbild nicht von Männern für Männer gemacht, sondern von Frauen mitgestaltet und gefördert und auch in ihren privaten Notizen reflektiert wurde. Auch sie hatten ein Interesse daran, die Verhältnisse in der Ehe nach außen als geordnet und »normal« erscheinen zu lassen. Auch sie hatten einen Ruf zu verlieren. Frauen, die auf eine gleichberechtigte Rolle im Haushalt pochten, liefen Gefahr, sich selbst und ihre Männer dem Gespött preiszugeben: Sie standen als Hausdrachen da, ihr Mann als verweiblicht oder als amerikanisiert (was ungefähr gleichbedeutend war).

Nicht zuletzt profitierten Frauen von der klassischen Aufgabenverteilung, denn sie hatten immerhin einen eigenen Bereich. Sie waren (im Westen) zwar gesetzlich dafür zuständig, zu kochen und zu putzen, während es Männern freistand, gelegentlich mitzuhelfen. Frauen konnten sich aber auch unverzichtbar fühlen und moralischen Druck aufbauen, während sie noch lange nach Kriegsende, wenn sie erwerbstätig sein wollten, untergeordnete, oft mechanistische und schlechter bezahlte Tätigkeiten in Kauf nehmen mussten. Von diesen Überlegungen ausgehend, war für viele Frauen eine eigene Berufstätigkeit kein großer Anreiz. Wenn sie lieber nicht arbeiten gingen, kann das nicht pauschal als Indikator für mangelnde Selbstständigkeit und Unabhängigkeit gewertet werden. Es konnte auch einfach vom Gehalt des Mannes abhängen und davon, was sich davon finanzieren ließ und was nicht.

Ein gutes Beispiel sind die Briefe von Gerda Voigt an ihre Eltern. Sie musste nach Kriegsende, wie bereits weiter oben geschildert, einen steilen sozialen Abstieg erleben. Im Alter von 35 Jahren lernte sie zum ersten Mal in ihrem Leben, ihr Essen selbst herzustellen, auf dem Schwarzmarkt anzustehen, Kleider zu nähen und mit einer sehr ärmlichen Ausstattung, die sich anfangs auf eine Herdplatte belief, zurechtzukommen. Klopapier, Decken, Schuhe, Kleidung, Heizmaterial, alles stellte sie vor riesige Beschaffungsprobleme. Ihr Ton ist jedoch alles andere als verzweifelt. Im Gegenteil scheint es, als habe sie an den ihr täglich neu zuwachsenden eigenen Kräften Spaß. Wenn wir Emanzipation und Selbstwirksamkeit auf einen kleineren Maßstab herunterbrechen, dann empfindet sie diese durchaus. Sie ist weder politisch in Erscheinung getreten, noch hat sie beruflich Karriere gemacht, aber aus ihren Briefen wird klar, dass sie sich mit immer größerer Kompetenz als Managerin des Alltags bewährt. Sie überblickt Angebote und Preise, lernt, zu planen und zu kalkulieren. Ihre Ehe wirkt, soweit sich das auf Grundlage dieser Quelle sagen lässt, gleichberechtigt. Die Eheleute arbeiten zusammen. Er organisiert Möbel und geht am Wochenende auf Hamsterfahrt, schleppt säckeweise Kohle und Kartoffeln heran, sie organisiert die Betreuung für die Kinder, um ihrerseits zeitraubende Besorgungen zu erledigen. In seinem langwierigen Entnazifizierungsverfahren steht sie voll an seiner Seite, und sie unterstützt ihn beim Networking, indem sie an seiner Seite zu seinen geschäftlichen Einladungen geht und bei seinen Kollegen und Vorgesetzten für ein gutes Klima sorgt. Das alles ist nicht unbedingt emanzipiert im Sinne der Feministinnen der Zweiten Frauenbewegung der 1970er Jahre, aber scheint doch im Vergleich zum Leben einer behüteten Bürgerlichen vor dem Zweiten Weltkrieg eigenständig und unabhängig.

Der »Kampf der Geschlechter«

Neben der vermeintlichen Entmännlichung löste die gestiegene Scheidungsquote nach dem Krieg in Teilen der Gesellschaft Sorgen aus. Sie lag nun bei 16,9 Prozent und hielt sich auf diesem hohen Niveau bis 1950. Frauenzeitschriften wie *Constanze*, *Sie* oder *Welt der Frau* wussten von erschreckend schlechten Ehen zu erzählen und druckten Essays, die dafür plädierten, die Ehe als Institution ganz abzuschaffen und auf die »Mutterehe« zu setzen. Denn viele Ehen waren überstürzt in einem Fronturlaub geschlossen worden und sollten in erster Linie der materiellen Absicherung der Frauen und sicher auch der emotionalen Rückversicherung der Männer dienen. Als die Männer dann von der Front oder aus der Kriegsgefangenschaft zurückkehrten, stellte sich bald heraus, dass es den Eheleuten an einer gemeinsamen Basis fehlte. Dagegen schien die Zweckgemeinschaft von Frauen mit Kind nicht nur wegen des deutlichen Frauenüberschusses sinnvoll, sondern auch der klassischen Kernfamilie weit überlegen. Als Argumente machten die Befürworterinnen der »Mutterehe« Ideen vom grundsätzlich unversöhnlichen Wesen der Geschlechter sowie das angeblich althergebrachte Mutterrecht geltend. Frauen könnten sich nur als Mutter verwirklichen, hieß es, und das müsse auch ohne Mann möglich sein. Männer hingegen könnten auch ohne sich fortzupflanzen, glücklich werden. Dagegen wüteten die konservativen Stimmen, die in der Ehe und Familie das Fundament der Gesellschaft sahen.[12]

Eheratgeber schrieben sich die Finger wund, um die Bevölkerung zu warnen und zu schulen. Der Psychiater Theodor Bovet zum Beispiel bezeichnete in seinem populären Ratgeber die Ehe als das »Urbild der menschlichen Gemeinschaft«. Alle anderen Kollektive wie Sippe, Volk, Kirche und Nation seien nach ihrem Ebenbild organisiert und würden »in ihrem innersten Wesen erschüttert«, wenn die Ehe nicht mehr existierte.[13] Im nächsten Schritt erklärte der Schweizer Nervenarzt, dass die Ehe durch den rassistischen Kollektivismus des »Dritten Reichs« und durch die sowjetische Ideologe stark gelitten habe, denn die totalitären Systeme hätten ein Interesse daran, die Familie zu zertrümmern, weil sich »atomisierte Einzelindividuen« besser gleichschalten und beherrschen ließen.[14] Daraus folgte für ihn im Umkehrschluss, die Ehe sei eine demokratische Institution.

Bovet verstieg sich mit seiner Lobpreisung der Ehe bis in die Niederungen der Tierwelt. Ursprünglich bestehe auch bei den Tieren eine »primäre Feindschaft« zwischen den Geschlechtern, die nur während der Brunst ausgesetzt sei: »Der Hamster, beispielsweise, beißt jedes Weibchen, dem er außerhalb der Brunstzeit begegnet, einfach tot.«[15] Die Verschiedenheit von Mann und Frau sei »eine totale« und gehe körperlich und seelisch bis in die letzten Einzelheiten. So wie auch der Arm, die Hand, der Fingernagel und jeder einzelne Hautpartikel der Frau anders seien als beim Mann, so seien ihr Fühlen und Denken, aber auch ihre Wahrnehmung der Außenwelt, ihr Lebensstil und Rhythmus, also schon die Voraussetzungen jeder Äußerung, von denen des Mannes »grundverschieden«. (Man beachte die alte Logik, wonach die Frau die Abweichung vom Mann darstellte, nicht etwa umgekehrt der Mann die Abweichung von der Frau.) Frauen hätten einen besonderen Sinn für alles Lebendige und Persönliche, der Mann sei für den Schutz und die Ernährung der Familie bestimmt und habe es weniger mit den Menschen als mit den Sachen. »Er muss ein Haus bauen und einen Herd einrichten, dazu muss er Werkzeuge erfinden.« Schlussendlich befinde er sich sowohl bei der Jagd als auch bei der Verteidigung der Familie im Kampf und brauche dazu Waffen.[16] Die Frau stehe wiederum für natürliches Wachstum und Ganzheitlichkeit. Die Denkweise der Frau sei dementsprechend vor allem intuitiv, verstehend, für die natürlichen, gewachsenen Strukturen gemacht, die des Mannes vor allem verstandesmäßig, erklärend, den logisch konstruierten Dingen angepasst. »In zugespitzten Fällen fragt der Knabe: ›Wo hat das Pferd seinen Motor?‹, während das Mädchen sich erkundigt, wo im Auto das Pferd versteckt sei.«[17]

Die bei Bovet fast ins Karikaturhafte überspitzte Vorstellung von der gegenseitigen Ergänzung der wesensverschiedenen Geschlechter war ein Erbe des bürgerlichen Zeitalters, dennoch blieb sie für die Menschen in den 1940er und 1950er Jahren offenbar attraktiv. Das spiegelte sich auch in den Hoffnungen und Fantasien junger Frauen wider. Für die blieb, allem Gerede über den Kampf der Geschlechter zum Trotz, die Ehe ein selbstverständliches Lebensziel.

Thea Dietrich, geboren 1928 in Leipzig, schrieb von 1944 bis 1951 Tagebuch.[18] Bei Kriegsende, im Alter von 17 Jahren, räsonierte sie darüber, wie ihr Leben weitergehen solle. Sie wog drei Möglichkeiten ab: Berufstätigkeit, Ehe oder Tod. Was heute nach Pubertätsdrama klingt, ist vermutlich auch mit dem Zusammenbruch der eigenen Hoffnungen, die der Nationalsozialismus hervorgerufen hatte, zu erklären. Am 26. März 1945 erläutert sie, dass sie sich niemals mit einer Arbeit, die jede verrichten könne, zufriedengeben werde. Sie erwarte von einem Beruf sowohl Verantwortung als auch eigene Entscheidungsfreiheiten. Die Ehe und eine glückliche Familie seien aber ihr höchstes Ideal, doch müsse sich erst der

»richtige Lebenskamerad« finden. Auch den Tod halte sie für eine Option, da sie sich um alle Freuden und Erfolge betrogen fühle. Gerne würde sie den »Heldentod« sterben: »Ich würde mich heute nicht scheuen, als Wehrmachtshelferin nah der tobenden Front Dienst zu tun oder einen Brand größten Ausmaßes nach einem feigen Terrorangriff der Feinde helfen zu löschen, nur um zu zeigen, dass auch ein Mädel die Fähigkeiten und den Mut besitzt, eine gewaltige Tat zu vollbringen! [...] O, könnte man nur für sich leben!« Kurz nach diesem resignativen Exkurs wird Thea Dietrich in die zwölfte Klasse versetzt und hofft entgegen ihren Erwartungen doch noch auf das Abitur. In den Osterferien wird sie vermutlich vom BDM oder vom Reichsarbeitsdienst bei der Luftschutzwache und der Betreuung von Geflüchteten eingesetzt. Sie glaubt noch immer an einen deutschen Sieg, für den sie am liebsten mitkämpfen würde. Sie soll als Rotkreuzhelferin ihren Dienst tun. Ende April wird Leipzig besetzt. Sie schimpft auf die Wehrmacht und die »türmenden« Soldaten und findet, die Männer sollten sich ein Beispiel an den Goten nehmen. Sie ist enttäuscht, einen »richtigen« Krieg habe sie sich anders vorgestellt. Zu einem richtigen Krieg gehörten für sie auch richtige Männer, keine Feiglinge und Versager.

Als die Amerikaner Leipzig besetzen, empfindet sie das als Erniedrigung. Sie fühlt sich gealtert und gereift angesichts des Endes des »so gesunden und lebensfähigen« »Dritten Reichs«, das sie nach wie vor verteidigen möchte. Doch schnell wechselt die Tonlage, und das junge Mädchen stürzt sich in eine Schwärmerei. Sie träumt davon, mit dem auserwählten Rolf auf einer grünen Wiese in einem weiten, weißen Kleid Walzer zu tanzen.[19] Schon im nächsten Eintrag geht es wieder um Tagesaktuelles, und sie wendet sich beim Anblick der »tierischen Gesichter der Asiaten« mit Grausen ab, als die Russen einziehen. »Unkultivierte Menschen wollen uns jetzt erziehen u. belehren u. uns zu ihren Sklaven machen.«[20] Sie wird von ihrem Vater in der Schule abgemeldet, damit die Familie zwanzig Mark sparen kann. Das bedeutet, dass sie in einem Büro arbeiten muss oder gar als gewöhnliche Arbeiterin endet. Sie liebäugelt damit, sich als Zahntechnikerin ausbilden zu lassen. Im Juni 1946 leidet sie unter den gesundheitlichen Folgen ihrer Unterernährung. Sie wird zum Jahresabschlussball der Ingenieursschule eingeladen und erhofft sich davon, »mit fremden Herren« tanzen zu können. Inzwischen geht sie auch wieder zur Schule und genießt ihren neuen Status als umworbenes Mädchen. Sie bekommt Lust darauf, Jura und Wirtschaftswissenschaft zu studieren, fürchtet aber, dass ihrer Familie dafür die Geldmittel fehlen. Mit dem zweitbesten Abitur der Schule landet sie als Praktikantin bei einer Firma, die Walzen für Druckmaschinen produziert. Sie ist inzwischen 19 Jahre alt, lebt noch bei den Eltern, besucht Literaturabende, lernt Englisch, geht ins Theater, spielt Akkordeon. Aus Kostengründen ist es ihr abends verboten, in ihrem Zimmer Licht zu machen, laut Radio hören darf sie auch nicht.

Wenn Thea Dietrich anfangs noch altklug und frühreif klang, wird ihr Tagebuch jetzt zu dem einer Halbwüchsigen, die sich mit ihren Eltern über Fragen wie Frisuren, Mode und Zimmerlautstärke zankt. Sie schneidert sich ihre Kleider selbst, geht mit ihrem Freund Martin händchenhaltend ins Kino und liegt nachts weinend im Bett, weil sie sich von ihrer Familie nicht wertgeschätzt fühlt. Zum sechsten Jahrestag des Kriegsendes erlebt sie ihr Land immer noch in »Knechtschaft und Unfreiheit«. Sie sei inzwischen beherrscht und fast schon kalt, als ob eine Eisdecke auf ihr liege. Der Grund: Ihr Freund

Martin hat sie verlassen. Sie leidet an einem Magengeschwür und magert auf 88 Pfund ab, was sie mit einem »kleinen Nervenzusammenbruch« erklärt.[21]

Das Tagebuch von Thea Dietrich macht uns deutlich, wie sich nach dem Krieg die privaten Momente von Glück und Unglück mit den äußeren Umständen verbinden und vermischen. Kriegsniederlage und Okkupation und die persönliche Lage einer Teenagerin, die unter den alterstypischen Problemen mit ihren Eltern und mit dem anderen Geschlecht leidet, überlagern sich. Sie ist einerseits borniert, hält sich als Deutsche für etwas Besseres, andererseits fühlt sie sich gedemütigt vom Verlust der nationalen Souveränität. In diesem Kontext werden Geschlechtervorstellungen wichtig. Erst kultiviert sie noch ein Männlichkeitsideal des starken Kriegers, von dem sie sich sowie die Nation als abhängig empfindet. Als unwiderruflich klar ist, dass der Krieg verloren ist, ändert sich das männliche Idealbild. Sie erträumt einen Mann, der sie aus ihrem Leben erlöst. Zwar kokettiert sie am Anfang noch damit, dass sie sich zwischen den Optionen zu arbeiten, zu heiraten oder zu sterben, erst noch entscheiden müsse. Aber es wird schnell klar, was ihre eigentliche Priorität im Leben ist, nämlich durch eine Liebe aus den beengenden Verhältnissen im Elternhaus befreit zu werden und durch Heirat und Familiengründung ihr ganzes Leben in eine neue, gediegene Richtung zu wenden. Sie macht sich für Verabredungen und Bälle so attraktiv wie möglich, vergöttert ihre Tanzpartner und hofft, unter ihnen den Richtigen zu finden. Diese Aussicht wiegt umso stärker, je weniger verlockend sich ihre berufliche Zukunft gestaltet. Erst scheint ihre Hoffnung auf ein Abitur zu platzen, dann kann sie aus Kostengründen ihren Studienwunsch nicht erfüllen. Es stellt sich heraus, dass die Arbeit so anspruchsvoll und einzigartig, wie sie sich das vorher vorgestellt hatte, nicht aussehen wird. An die Stelle der Selbstverwirklichung durch den Beruf tritt das Ziel, einen Mann zu heiraten und sich mit seiner Hilfe selbst zu verwirklichen. Als sich ihre Beziehung zu Martin löst, endet für Thea Dietrich offenbar mehr als nur eine Liebe – es bricht (vorläufig) ihr ganzer Lebensplan, mit einer Hochzeit ein eigenes Leben beginnen zu können, auseinander.

Zieht man die alterstypische Aufgeregtheit der Tagebucheinträge ab, bleibt immer noch das für diese Zeit ganz bezeichnende Bild einer jungen Frau, die sich eine eigene Existenz nur vermittelt über einen Mann vorstellen kann. Angesichts der Umstände, unter denen die meisten jungen Menschen mit ihren Angehörigen damals zusammenleben mussten, und angesichts der schlechteren Berufsaussichten der Frauen scheint das nachvollziehbar. Tagebücher aus dieser Zeit und auch noch weit in die 1950er Jahre hinein beklagen häufig die räumliche und emotionale Enge der Lebenssituation mit der Herkunftsfamilie, aus der nur eine eigene Familiengründung herauszuführen scheint. Das galt auch für junge Männer, doch Frauen waren von dieser Art der Befreiung noch abhängiger, da es für sie noch ungewöhnlicher und weniger wünschenswert war, allein zu leben.

Traum von einer besseren Welt anderswo

Zu den eskapistischen Fantasien von Frauen gehörte die Fraternisierung. Darunter verstand man zunächst den Umgang der Besatzungssoldaten mit der Zivilbevölkerung, der in den Anfangsjahren je nach Armee unterschiedlich lang strikt verboten war. Doch natürlich hielten sich nicht alle daran, und als beispielsweise die Amerikaner schon 1946 diese Kontaktsperre aufhoben, blühten die Interaktionen zwischen deutschen Frauen und Soldaten auf. Dieses Phänomen war diskursiv heftig umkämpft, weil es sich symbolisch über die Kriegsniederlage legte. Die Beziehungen zwischen Deutschen und dem ehemaligen »Feind« verletzten den Nationalstolz. Elizabeth Heineman hat herausgearbeitet, dass die sexuell libertäre Deutsche, die sich mit einem Amerikaner, Franzosen, Briten oder Sowjet einließ, nach dem weiblichen Kriegsopfer und der Trümmerfrau zum drittwichtigsten Topos der Frauengeschichte nach dem Krieg wurde.[22] Im Folgenden stelle ich einen Tagebuchausschnitt vor, der die Anziehungskraft der Besatzungssoldaten aus dem Blickwinkel einer jungen Frau veranschaulichen kann.

Evamarie S. erscheint uns bei Kriegsende als ein zwischen Sehnsucht und Moral hin- und hergerissenes junges Mädchen. Nach der Flucht aus Niederschlesien in den Bayerischen Wald hungert die 17-Jährige nach Gesellschaft, nach Unterhaltung, nach Leben. Mit einer Mischung aus Abscheu und Faszination beobachtet sie, wie sich nach dem Einmarsch der US-Truppen Frauen auf »recht intimen Verkehr mit den Amerikanern« einlassen.[23] Im Kreis ihrer Familie auf engstem Raum hält sie es kaum aus, und sie wünscht sich nichts mehr, als von der Bevormundung durch ihre Verwandtschaft befreit zu werden. Dagegen üben die amerikanischen Männer große Anziehungskraft aus. »Es gibt sehr viele große und interessante Gestalten (so zum Verknallen!). Muss da nicht ein Mädchenherz auch stärker schlagen, wenn so ein Mann sie werbend und wohlgefällig ansieht? Ich meine jetzt nicht die gewöhnlichen Kerle, die sind wir ja gewöhnt, aber die anderen. Es ist doch ganz klar, dass es anständige Kerle dabei gibt, die nicht auf das

Letzte ausgehen, sondern auch mal Unterhaltung mit einem jungen Mädel suchen. Ich kann mir das nett vorstellen.«[24]

Sie ist sich natürlich bewusst, wie ihre Umwelt solche Kontakte zu Besatzungssoldaten beurteilt. Auch bei ihr selbst geht es bunt durcheinander. Einerseits kritisiert sie, die deutschen Frauen würden sich viel zu schnell auf die Männer einlassen oder sogar von sich aus den ersten Schritt machen und dabei nur »Schweinereien« im Kopf haben. Sie behauptet, sie selbst könne keinen Amerikaner lieben, denn ihre Liebe sei nur für den deutschen Mann da. Andererseits findet sie, »mal so eine nichtalltägliche Abwechslung, so was Neues, ist auch was Nettes, überhaupt hier in der Einöde«.[25] Sie hat keine Arbeit, ist offenbar sehr unausgefüllt und empfindet es als beschämend, dass sie noch keine sexuellen Erfahrungen hat. Manchmal spielt sie deshalb mit Männern, fühlt sich verknallt, lässt sich »überrumpeln«, tauscht Küsse aus, wehrt wieder jede Annäherung ab, dann schwört sie sich (oder ihrem Tagebuch), keine weitere Gelegenheit verstreichen zu lassen.[26] Es wird klar, dass sich vieles bei ihr in der Fantasie abspielt, dass sie schließlich ein ganz normales pubertierendes Mädchen bleibt. Ein Mädchen, das in einer besonderen historischen Situation lebt, weggerissen von der Heimat, eingezwängt in familiäre Enge, lebenshungrig, sehnsüchtig nach Sex und Liebe. Ein Mädchen, das etwas projiziert auf die fremden, siegreichen Soldaten, die damals äußerlich anziehender wirken als die deutschen Männer, weil sie besser genährt sind, weil sie amerikanischen Wohlstand und die amerikanische Popkultur repräsentieren und weil sie mit breiter Brust das Land besetzt halten.

Aus manchen Begegnungen mit den fremden Soldaten werden feste Beziehungen und sogar Ehen. Margot H. wurde

1925 in Berlin geboren, die Liebe verschlägt sie nach Lynwood in Iowa. Die gelernte Bürokauffrau hält sich bei Kriegsende mit Gelegenheitsjobs über Wasser, als sie 1947 ihrem zukünftigen Mann begegnet, einem GI. Sie hat gerade ihren Vater verloren und lebt in einer geplünderten und demolierten Wohnung. Um sich zu treffen, muss der GI die Berliner Sektoren wechseln, was eigentlich verboten ist und ihn in ihren Augen zum Helden macht. Auch die Heirat gestaltet sich schwierig, denn es dauert, bis die US-Armee ihren Soldaten erlaubt, eine deutsche Frau zu ehelichen. Doch schließlich ist die Erlaubnis da, und Margot folgt ihrem Verlobten ins ferne Iowa. Im Gepäck hat sie ausgerechnet einen alten Pelzmantel, den sie in den letzten Kriegstagen organisiert hatte.[27]

Pathologisierung der Frauenwünsche

Für die gleichaltrigen deutschen Männer war das eine demütigende Erfahrung, nicht nur, weil sie zweite Wahl waren, sondern auch, weil ihnen ausgerechnet die Männer vorgezogen wurden, die sie bis eben noch bekämpft hatten. Das mag eine Rolle bei der schon weiter oben angesprochenen Tendenz der deutschen Gesellschaft gespielt haben, vor allem Mädchen der »Verwahrlosung« und Amoral zu bezichtigen. Es traf nicht nur die vielen unbegleiteten Mädchen, die nach den großen Fluchtbewegungen irgendwo in Deutschland gelandet waren, die alleinstehenden Frauen, die beispielsweise aus den Städten evakuiert worden und in ihrem neuen Umfeld ohne Familienzusammenhang schlecht beleumundet waren, sowie die sogenannten ledigen Mütter. Die Gesellschaft sorgte sich ganz allgemein um das weibliche Geschlecht.

Das blieb auch noch so in den frühen 1960er Jahren. Beim Deutschen Fürsorgetag im Jahr 1963 in München fällten Expertinnen und Experten ein sehr unvorteilhaftes Urteil über Frauen. Es gelinge ihnen nicht mehr, wie »von selbst« in die Ehe hineinzuwachsen, sie seien von »Unsicherheit« verschattet.[28] Als Ursache machte der Direktor des Seminars für Wohlfahrtspfleger des Deutschen Caritasverbandes, Hans Wollasch, die weibliche Erwerbstätigkeit aus. Sie habe dazu geführt, dass die Ehe zur »bloßen Erwerbskameradschaft« verkommen sei. Hinter dieser Aussage steckte zum einen der Rückgriff auf das Ehemodell der Nationalsozialisten, deren Ideal die »Kameradschaftsehe« gewesen war, und zum anderen der Vorwurf, Frauen seien nur noch an einem egoistischen, am materiellen Fortkommen orientierten Lebensentwurf interessiert, wollten keine Kinder mehr, betrachteten Mutterschaft neuerdings als Luxus. Junge Eheleute seien »Aufstiegsneurotiker« geworden, die im Konsum Ersatzbefriedigungen suchten. Ein weiteres Problem sah Wollasch in der vaterlosen Gesellschaft, das heißt darin, dass viele junge Menschen ohne Vater aufgewachsen seien und deshalb kein richtiges Familienleben erlebt hätten. Diesem Defizit speziell bei Mädchen und jungen Frauen müsse in Ehevorbereitungskursen begegnet werden. »Die fehlende Gefühlsgewissheit, was Ehe und Familie ist, der unzulängliche Umgang des Mädchens mit den mütterlichen Diensten, die Unsicherheit der Rolle von Mädchen und jungem Mann im Selbstverständnis und in der gegenseitigen Einschätzung machen es aber erforderlich, dass Ehevorbereitung im Rückblick auf das fragmentarische Erlebnis vieler junger Menschen von ihrer eigenen Familie und im Vorausblick auf das, was jenseits der jungen Liebe die Bürde der kommenden Familie schwer, aber auch reich macht, zur bewussten Auseinandersetzung führt.«[29]

Der allgemeine Zweifel an der Standfestigkeit des weiblichen (und männlichen) Rollenverständnisses wirkt aus heutiger Sicht konstruiert. Weder hatte sich die Neigung zu heiraten nach dem Krieg abgeschwächt, noch gingen von den nach dem Krieg geschlossenen Ehen überdurchschnittlich viele in die Brüche. Mehr Scheidungen lassen sich erst später, als Folge der gesellschaftlichen Liberalisierung der 1970er Jahre, feststellen. Erst nach der Einführung eines neuen Scheidungsrechts ohne Schuldprinzip, das Frauen finanziell absicherte, konnten Frauen auch nach längerer Ehe ohne eigene Berufstätigkeit eine Trennung riskieren.

Was sich im Nachkriegsjahrzehnt aber tatsächlich geändert hat, waren die weiblichen Bedürfnisse. Nicht nur die materiellen, wie der zitierte Wollasch argwöhnte, sondern auch die Bedürfnisse nach Liebe und Sexualität wuchsen nach dem Krieg. Die US-Historikerin Dagmar Herzog hat in ihrem Buch *Die Politisierung der Lust* die These aufgestellt, Deutschland sei seit den 1920er Jahre ein sexuell äußerst libertäres Land gewesen. Sowohl im Nationalsozialismus als auch in der Nachkriegszeit hätte man an lockeren Sitten, zum Beispiel an Einstellungen zu vorehelichem oder außerehelichem Sex, festgehalten.[30] Bei diesem Thema ist es jedoch besonders schwierig, Diskurse, politische Normen und gelebte Praxis zu unterschieden. Das lässt sich bis in die kleinteilige Quelle des individuellen Tagebuchs feststellen. Es ist nicht möglich, einem Selbstzeugnis zu entnehmen, wie die Autorin und der Autor tatsächlich ihre Lust ausgelebt haben, wir können nur herausfinden, wie im Augenblick der Niederschrift darüber gedacht beziehungsweise was in diesem Augenblick für schreibwürdig gehalten wurde. Im besten Fall handelt es sich um eine Diskussion innerer Wünsche und Ängste und die Auseinandersetzung mit den von außen herangetragenen Möglichkeiten und Zumutungen. Ein solcher Glücksfall einer Quelle liegt mit dem Tagebuch von Bernhardine S. vor, einer 1918 geborenen katholischen Ärztin und Politikerin aus Bonn.[31]

Lust und Sünde

Bernhardine S. heiratet 1948, im Alter von dreißig Jahren. In ihrem Tagebuch aus den Jahren 1953 bis 1963 lässt sich nachzeichnen, wie sie ihre Ehe und Liebe interpretiert.[32] Anlass ihrer Selbstbefragung ist, dass sie einen anderen Mann kennenlernt und lange mit sich ringt, ob sie eine Affäre mit ihm anfangen soll. Daraus wird eine grundsätzliche Auseinandersetzung mit den eigenen Vorstellungen von Liebe, Ehe und Sexualität und den Optionen, die sich ihr bieten. Im Oktober 1953 vertraut sie ihrem Tagebuch an, dass sie ihren Mann liebe und sich ihm durch das Eheversprechen verbunden fühle. »Aber im letzten Winkel meines Herzens ist doch etwas, was sich nicht endgültig gebunden fühlt, was noch nicht das endgültige und durch nichts mehr zu erschütternde ›Ja‹ gesprochen hat.« Trotzdem werde sie ihre Ehe niemals aufs Spiel setzen, sondern, wenn sie einmal in Versuchung geführt werde, rechtzeitig auf die Notbremse treten.[33] Drei Jahre später ist es so weit. Sie trifft einen anderen Mann, der ihr nicht nur wegen seines sprühenden Geistes, sondern auch als Mann gefällt. Sie schreibt von »sinnlich erregenden Gefühlen« und fürchtet, sich zu verlieben. Verliebtheit stellt für sie die eigentliche Gefahr dar, denn nur verliebt könne sie sich auf eine sexuelle Beziehung einlassen. Trennen lassen sich für sie Liebe und Sexualität nicht. Selbst innerhalb ihrer Ehe kämen

»sexuelle Abreaktionen« für sie nicht infrage, sie sei nun einmal kein »Mittel zum Zweck«.[34] Bei einem Ball ist es dann so weit, sie lässt sich von Knut küssen, erschrickt jedoch über die Erkenntnis, dass er nicht verheiratet ist, und fühlt sich »reingefallen«, denn für ihn stehe dabei nichts auf dem Spiel. Das schmälert für sie den Wert seiner Avancen.

Schon aus dem bisher Gesagten werden die Grundlagen ihres Moralverständnisses, aber auch ihre Bedürfnisse deutlich. Für die Katholikin ist das Eheversprechen verbindlich, gar ein Sakrament. Liebe und Sexualität sind unlösbar miteinander verbunden. Ein Mann darf sie nur begehren, wenn seine Absichten ernsthaft sind, und das ist der Fall, wenn er mindestens genauso viel in die Waagschale wirft wie sie selbst. Sie bleibt generell in der reaktiven Rolle, die ihr als Frau traditionell zugewachsen ist, das geht so weit, dass sie sich bedankt, weil Knut es vorerst nicht weitertreibt. Sie hätte ihm nur eine »unglückliche Liebe« bieten können, weil sie niemals ihre Ehe und ihre Familie aufs Spiel gesetzt hätte, denn das würde nur »Schuld und unlösbare Verstrickung« nach sich ziehen. Trotzdem ist ihre Selbstgewissheit offenbar angeknackst, denn sie fragt sich, wie sie sich als verheiratete Frau überhaupt habe verlieben können. Sie habe sich zwar auf ihr Gewissen verlassen können, aber nicht auf ihre Gefühle. Sie fühle sich von ihm stark angezogen, sei ihm geradezu verfallen.[35] In den folgenden Einträgen macht sie sich Vorwürfe. Sie habe es ihm zu einfach gemacht, sich womöglich als »leichte Beute« erwiesen. Auch das ein klassischer Topos der weiblichen Tugendhaftigkeit damals: Eine Frau muss sich erobern lassen und dabei gehörig Widerstand leisten, damit sie ihre Moral behält.

Obwohl außer einem Kuss noch nichts passiert ist, macht sich die Autorin große Gedanken. Sie könne sich einen Seitensprung nie verzeihen, selbst wenn er keine Folgen habe. Sie unterstellt dem besagten Knut, wankelmütig und feige zu sein, außerdem sei er »polygam«, weil er bei dem Faschingsball auch noch eine andere geküsst habe. Sie betrachte ihn nun als ein Unglück, über das sie hinwegkommen müsse, und bete zu Gott, dass er sie nicht noch einmal in Versuchung führe, sondern ihr dabei helfe, sich von diesem Mann frei zu machen. An dem Abschnitt ist interessant, dass die promovierte Ärztin an die damals schon etwas angestaubte Theorie glaubt, dass Frauen besonders triebhaft seien und diese Triebe schlechter beherrschen könnten als Männer. Gleichzeitig fühlt sie sich von ihrer eigenen Lust bloßgestellt und gedemütigt. Sie rekapituliert immer wieder das Geschehen und hält sich inzwischen für das Opfer eines bedenkenlosen Mannes, dem es nur um seine Sinnlichkeit gegangen sei. Sie beschwört sich immer wieder selbst, dass nicht mehr daraus werden dürfe, sie dürfe die Bindung zu ihrer Familie nicht riskieren. »Ich kann mich schlecht belügen und sagen, dass Liebe zum eigenen Mann und Verliebtheit zu einem anderen sich irgendwie schon miteinander vertrügen. Ich weiß sehr gut, dass das Unfug ist.«[36]

Trotzdem kultiviert sie ihre Fantasien weiter und wägt ab zwischen »Ehebruch« und Scheidung, und sie fragt sich sogar, ob sie Knut heiraten würde, was zeigt, wie eng für diese Frau im Jahr 1955 Sexualität mit Liebe und Liebe mit Ehe noch immer verknüpft sind. »Als junges Mädchen war es für mich einfach selbstverständlich, dass ich den Mann, den ich liebte, heiraten wollte. Wenn man mir gesagt hätte, dass man sehr wohl einen Menschen lieben könne, ohne den Wunsch zu haben, das weitere Leben miteinander zu verbringen, hätte ich eine solche Möglichkeit jedenfalls für mich abgelehnt. Ich war früher ›absolut‹ und bin es ja in etwa auch heute noch – was ich mir nicht als Negativum anrechne. Ich hätte gesagt, dann ist die Liebe eben nicht groß genug und dann soll man am besten überhaupt die Finger voneinander lassen und nicht ein offensichtlich zeitlich begrenztes Verhältnis miteinander eingehen. Das ist würdelos.«[37]

Inzwischen, sieht sie ein, sei sie aber kein junges Mädchen mehr und müsse erkennen, dass sich zwei Menschen lieben könnten, ohne zu heiraten. »Man liebt nicht nur Menschen, zu denen man auch passt, so perfekt hat Gott die Welt offenbar nicht eingerichtet.« Sie führe aber eine gute Ehe. Dazu gehört für sie: »sich verstehen, füreinander da sein, sich achten können«. Von ihrem Mann erwarte sie, dass er ihr »Halt« gebe, und dafür müsse er selbst gefestigt sein. Knut traut sie das nicht zu, dafür sei er zu kompliziert, verworren, abgründig, süchtig und lebensunsicher. Deshalb würde sie sich nach wie vor, wenn auch schwankenden Herzens, für ihren Mann Heinrich entscheiden.[38] Heinrich sei gerade so kompliziert und von ihr verschieden, dass jeder für sich bleiben könne. Bei Knut fürchtet sie, dass sie sich nicht »voreinander bewahren« könnten, sie würden sich vielmehr »auffressen«. An dieser interessanten Stelle wird klar, dass die Ärztin vor zu viel Nähe und Übereinstimmung Angst hat und ein gewisses Maß an innerer Distanz oder Verschiedenheit von Eheleuten fordert. Das scheint mit dem bürgerlichen Ehemodell der gegenseitigen Ergänzung zusammenzuhängen, zu dem ihr Modell einer triebhaften und schwachen weiblichen Natur gehört, die Halt in der Partnerschaft sucht. Sie schreibt selbst: »Also, nicht Moralgesetze sind es, die mir ein Verhältnis unmöglich machen, nein, es ist das eigene Gesetz meiner unsublimierten Natur.« Sie benutzt hier ein psychoanalytisches Konzept, wonach die triebhafte Natur eines Menschen kulturell oder intellektuell veredelt und auf ein anderes Ziel als das der Triebabfuhr umgelenkt werden kann. Da sie als Frau nicht vorhat, berufstätig zu werden – sie plant, das Medizinstudium auf sich beruhen zu lassen, arbeiten gehen will sie nicht –, ist der Ausweg der Sublimation für sie versperrt. Deshalb braucht sie einen Mann, der sie absichert, damit sie nicht in ihrer triebhaften Natur verloren geht.

Es ist spannend zu verfolgen, wie mit zunehmender Dauer ihrer Schwärmerei für Kurt ihr Selbstbild als Frau leidet. Sie kann sich weder vorstellen zu arbeiten noch, Hausfrau zu bleiben. Auch das ist – in einem bestimmten Milieu im Westen des Landes – keine außergewöhnliche Idee: Einerseits ergriffen immer mehr Frauen die Möglichkeiten, die sich durch Ausbildung und Beruf boten, andererseits wollten oder konnten sie diese Möglichkeiten nicht realisieren. Sie blieben, überspitzt gesagt, überqualifizierte Mütter und Hausfrauen, was sich in Langeweile und Depression niederschlagen konnte. Das hört sich aus heutiger Sicht verwöhnt an, ist aber mit den Schwierigkeiten erklärlich, die es dieser Generation bereitete, sich vom hergebrachten Geschlechtermodell zu trennen.

Inzwischen haben wir 1956, und Bernhardine S. führt ein Dreiecksverhältnis. Knut habe ihr inzwischen bestätigt, dass es ihm nur um Leidenschaft gehe. Ihr Mann hat ihr das Vertrauen aufgekündigt, aber scheint die Situation nicht beenden zu wollen. Die Tagebuchautorin rechtfertigt ihre Affäre damit, dass sie vorher noch nie so starke Gefühle erlebt habe. Sie und Knut empfänden sie als rauschhaft und entrückt. Doch zwischendurch mahnt Knut zur Vernunft und pflegt seine Unabhängigkeit. Sie sinniert weiterhin über Liebe, Attraktion, Sex, aber auch grundsätzlicher über die ihr von der vorherigen Generation mitgegebenen Werte. »Ich bin gut erzogen worden und ich habe von Haus aus eine Menge Lebenseinstellungen erhalten, die mir gut dünkten und die ich zu realisieren trachtete. Ich habe als junger Mensch weder Religion noch Schule noch meine Eltern in der Substanz angegriffen.« Erst im Studium habe sie begonnen, sich eigene Regeln zu setzen. »Ich empfand mich anders als die anderen, ich empfand mich nicht mehr als verpflichtetes Mitglied der Gemeinschaft, nicht als Frau, Katholikin, Studentin, sondern als Individuum, dem es wohl möglich gewesen wäre, sich den Sozietäten einzuordnen, das es aber einfach nicht mehr als Selbstverständlichkeit wollte.«[39] Zunehmend sei es ihr darum gegangen, sich selbst zu finden. Dennoch verspüre sie nach wie vor das Bedürfnis, sich den Institutionen, die sie geformt und geprägt hätten, unterzuordnen. Im Jahr 1957, nach ihrer Promotion und der Geburt ihres vierten Kindes, gesteht sie sich ein, dass ihre Ehe in sexueller Hinsicht unerfüllt geblieben sei. Plastischer kann jemand den Prozess der weiblichen Individuation im 20. Jahrhundert kaum beschreiben.

Sie klingt sehr verzweifelt darüber, schreibt von Selbstmordgedanken und fordert sich selbst dazu auf, ihre Liebe zu ertragen und auf ihre Verwirklichung zu verzichten. Sie glaubt nunmehr, dass sie beide Männer liebe. Sie habe nie den Boden christlicher Moral verlassen, da sie immer ihre »Sünde« als »Schuld« empfunden habe. Noch im Jahr 1959 trifft sie Knut regelmäßig. Ihre Ménage-à-trois erklärt sie inzwischen damit, dass sie zwei Seiten in sich auslebe, die leidenschaftliche, losgelöste und die ernsthafte, konventionelle. Sie sei eben einfach beides: pflichtbewusst und leidenschaftlich. Als eine Art Nachtrag zu ihrem Tagebuch berichtet sie im Jahr 1962, dass sie inzwischen sieben Kinder habe. Sie und ihr Mann seien nach Dortmund umgezogen, Knut ebenfalls. Im Februar 1963, sechs Jahre nachdem sie ihn kennengelernt hatte, schreibt sie wieder über einen Faschingsball. Kurz vor ihrem 40. Geburtstag sei sie wie eine »abgeblühte Wiese«. Sie fühle sich nicht mehr begehrt. Das sei die Quittung für ihr Leben: »Zu viel Pflicht, zu wenig Ansprüche, Verzicht auf Zuneigung und Anerkennung. Der Mensch, der das exerziert und erleiden muss, kann kaum eine strahlende, glücklich und anziehende Frau sein.«[40] Ihr letzter Satz lautet: »Was werde ich tun?«

Für mich kam ihre Bilanz am Schluss des Tagebuchs überraschend. Ich hatte erwartet, dass sie sich für ihre vermeintliche Unmoral bestraft sieht. Stattdessen empfindet sie es nun als fatalen Fehler, dass sie nicht konsequenter nach dem Lustprinzip gelebt hat.

Die Geschichte der Bernhardine S. drängt der heutigen Betrachterin einen Rekurs auf die moralische Ambivalenz der 1950er Jahre auf. Im Rückblick wirken in den Nachkriegsjahren, vor allem in den frühen 1950ern, zwei widersprüchliche Tendenzen, einerseits eine Liberalisierung, andererseits ein lautstarker, kirchlich dominierter Moraldiskurs. Im symbolischen Zentrum dieses Spannungsfeldes steht zum Beispiel der Film *Die Sünderin* von 1951, ein Kinofilm, auf den die Gesellschaft heftigst reagiert: mit Rufen nach Zensur, Anschlägen auf Kinosäle, Schlägereien und Tumulten. In Erinnerung geblieben ist Hildegard Knef, die mit ihrer kaum wahrnehmbaren Nacktszene im Auge des Entrüstungssturms steht. Ihre Darstellung einer Prostituierten führt zu dramatischen Sitzungen der für die Altersfreigabe zuständigen Freiwilligen Selbstkontrolle der Filmwirtschaft (FSK). Vertreter der christlichen Kirchen verlassen das Gremium wutschnaubend, als sich abzeichnet, dass der Film nicht verboten werden soll. In vielen Orten versuchen die Kirchen das Verbot dennoch durchzusetzen, indem sie mit Plakaten ihre Schäfchen vor dem »Schund und Schmutz« warnen.

Anlass der moralischen Entrüstung ist, dass der Film von »wilder« Ehe, bezahltem Sex mit dem Stiefbruder, Prostitution, Vergewaltigung, Sterbehilfe und Selbstmord erzählt, alles in allem Erfahrungen, die in Zeiten der Armut und der Verwerfungen nach dem Krieg mehr oder weniger gängig waren. Ein moralischer Kern des Films ist aber auch zu erkennen – die Gegenüberstellung von Gelegenheitsliebe, die der Protagonistin zu materiellem Wohlergehen verhilft, und wahrer, selbstloser Liebe zu einem mittellosen Künstler. Das Dilemma erinnert, wenn auch in überspitzter Form, an die Gewissensqualen der Bernhardine S. War es in ihrem Fall der Widerspruch zwischen ihrer Sozialisation in einem christlich-bürgerlichen Geschlechter- und Liebesmodell und den damit einhergehenden Bedürfnissen nach Sicherheit und Halt sowie ihren gegenläufigen Bedürfnissen nach Leidenschaft und Freiheit, so war es gesamtgesellschaftlich der Widerspruch zwischen den ererbten weiblichen Tugenden, die sich auf Bescheidenheit, Häuslichkeit und Frömmigkeit richteten, und den immer größer werdenden Konsum- und Erlebnismöglichkeiten. Kurz gesagt: In den 1950er Jahren ließen sich leicht Zucht und Sittlichkeit predigen, während gleichzeitig auf die wirtschaftlich wichtige Rolle der Frauen als Konsumentinnen gesetzt wurde. Zugespitzt formuliert: Weibliche Bedürfnisse wurden auf der einen Seite bekämpft und begrenzt, auf der anderen Seite gezüchtet und kultiviert. Während in Deutschland Mädchen und Frauen, die außerhalb der bürgerlichen Ehe Sex hatten, sozial geächtet waren, kamen außerdem aus Amerika aufregende Nachrichten. Die großen Befragungen durch »Dr. Sex« Alfred Kinsey zum sexuellen Verhalten des Mannes und der

Frau ließen aufhorchen. Nicht nur die Zeitschrift *Wochenend* erzielte mit offenherzigen Bildern und schwülen Texten hohe Auflagen; unter dem Deckmantel der ehelichen Aufklärung und Geburtenkontrolle blühte der erotische Versandhandel auf, während Kirchen und konservative Kreise versuchten, die Moral hochzuhalten. Das Tagebuch von Bernhardine S. zeigt, dass sich die beiden gegenläufigen Tendenzen gleichzeitig im Individuum auswirkten. Die Ärztin war kein Opfer einer repressiven Sexualmoral, aber auch nicht die Beute eines neuen konsumistischen Bedürfnisideals. Sie wand sich zwischen den beiden zeittypischen Polen, die der Krieg, der Wunsch nach Wiedererrichtung einer bürgerlichen Familienordnung und die wachsende Liberalisierung erzeugten.

Nachwort: Hüterinnen der Flamme

Die Frauen der Nachkriegszeit boten sich für Vereinnahmung an. Aus der Sicht der niedergerungenen Deutschen, die mit dem Schandmal des Nationalsozialismus und des Angriffskriegs weiterleben mussten, war es nützlich, die Frauen aus der Kollektivhaftung zu lösen und ihnen die Aufgabe der Reinigung zuzuweisen. Reinigung im wörtlichen Sinne, weil sie sich in Gestalt der symbolisch überhöhten Trümmerfrau darum kümmern sollten, die Scherben des Kriegs aufzuräumen, aber vor allem Reinigung im übertragenen Sinne, weil sie sich aufgrund ihrer vermeintlich passiven Rolle im Nationalsozialismus und im Krieg als Figur des Opfers der Geschehnisse zwischen 1933 bis 1945 zu eignen schienen. In diesem Kontext wurde eine ganze Reihe von professionellen Medienfotos produziert, die Trümmerfrauen und erschöpft vor Ruinen zusammengesunkene Frauen zeigten. Die Bilder heischten nach Mitleid für Deutschland, das eigentlich wenig Mitleid verdient hatte. Beide Rollen – die der Trümmerfrau und die des erschöpften und ausgezehrten Opfers – hatten, wie wir gesehen haben, nur einen begrenzten historischen Kern. Die Verallgemeinerung und Mythologisierung waren völlig überzogen. Die Trümmerfrauen gab es hauptsächlich in Berlin, und sie schippten unfreiwillig, oft weil sie eine braune Vergangenheit hatten, weil sie den Behörden missliebig waren oder anders nicht an Lebensmittelkarten gekommen wären. Erst recht konnten Frauen nicht das gute Gewissen der Deutschen repräsentieren – sie hatten das NSDAP-Regime ja tatkräftig und ideell an vielen Stellen unterstützt.

Trotzdem nahmen Frauen die Rolle der »Tatortreinigerin« an, weil sie entlastend war und weil sie auch der eigenen

Wahrnehmung entsprach. Bis in die höchsten Ämter im NS-System hinauf behaupteten sie, dass sie »nur« Frauen gewesen seien und deshalb unschuldig. Womöglich fiel es Frauen sogar besonders schwer, Verantwortung für das »Dritte Reich« zu übernehmen, weil sie dafür nicht nur in den Spiegel schauen, sondern auch an ihrer weiblichen Identität hätten rühren und ihre angeblich weiblichen Tugenden wie politische Passivität, Friedfertigkeit und Fürsorglichkeit hätten hinterfragen müssen. Die wenigen Frauen, die zur Rechenschaft gezogen wurden, waren unübersehbar schuldig, wie die Reichsfrauenführerin Gertrud Scholtz-Klink oder die berüchtigten KZ-Aufseherinnen. Deren extrem brutal gezeichnetes, um nicht zu sagen überzeichnetes Bild in der Öffentlichkeit schützte die einfachen Mitläuferinnen und Unterstützerinnen vor kritischer (Selbst-)Befragung. Von den monströsen Ausnahmen wie Ilse Koch konnten sich ganz »normale« Nazisympathisantinnen leicht distanzieren.

Der Mythos der Trümmerfrau bekam später eine weitere Funktion. In der SBZ und späteren DDR sollte er eine im Vergleich zum Westen besonders fortschrittliche Geschlechterpolitik bezeugen. Die Trümmerfrauen wurden zu Vorläuferinnen der in Männerdomänen berufstätigen Frau stilisiert. Aber auch in der BRD wurden sie in die kollektive Erinnerung eingebaut. Richard von Weizsäckers Rede zum 40. Jahrestag des Kriegsendes zeigt beispielhaft, wie trotz aller Selbstkritik mithilfe der Berliner Trümmerfrau um Mitgefühl für die geschlagenen Deutschen geworben werden konnte. Eine ebenso ikonische Frauenfigur der Nachkriegszeit ist die tüchtige Alltagsmanagerin. Sie schaffte es, aus dem wenigen, das den Menschen noch geblieben war, ein Zuhause zu schaffen, einen Ort der Geborgenheit für die Kinder und der Regeneration für den geschundenen Kriegsheimkehrer. Dabei lief sie zu schier übernatürlicher Kraft auf, wenn sie auf dem Schwarzmarkt handelte, Brennholz organisierte, gehamsterte Kartoffeln schleppte, Kleidung nähte und darüber hinaus auch noch arbeiten ging.

Das Loblied weiblicher Selbstermächtigung und Emanzipation hatte in den Nachkriegsjahren eine überlebenswichtige Funktion. Die allgemeine Not war so groß, dass Frauen in vielen Bereichen Verantwortung übernehmen und dafür weit über ihre Schmerzgrenzen hinausgehen mussten. Deshalb war es sinnvoll, ihre Leistungen besonders hervorzuheben und ihnen das Gefühl zu geben, dass sie unverzichtbar waren für das Überleben des Landes. Diese Bestätigung half den Frauen dabei, sich mit ihrer Rolle als Lückenbüßerinnen abzufinden, solange die Männer in Kriegsgefangenschaft oder durch Verwundung und Traumatisierung nicht wieder voll einsetzbar waren. Später konnte der Staat dem Bild des moralisch am Boden liegenden Volkes eine hoffnungsvolle Botschaft entgegenstellen – dass wenigstens die Frauen in den Trümmern zu sich selbst gefunden und sich von ihrer jahrhundertealten Unterdrückung befreit hätten. Als sich herausstellte, dass Frauen in beiden deutschen Staaten politisch und in der Ökonomie trotzdem in der zweiten Reihe stecken bleiben würden, wurde zumindest auf die Veränderung der »privaten Beziehungen« verwiesen. Die Historikerin Ute Frevert formulierte: »Die ›Stunde der Frauen‹ schlug folglich, wenn überhaupt, in den ›privaten Beziehungen‹ der Geschlechter, in der Familie, nicht aber in politischen Verbänden oder gesellschaftlichen Institutionen.«[1]

Ich finde diese These schwierig. Mit den privaten Beziehungen sind Ehe und Familie gemeint. Formal war die

Rechtsstellung der Frau in der Familie aber nach wie vor untergeordnet. Auch in der SBZ und späteren DDR änderte sich die hergebrachte Aufgabenverteilung nur insoweit, als Frauen für den Haushalt und die Kinder zuständig blieben, aber zusätzlich noch arbeiten gehen sollten. Außerdem darf nicht vergessen werden, dass die größere Selbstständigkeit und Selbstwirksamkeit der Frauen schon im Krieg begonnen hatten und auch noch lange nach dem Kriegsende erzwungen waren. Frauen ächzten unter dieser Verantwortung und konnten es manchmal kaum erwarten, sie wieder loszuwerden oder zumindest zu teilen.

Die »Stunde der Frauen« fiel mit der Blütezeit der Familie nach dem Krieg zusammen. Aus Angst vor dem moralischen Verfall setzten die Deutschen auf den angeblichen Stabilitätsgaranten aus dem bürgerlichen Zeitalter. Frauen kam die ihnen angestammte Aufgabe zu, die Familie in ihrer alten Form zu »retten«. Die Historikerin Merith Niehuss schrieb dazu: »Die ›Institution Familie‹ hat sich gegenüber all diesen Belastungen als resistent erwiesen, mehr noch: die wirtschaftlichen und gesamtgesellschaftlichen Unbillen der Nachkriegszeit, vielleicht auch die psychischen Belastungen, haben die Institution Familie gestärkt, haben sie allerdings auch in ihre traditionellen Aufgabenbereiche zurückverwiesen, wozu ganz besonders das Verharren der Ehepartner in der überlieferten Rollenverteilung beigetragen hat.«[2] Ihr Engagement für Kind und Mann sollte aber nicht als Pflichterfüllung gewertet werden. Für die Frauen sollte die Ehe ein höheres Gut sein, viel erstrebenswerter als eine eigene Karriere. Diese staatlich erwünschte Haltung fiel auf fruchtbaren Boden. Die Neigung zu heiraten war damals insgesamt sehr groß. Das lässt sich auch der Statistik entnehmen. Im Jahr 1950 war die Zahl der Eheschließungen je tausend

Einwohner am höchsten in der gesamten Nachkriegsgeschichte. Außerdem wurden die Brautleute nach dem Krieg immer jünger. Der historische Tiefpunkt, was das Alter anbelangt, ist in den frühen 1970er Jahren erreicht, und zwar bei Männern mit unter 24 und bei Frauen mit unter 22 Jahren, wobei in der DDR noch jünger geheiratet wurde als in der BRD.[3] Das hatte nachvollziehbare Gründe, nachdem der Krieg, aber auch die Rassepolitik der Nationalsozialisten intime Bindungen gekappt oder zumindest einer Zerreißprobe ausgesetzt hatte. Frauen und Männer mochten denken, dass es sich in diesen schweren Zeiten zu zweit leichter weiterleben lasse. Außerdem wies die Ehe gerade für junge Menschen den Fluchtweg aus der belasteten und stickigen Atmosphäre in der Herkunftsfamilie. Schlussendlich waren alleinstehende Frauen damals nicht nur in praktischer Hinsicht, zum Beispiel bei der Wohnungssuche oder in der Frage des Sorgerechts, benachteiligt. Eine Frau, die unverheiratet blieb, galt mehr noch als ein unverheirateter Mann als sozial abnorm. Die Anstrengungen der Frauen nach dem Krieg, nicht nur sich, sondern ihre Ehemänner und Familie zu sichern, war deshalb kein selbstloser Akt, wie es oft dargestellt wird, sondern ein inneres Bedürfnis in einer Zeit, in der es besonders für Frauen sehr wichtig war, verheiratet zu sein und eine Familie zu haben. Das bedeutete im damaligen Geschlechtermodell eben auch: Ihnen blieb primär die Sorge für die Angehörigen zugeordnet, selbst in der DDR. Insofern ist die Lobpreisung der tüchtigen Frauen nach dem Krieg eine Leihgabe der damaligen Verherrlichung von Ehe und Familie.

Sowenig die Frauen der Nachkriegszeit Heldinnen waren, die das Land selbstlos wieder aufgebaut und nebenbei sich neu erfunden haben, so wäre es ein Irrtum, die Geschichte der Nachkriegsfrauen als Opfergeschichte zu erzählen. Frauen waren keine Spielbälle gesellschaftlicher Interessen und offizieller Erzählungen – sie haben an ihrer Rolle und ihrem Bild für die Nachwelt mitgestrickt. In ihren Autobiografien und in frauenhistorischen Lokalstudien stilisierten sie sich selbst zu Macherinnen der Nachkriegszeit. Zahllos sind die Bücher mit Titeln wie *Wie wir das alles geschafft haben*, *Endlich wieder leben*, *Die Wunderfrauen*, *Stay away from Gretchen*, die weibliche Resilienz und Tüchtigkeit nach dem Krieg feiern. Populäre Vorbilder waren Marta Hillers' anonym veröffentlichtes *Eine Frau in Berlin*, Ruth Andreas-Friedrichs *Schauplatz Berlin*, Margret Boveris *Tage des Überlebens*, aber es gibt zahllose andere, unbekanntere und auch unveröffentlichte Memoiren zu entdecken, in denen Frauen von ihren besonderen Leistungen berichtet haben.

Das Beispiel Marta Hillers' ist besonders intensiv aufgenommen und nicht zuletzt durch die Verfilmung mit Nina Hoss in der Hauptrolle berühmt geworden. Es hat sich jedoch herausgestellt, dass dieses Buch keine authentische Quelle für die Lage der Frauen in Berlin nach dem Krieg ist, denn es wurde im Nachhinein stark überarbeitet. Nicht zuletzt hat die Autorin erst Jahre später den viele Leserinnen und Leser so faszinierenden Aspekt der weiblichen Resilienz und Abgebrühtheit angesichts der Schrecken der Massenvergewaltigung hinzugedichtet. Man könnte sagen, die These von der weiblichen Stärke und Emanzipation nach dem Krieg, die sich maßgeblich auf die *Frau in Berlin* bezieht, ist eine doppelte Konstruktion, die der Journalistin Marta Hillers und die des kollektiven Gedächtnisses. Das Buch passte zu gut in das Gesamtbild einer heroischen Nachkriegsgeschichte der Frauen.[4] Allerdings mussten erst einmal ein paar Jahre verstreichen. Das vermeintliche Tagebuch wurde zuerst 1954 veröffentlicht, und zwar nicht auf Deutsch. Die deutsche Ausgabe von 1959 kam so schlecht an, dass sie wieder vom Markt verschwand. Erst im Jahr 2003 erschien die Neuauflage, die schließlich weite Kreise zog.

Was das Buch *Eine Frau in Berlin* verarbeitet und teilweise positiv umgeschrieben hat, ist und bleibt eine Grundtatsache der Frauengeschichte in der Nachkriegszeit, nämlich dass Frauen, bevor sie selbstbestimmt leben konnten, eine von Niederlage, Ohnmacht und Gewalt überschattete Zeit überstehen mussten. In dem Buch wirkt es allerdings so, als hätten die Frauen darauf pragmatisch, um nicht zu sagen kaltschnäuzig, reagiert. Was heute mutig erscheinen mag, spiegelt, wie mir scheint, eher das sozialdarwinistische Menschenbild jener Zeit wider. Härte gegen sich selbst zu zeigen, sich den sowjetischen Besatzern kulturell überlegen zu zeigen, gehörte zum Selbstverständnis des »Herrenmenschen«. Frauen wurde im »Dritten Reich« beigebracht, sich als »Kameradinnen« fast so wie die Soldaten zu bewähren. Sensibilitäten galten als Zeichen der (jüdischen) Dekadenz. Doch sollten wir uns nicht täuschen lassen – ganz so stoisch kamen die Frauen sicher nicht aus dem Krieg heraus. In anderen Tagebüchern wird deutlich, dass sie über die Kriegsniederlage und über die Besatzung durch die Siegerarmeen oft sehr unglücklich waren, weil sie von der Größe und vom Erfolg Nazideutschlands überzeugt gewesen waren. Die Anwesenheit der Alliierten empfanden viele als Demütigung, nicht zuletzt, weil sie sich als Deutsche den Amerikanern, Sowjets oder Franzosen kulturell überlegen gefühlt hatten. Die alte These von der »Stunde der Frauen« übersieht das ebenso wie den Sachverhalt, dass die schiere Not die Frauen damals dazu veranlasste, bei der Alltagsbewältigung über sich hinauszuwachsen. Sie waren bereits während des Kriegs immer wichtiger geworden für das allgemeine Überleben, für die Rüstungs- und sonstige Kriegsindustrie, die Landwirtschaft, die Kindererziehung, die psychische Unterstützung der Männer. In dieser Hinsicht war die Kapitulation kein Einschnitt.

Eine zweite Grundtatsache, die wir nicht vergessen sollten, ist, dass die Frauen kein einheitliches Kollektiv bildeten. Ihre individuelle Situation bei Kriegsende und in den ersten Jahren der Nachkriegszeit unterschied sich je nach Alter, Region und sozialer Lage beträchtlich. Während es die Frauen in Berlin mit übergriffigen Soldaten zu tun bekamen und extremen Hunger litten, mussten Frauen tief im Landesinneren in einer Kleinstadt oder auf dem Land vielleicht primär darum kämpfen, dass ihr Betrieb überlebte. Das junge Mädchen, das bei der Kapitulation darauf hoffte, endlich ein eigenes Leben beginnen zu können, hatte wenig gemeinsam mit der Witwe, die noch nicht wusste, dass sie eine war, und jahrelang auf die Rückkehr ihres Mannes wartete. Die ältere Frau, die schon in der Weimarer Zeit als Wissenschaftlerin Karriere gemacht hatte, oder die Frauenrechtlerin, die noch im Kaiserreich sozialisiert worden war und jetzt die Chance sah, mithilfe der Alliierten die Emanzipation zum Abschluss zu bringen, hatten ganz andere Voraussetzungen als die überzeugte Nationalsozialistin, die noch zwei Jahre nach Kriegsende in einem Lager der Besatzungsmacht interniert war, und erst recht als die Jüdin, die aus einem Lager befreit worden war und jetzt in einem neuen Lager, diesmal in einem für sogenannte Displaced Persons, darauf wartete, zum Beispiel nach Palästina ausreisen zu können. Sie alle haben die »Stunde der Frauen« ganz unterschiedlich erlebt.

Eine dritte Erkenntnis ist, dass sich die meisten Frauen nicht freiwillig für eine neue verantwortliche Rolle entschieden haben, sondern von den Umständen dazu gezwungen wurden. Das war keine beglückende Erfahrung, keine »Selbstermächtigung«, sondern lief den Zukunftswünschen und Glücksvorstellungen oftmals zuwider. Diese hingen immer noch stark mit dem hergebrachten Modell der Geschlechterordnung zusammen. Nicht mehr verheiratet zu sein oder zumindest den Alltag nicht mit einem Mann teilen zu können, sich nicht ausschließlich um die Kinder und den Haushalt kümmern zu können, mehr als eine Schicht am Tag abreißen zu müssen, weil zu der erzwungenen Erwerbstätigkeit noch die zeitraubende Organisation des Haushalts kam, gehörte gerade bei jungen Frauen nicht zum Lebensplan. Thea Dietrich, die junge Berlinerin, die über die Kriegsniederlage trauerte, sich über die geschlagenen Wehrmachtssoldaten empörte und sich mit ihren Eltern über den Stromverbrauch einer Leselampe streiten musste, war kein Einzelfall: Gerade hatte sie noch von einer Hochzeit in Weiß geträumt, im nächsten Moment fand sie sich in einem ungeliebten Bürojob wieder und nähte statt eines weißen Tüllschleiers zum x-ten Mal ihr altes Kleid um. Dass Frauen damals in der Regel zur Autonomie geschubst wurden, heißt aber nicht, dass sie nicht lernen konnten, mit der Situation umzugehen und sie eines Tages zu schätzen. Die Gärtnersfrau Luise Stieber klagt über Jahre hinweg in den Briefen an ihren verschollenen Mann darüber, als Frau für die Leitung des Betriebs ihres Mannes gar nicht geeignet zu sein. Dann stellt sie fest, dass sie auch allein zurechtkommt, und malt sich aus, in Zukunft die Betriebsleitung mit ihrem Mann zu teilen. Sich wieder ganz in die häusliche Sphäre zurückzuziehen, scheint für sie keine Option mehr zu sein.

Ihr Beispiel veranschaulicht auch gut, wie sehr sich die Frauen nach dem Krieg anfangs selbst im Weg stehen konnten. Das ist die vierte Lehre, die wir ziehen sollten. Die Vorstellung, »das Patriarchat« müsse nur einmal die Leinen loslassen, und schon sprängen die Frauen auf, um Karriere zu machen und unabhängig zu werden, ist natürlich unsinnig. Es dauerte Jahrzehnte, bis sich die deutsche Gesellschaft auf beiden Seiten des Eisernen Vorhangs nicht nur auf dem Papier modernisierte, sondern das Verfassungsversprechen der Gleichberechtigung auch umsetzte. In diesem Prozess gingen mal die Gesetzgeber voran und mal die Bürgerinnen und Bürger. Wie wir wissen, ist dieser Prozess bis heute nicht abgeschlossen. Noch immer besteht eine »Modernitätslücke« zum Beispiel bei der Berufswahl von Mädchen und Jungen. In die geschlechtsspezifischen Vorlieben für eher technische oder eher soziale Tätigkeiten ist in den letzten hundert Jahren nur sehr wenig Bewegung gekommen. Wie fragil bereits errungene Fortschritte bei der Gleichstellung sein können, lässt sich in unserem Zeitraum auch daran ermessen, dass es vor allem die älteren Frauen aus dem Kaiserreich und der Weimarer Republik waren, die nach Kriegsende in die Politik eingriffen und für Fraueninteressen kämpften. Die jüngeren Alterskohorten hatten in den entscheidenden Lebensjahren unter dem Nationalsozialismus eine stärker auf Differenz ausgelegte Geschlechterordnung erlebt und waren, als das Kriegsende einen gesellschaftspolitischen Neubeginn ermöglichte, noch nicht dazu bereit. Was das politische Engagement anbelangt, wäre ohne die Älteren in Deutschland kein Staat zu machen gewesen. Anders gesagt: Die Geschichte der weiblichen Emanzipation kennt neben Fortschritten auch Stagnation und Rückschritt – damals besonders.

So kommen wir zu dem Schluss, dass die »Stunde der Frauen« kurz war und gewiss nicht allen zur Freude gereichte.

Die Bürde der Verantwortung für das eigene Leben, das Leben der Kinder, womöglich das der Männer und der Eltern wog schwer. Sich im Beruf zu verwirklichen, war in erster Linie denjenigen möglich, die gut ausgebildet waren. Im Allgemeinen waren die Frauen schlechter qualifiziert als Männer und spürten das an ihrem niedrigeren Einkommen und der niedrigeren Position. Trotzdem zu arbeiten, war in der Regel keine freie Entscheidung, sondern eine Notwendigkeit. Anfangs war mit dem Geld noch nicht einmal viel anzufangen, weil das Lebensnotwendige auf Bezugsschein verteilt wurde oder schlicht nicht verfügbar war. Erst die wachsenden Konsummöglichkeiten in den 1950er Jahren, die Aussicht auf Kühlschrank, Waschmaschine, Auto und Urlaubsreisen weckten mehr Interesse daran »dazuzuverdienen«.

Die politische Partizipation wurde in der SBZ und späteren DDR durch die Vormachtstellung der SED eingeschränkt und war – in Hinblick auf die jüngste totalitäre Vergangenheit – nicht für alle attraktiv. Auch in der BRD stieg der Anteil der Frauen in der Politik sehr langsam an. Anfangs waren die wenigen weiblichen Abgeordneten, Vorsitzenden, Abteilungsleiterinnen, Topjournalistinnen so dünn gesät, dass sie ohne Probleme von den Männern übergangen wurden. Sie konnten von Glück reden, wenn sie nicht inmitten der Herrenrunden übersehen und ebenfalls als »Herr« angesprochen wurden, wie Elisabeth Schwarzhaupt das erlebt hat.

Was bleibt also von den Nachkriegsfrauen? Ihr Erbe ist ambivalent. Sie haben ihren Töchtern die Notwendigkeit vor Augen geführt, für sich selbst sorgen zu können, aber sie haben ihnen auch die Tragik vorgelebt, wie es ist, ohne Mann über die Runden kommen zu müssen. Welche Konsequenzen ihre Nachfahrinnen und Nachfahren daraus gezogen haben, lässt sich unter anderem daran ermessen, dass in Deutschland die Themen »Karrierefrau« und »Fremdbetreuung« der Kinder nach wie vor emotionaler verhandelt werden als zum Beispiel in Frankreich oder in den USA. Das Ideal der Mütterlichkeit, auf das zuletzt Hitlers Ideologie gesetzt hatte, konnte sich nach Kriegsende in Deutschland noch einmal neu entfalten. Das war prägend für die Mädchen und jungen Frauen der 1950er Jahre, die schon zu alt waren für die Studentenrevolte der Achtundsechziger und die den neuen Aufbruch der Frauenemanzipation nicht mehr zur Gänze mitvollziehen konnten. Diese weibliche Alterskohorte hat ihre ambivalenten Erfahrungen, besser gesagt, ihre kognitiven Dissonanzen mit der Frauenrolle an ihre Töchter (und Söhne), die Babyboomer-Generation, weitergegeben. Diese bis heute gesellschaftlich tonangebende Generation hat deshalb selbst mit widersprüchlichen Botschaften zu kämpfen. Die circa zwischen 1955 und 1970 Geborenen wussten einerseits immer um die Notwendigkeit finanzieller Unabhängigkeit des weiblichen Geschlechts, das in schweren Zeiten für die anderen sorgen können musste. Andererseits hatten sie die große emotionale Abhängigkeit ihrer Mütter von einem männlichen Partner miterlebt. Das Schicksal der oft vaterlos aufgewachsenen Frauen und der Kriegerwitwen, die meistens auf eine tragische Art und Weise miteinander verstrickt waren, stand den Babyboomern als Menetekel vor Augen. Hinzu kamen die unterschiedlichen Pfade, die in der BRD und in der DDR eingeschlagen worden waren und der Frage, welches das richtige Lebensmodell für Männer und Frauen sei, zusätzliche Brisanz verschafft hatten. Vor diesem Hintergrund – der Weitergabe von Einstellungen zwischen den Generationen – ist meines Erachtens die weltweit unvergleichlich hohe weibliche Teilzeitquote in

Deutschland, sprich: die zögerliche Beteiligung der Frauen am Arbeitsleben, noch immer eine Folgeerscheinung der Nachkriegszeit. Andere Phänomene wie zum Beispiel die ängstliche Distanz zum Feminismus oder die Angst, als Karrierefrau »radikal« und »unweiblich« zu wirken, gehören in dasselbe Bild.

Deshalb war es für mich lehrreich, mir die individuellen Geschichten der Frauen nach Kriegsende noch einmal genauer anzuschauen. Nicht nur die der bekannten Namen, zum Beispiel der »Verfassungsmütter«, die meistens älteren Jahrgängen angehörten, die durch ihre familiäre Herkunft privilegiert waren und häufig alleinstehend, was damals fast eine Voraussetzung dafür war, in Beruf und Politik als Frau Karriere zu machen. Sondern auch die der »normalen« Frauen, die nur wenig Zeit hatten, den weiten Weg zurückzulegen von der Verherrlichung der »deutschen Mutter« im NS-Staat über die treu sorgende Ehefrau, die in der Trümmerzeit das Überleben sichern musste, hin zur Partnerin, die sich je nach Arbeitsmarktlage und Erfordernissen der Kindererziehung als für die Ökonomie wichtige Konsumentin und gelegentlich Hinzuverdienende beweisen sollte oder in der DDR eine zweite und dritte Schicht einlegen musste, um dem sozialistischen Frauenideal der werktätigen und politischen Mutter zu entsprechen. Im Rückblick erscheinen mir die Leistungen der Frauen der Nachkriegszeit gerade darin bestanden zu haben: dass sie sich mit ihren eigenen Bedürfnissen so elastisch zeigen und ihre Vorstellungen vom Leben immer wieder neu ausrichten konnten. Wahrscheinlich gab es keine Zeit vorher oder nachher, in der es so kompliziert war, das alte Dilemma der bürgerlichen Geschlechterordnung auszuhalten – das zwischen dem Bedürfnis nach Liebe und Bindung und nach Freiheit und Autonomie.

Anhang

Anmerkungen

Quellenzitate sind behutsam der neuen Rechtschreibung angepasst worden, um die Lesbarkeit zu erleichtern. Alle Internetquellen wurden zuletzt am 25.1.2024 abgerufen.

Vorwort: Die kurze Stunde der Frauen

1 Luise Stieber, Tagebuch, 16.3.1947, Deutsches Tagebucharchiv (DTa), Sig. 1002.

2 Guten Morgen, liebe Hausfrau, 18.8.1947, zit. nach Annegret Braun, Frauenalltag und Emanzipation. Der Frauenfunk des Bayerischen Rundfunks in kulturwissenschaftlicher Perspektive (1945–1968), Münster 2005, S. 84.

1. Unschuldsvermutung

1 Ansprache des Bundespräsidenten Richard von Weizsäcker am 8. Mai 1985 im Plenarsaal des Deutschen Bundestages zum 40. Jahrestag der Beendigung des Zweiten Weltkrieges, https://webarchiv.bundestag.de/archive/2006/0202/parlament/geschichte/parlhist/dokumente/dok08.html.

2 Dorothee Karguth, Nachkriegserinnerungen 1947–1954, DTa, Sign. 3533,2.

3 Margit Riegraf, 12.5.1945, Auszüge aus Tagebüchern 1944–46, DTa, Sign. 2487-5.

4 Thea Dietrich, 3.4.1945, DTa, Sign. 389,1-389,5.

5 Gabriele Strecker, Überleben ist nicht genug. Frauen 1945–1950, Freiburg 1981, S. 15.

6 Alexandra Przyrembel, Im Bann des Bösen. Ilse Koch – ein Kapitel deutscher Gesellschaftsgeschichte 1933 bis 1970, Frankfurt am Main 2023.

7 Hildegard Hetzer, Eine Psychologie, die dem Menschen hilft. Mein Weg von Wien nach Gießen, Göttingen/Toronto/Gießen 1988, S. 57–63.

8 Siehe dazu auch eine neue Untersuchung, die zu dem Schluss kommt, dass Hetzer in Posen nur wenige Kinder begutachtet haben kann. Armin Stock/Anna-Lena Amend/Miłosz Koza, Der Fall Hildegard Hetzer (1899–1991) und der Anteil weiterer Psychologinnen an der Eindeutschung polnischer Kinder während des Zweiten Weltkriegs, in: Psychologische Rundschau 75, Nr. 1 (2024), S. 17–36.

9 Zu folgender Fallgeschichte siehe auch Johannes Beermann, Johanne Eilers. Eine notorische Denunziantin?, in: Eva Schöck-Quinteros (Hg.), »Was verstehen wir Frauen auch von Politik?« Entnazifizierung ganz normaler Frauen in Bremen (1945–1952), Bremen 2011, S. 129–164.

10 Vgl. Sybille Steinbacher, Differenz der Geschlechter? Chancen und Schranken der »Volksgenossinnen«, in: ebd., S. 73–86.
11 Kathrin Meyer, Entnazifizierung von Frauen. Die Internierungslager der US-Zone Deutschlands, 1945–1952, Berlin 2004, S. 49 f.
12 Ebd., S. 53.
13 Der Briefwechsel zwischen Maria Everding und ihrem Ehemann Hermann während der Haftzeit ist von ihrer Seite im Deutschen Tagebucharchiv erhalten. Maria Everding, Briefe, DTa, Sign. 1400-1.
14 Ebd.
15 Hetzer, Eine Psychologie, S. 55: »wenn meine Psychologie der Psychologie des ›Juden‹ Sigmund Freud gleichgesetzt wurde und meine Psychologie schon deshalb als untragbar betrachtet wurde«.
16 Mary Fulbrook, »Unschuldige Zuschauer« in deutscher Geschichte und Erinnerung, in: Tim Schanetzky u. a. (Hg.), Demokratisierung der Deutschen. Errungenschaften und Anfechtungen eines Projekts, Göttingen 2020, S. 51–64.

2. Gewalterfahrung

1 Zur ausführlichen Begründung meiner Schätzung vgl. Miriam Gebhardt, Als die Soldaten kamen. Die Vergewaltigung deutscher Frauen am Ende des Zweiten Weltkriegs, München 2016, S. 23–42.
2 Sonja Hosseinzadeh, Nur Trümmerfrauen und Amiliebchen? Stuttgarterinnen in der Nachkriegszeit, Stuttgart 1998, S. 32–39.
3 Peter Pfister (Hg.), Das Ende des Zweiten Weltkriegs im Erzbistum München und Freising. Bd. I und II: Die Kriegs- und Einmarschberichte im Archiv des Erzbistums München und Freising. Regensburg 2005, S. 842–853.
4 Vgl. Gebhardt, Als die Soldaten kamen, und dies., Wir Kinder der Gewalt. Wie Frauen und Familien bis heute unter den Folgen der Massenvergewaltigungen bei Kriegsende leiden, München 2019.
5 Staatl. Gesundheitsamt Garmisch-Partenkirchen an die Militärregierung, 6.12.1945, BayHStA 5086a, Bayer. Staatsministerium des Innern betreff Schwangerschaftsunterbrechung, Abtreibung, Früh- und Fehlgeburten 1945–1986.
6 K. S. an Militärregierung in München, 18.9.1946, BayHStA 5086a.
7 Ärztekammer Bayern an das Bayerische Innenministerium, 18.10.1945, BayHStA 5086a.
8 I. O. an amerikanische Militärregierung, 1.10.1945, ebd.
9 Bayer. Justizministerium an die Generalstaatsanwälte in München, Nürnberg und Bamberg, 19.12.1946, ebd.
10 Einzelfälle, Entschädigungsanträge 3889, Staatsarchiv Freiburg. Namenskürzel zum Schutz der Patientin geändert.
11 Svenja Eichhorn u. a., Bewältigungsstrategien und wahrgenommene soziale Unterstützung bei deutschen Langzeitüberlebenden der Vergewaltigungen am Ende des II. Weltkriegs, in: Psychiatrische Praxis 39, Nr. 4 (2012), S. 169–173. Siehe auch dies./Philipp Kuwert, Das Geheimnis unserer Großmütter. Eine empirische Studie über sexualisierte Kriegsgewalt um 1945, Gießen 2011.

3. Trümmersaga

1 Vgl. Leonie Treber, Mythos Trümmerfrauen. Von der Trümmerbeseitigung in der Kriegs- und Nachkriegszeit und der Entstehung eines deutschen Erinnerungsortes, Bonn 2015. Siehe auch Marita Krauss, Trümmerfrauen. Visuelles Konstrukt und Realität, in: Gerhard Paul (Hg.), Das Jahrhundert der Bilder, Bd. I: 1949 bis heute, Bonn 2009, S. 738–745.

2 Rede des Preisträgers Dr. Helmut Kohl anlässlich der Verleihung des Franz Josef Strauß-Preises am 30. September 2005 in München, https://www.hss.de/fileadmin/migration/downloads/FJSP_2005_Rede_Hemut_Kohl.pdf.

3 Treber, Mythos Trümmerfrauen, S. 21.

4 Ebd., S. 23.

5 Ebd., S. 44 f.

6 Sibylle Meyer/Eva Schulze, Wie wir das alles geschafft haben. Alleinstehende Frauen berichten über ihr Leben nach 1945, München 1984, S. 52.

7 Gerda Voigt, Briefe, DTa, Sign. 4617-9.

8 Treber, Mythos Trümmerfrau, S. 41.

9 Ebd., S. 51.

10 Zit. nach ebd., S. 55.

11 Ebd., S. 95.

4. Überlebenssicherung

1 Vgl. Anna-Elisabeth Freier, Frauenfragen sind Lebensfragen. Über die naturwüchsige Deckung von Tagespolitik und Frauenpolitik nach dem Zweiten Weltkrieg, in: dies./Annette Kuhn (Hg.), Frauen in der Geschichte, Bd. 5: »Das Schicksal Deutschlands liegt in der Hand seiner Frauen«. Frauen in der Nachkriegsgeschichte, Düsseldorf 1984, S. 18–50.

2 Axel Schildt, Deutschland 1945 bis 1949, in: Heinrich Jaenecke (Hg.), Der Neubeginn. Deutschland zwischen 1945 und 1949, Hamburg 2005, S. 38–63, hier S. 46.

3 Vgl. Vera Neumann, Nicht der Rede wert. Die Privatisierung der Kriegsfolgen in der frühen Bundesrepublik, Münster 1999, S. 83.

4 Jens-Peter A., Rekonstruiertes, DTa, Sign. 3823,1-3.

5 Vgl. Michael Kuhlmann, Der Hungerwinter 1946/47. Nachkriegsdeutschland im täglichen Überlebenskampf, in: Deutschlandfunk, 16.11.2021, https://www.deutschlandfunk.de/der-hungerwinter-neunzehnhundertsechsundvierzig-100.html.

6 Statista, Scheidungsraten vor und nach dem Zweiten Weltkrieg in den Jahren 1939 und 1948 (nach Ost/West), März 2018, https://de.statista.com/statistik/daten/studie/1178949/umfrage/scheidungsraten-vor-und-nach-dem-zweiten-weltkrieg/. Siehe auch Merith Niehuss, Kontinuität und Wandel der Familie in den 50er Jahren, in: Axel Schildt/Arnold Sywottek (Hg.), Modernisierung im Wiederaufbau. Die westdeutsche Gesellschaft der 50er Jahre, Bonn 1998, S. 316–334.

7 Das Interview mit Karl T. ausführlich in: Miriam Gebhardt, Wir Kinder der Gewalt. Wie Frauen und Familien bis heute unter den Folgen der Massenvergewaltigungen bei Kriegsende leiden, München 2019, S. 187–205.
8 Vera Neumann, Kampf um Anerkennung. Die westdeutsche Kriegsfolgengesellschaft im Spiegel der Versorgungsämter, in: Klaus Naumann (Hg.), Nachkrieg in Deutschland, Hamburg 2001, S. 364–383.
9 Antonie Nopitsch, Nöte der Mütter. Praktische Erfahrungen und Folgerungen daraus, in: Deutscher Verein für Öffentliche und Private Fürsorge (Hg.), Die Mutter in der heutigen Gesellschaft. Gesamtbericht über den 63. deutschen Fürsorgetag 1963 in München, Köln 1964, S. 89–104, hier S. 89 f.
10 Gerda Voigt, 17.7.1947, DTa, Sign. 4617-9.
11 Ebd., 2.9.1946.
12 Anna Kaminsky, Frauen in der DDR, Berlin 2022, S. 69.
13 Zit. nach Meyer/Schulze, Wie wir das alles, S. 53 und S. 57 f.
14 Vgl. Lu Seegers, Kriegerwitwen und »Töchter ohne Vater«, in: Julia Paulus/Eva-Maria Silies/Kerstin Wolff (Hg.), Zeitgeschichte als Geschlechtergeschichte. Neue Perspektiven auf die Bundesrepublik, Frankfurt am Main/New York 2012, S. 31–51, hier 37–39.

5. Arbeitsmoral

1 Bundesagentur für Arbeit, Die Arbeitsmarktsituation von Frauen und Männern 2022, Mai 2023, https://statistik.arbeitsagentur.de/DE/Statischer-Content/Statistiken/Themen-im-Fokus/Frauen-und-Maenner/generische-Publikationen/Frauen-Maenner-Arbeitsmarkt.pdf?__blob=publicationFile.
2 Doris Schubert, Frauen in der Nachkriegszeit, Bd. I: Frauenarbeit 1945–1949, Düsseldorf 1984, S. 75.
3 Luise Stieber, 25.2.1944, DTa, Sign. 1037,1.
4 Ebd., 29.10.1945.
5 Ute Daniel, Arbeiterfrauen in der Kriegsgesellschaft. Beruf, Familie und Politik im Ersten Weltkrieg, Göttingen 1989, S. 259–265. Vgl. auch Susanne Rouette, Nach dem Krieg. Zurück zur »normalen« Hierarchie der Geschlechter, in: Karin Hausen (Hg.), Geschlechterhierarchie und Arbeitsteilung. Zur Geschichte ungleicher Erwerbschancen von Männern und Frauen, Göttingen 1993, S. 167–190.
6 Kirsten Heinsohn, »Grundsätzlich« gleichberechtigt. Die Weimarer Republik in frauenhistorischer Perspektive, in: Aus Politik und Zeitgeschichte 68, Nr. 18–20 (2018), S. 39–45, hier S. 44.
7 Das Klassenbuch ist eingeführt und wissenschaftlich kommentiert worden: Eva Jantzen/Merith Niehuss (Hg.), Das Klassenbuch. Geschichte einer Frauengeneration, Hamburg 1997.
8 Petra Umlauf, Die Studentinnen an der Universität München, 1926–1945. Auslese, Beschränkung, Indienstnahme, Reaktionen, Berlin/Boston 2016.
9 Jantzen/Niehuss, Das Klassenbuch, S. 73.
10 Ebd., S. 91.
11 Ebd., S. 126 f.
12 Ebd., S. 95.

13 Ebd., S. 134–139.
14 Ebd., S. 127.
15 Ebd., S. 118.
16 Elizabeth D. Heineman, The Hour of the Woman. Memories of Germany's »Crisis-Years« and West German National Identity, in: Hanna Schissler (Hg.), The Miracle Years. A Cultural History of West Germany, 1949–1968, Princeton 2022, S. 21–56, hier S. 54–56.
17 Ebd., S. 60.
18 Vgl. Annegret Braun, Frauenalltag und Emanzipation. Der Frauenfunk des Bayerischen Rundfunks in kulturwissenschaftlicher Perspektive (1945–1968), Münster 2005, S. 151.
19 Zit. nach ebd., S. 157.
20 Ebd., S. 157 f.
21 Für die berufstätige Frau, 13.3.1951, zit. nach ebd., S. 158.
22 In der Bundesrepublik stieg die Quote der verheirateten Erwerbstätigen von 26,4 Prozent im Jahr 1950 auf 36,5 Prozent im Jahr 1961 und lag damit immer noch über der in Großbritannien und in den USA, vgl. Helmut Thome/Christoph Birkel, Basisindikatoren der ökonomischen Entwicklung in Deutschland, Großbritannien, Schweden, USA. 1950 bis 2000, Martin-Luther-Universität Halle-Wittenberg 2005, https://www.ssoar.info/ssoar/bitstream/handle/document/11725/ssoar-2005-thome_et_al-basisindikatoren_der_okonomischen_entwicklung_in.pdf?sequence=1&isAllowed=y&lnkname=ssoar-2005-thome_et_al-basisindikatoren_der_okonomischen_entwicklung_in.pdf.
23 Braun, Frauenalltag, S. 227.
24 Statistisches Bundesamt, Frauen in Führungspositionen in der EU, 2024, https://www.destatis.de/Europa/DE/Thema/Bevoelkerung-Arbeit-Soziales/Arbeitsmarkt/Qualitaet-der-Arbeit/_dimension-1/08_frauen-fuehrungspositionen.htm.
25 Zit. nach Braun, Frauenalltag, S. 221.
26 Martha Moers, Frauenerwerbsarbeit und ihre Wirkungen auf die Frau, Recklinghausen 1948, S. 17 f.
27 Ebd., S. 107.
28 Jantzen/Niehuss, Das Klassenbuch, S. 164.
29 Ebd., S. 164.

6. Politische Schwestern

1 Zit. nach Renate Genth, Einleitung, in: dies. u. a. (Hg.), Frauenpolitik und politisches Wirken von Frauen im Berlin der Nachkriegszeit, 1945–1949, Berlin 1996, S. 11–23, hier S. 23.
2 Vgl. Statista, Bevölkerung in Deutschland nach Informationsinteresse an Politik im Geschlechtervergleich im Jahr 2023, Juni 2023, https://de.statista.com/statistik/daten/studie/827088/umfrage/umfrage-in-deutschland-zum-informationsinteresse-an-politik-nach-geschlecht/.
3 Vgl. Ursula Salentin, Elisabeth Schwarzhaupt – erste Ministerin der Bundesrepublik. Ein demokratischer Lebensweg, Freiburg 1986.

4 Grit Bühler, Eigenmächtig, frauenbewegt, ausgebremst. Der Demokratische Frauenbund Deutschlands und seine Gründerinnen (1945–1949), Frankfurt am Main 2022, S. 75.
5 Gabriele Strecker, Überleben ist nicht genug. Frauen 1945–1950, Freiburg 1981, S. 96.
6 Bühler, Eigenmächtig, S. 96 f.
7 Vgl. ebd., S. 141.
8 Ebd., S. 237.
9 Zit. nach Heike Amos, Die Entstehung der Verfassung in der Sowjetischen Besatzungszone/DDR 1946–1949. Darstellung und Dokumentation, Münster 2005, S. 64.
10 Vgl. Merith Niehuss/Ulrike Lindner, Deutsche Geschichte in Quellen und Darstellung. Bd. 10: Besatzungszeit Bundesrepublik und DDR 1945–1969, Stuttgart 1998, S. 355–362.
11 Bühler, Eigenmächtig, S. 393–343.
12 Ebd., S. 378.
13 Zit. nach ebd., S. 290.
14 Vgl. Angela Pitzschke, Gegen den politischen Trend. Der Beitrag der SPD-Frauen zur Durchsetzung des Gleichberechtigungsgebots, in: Julia Paulus/Eva-Maria Silies/Kerstin Wolff (Hg.), Zeitgeschichte als Geschlechtergeschichte. Neue Perspektiven auf die Bundesrepublik, Frankfurt am Main 2012, S. 52–68.
15 Ebd., S. 169.
16 Vgl. Annegret Braun, Frauenalltag und Emanzipation. Der Frauenfunk des Bayerischen Rundfunks in kulturwissenschaftlicher Perspektive (1945–1968), München 2005.
17 Tanja Roth, Gabriele Strecker. Leben und Werk einer frauenpolitischen Aktivistin in der Nachkriegszeit, Kassel 1981; Gabriele Strecker, Frausein – heute, Weilheim 1965.
18 Braun, Frauenalltag und Emanzipation, S. 14.
19 Lore Walb, Ich, die Alte – ich, die Junge. Konfrontation mit meinen Tagebüchern 1933–1945, Berlin 1997.

7. Lebensentwürfe im Kalten Krieg

1 Lu Seegers, Kriegerwitwen und »Töchter ohne Väter« in der Bundesrepublik, in: Julia Paulus/Eva-Maria Silies/Kerstin Wolff (Hg.), Zeitgeschichte als Geschlechtergeschichte. Neue Perspektiven auf die Bundesrepublik, Frankfurt am Main 2012, S. 31–51, hier S. 31.
2 Martha Weber, Meine Lebenserinnerungen 1905–1998, DTa, Sign. 1082-1.
3 Nina Monecke, Als Frauen aus Ost und West aufeinandertrafen, in: Digitales Deutsches Frauenarchiv, 2020, https://www.digitales-deutsches-frauenarchiv.de/angebote/dossiers/30-jahre-geteilter-feminismus/als-frauen-aus-ost-und-west-aufeinandertrafen.
4 August Bebel, Die Frau und der Sozialismus, https://www.projekt-gutenberg.org/bebel/frausoz/frau0041.html.

5 Merith Niehuss/Ulrike Lindner, Deutsche Geschichte in Quellen und Darstellung. Bd. 10: Besatzungszeit Bundesrepublik und DDR 1945–1969, Stuttgart 1998, S. 354–362.
6 Vgl. Miriam Gebhardt, Alice im Niemandsland. Wie die deutsche Frauenbewegung die Frauen verlor, München 2012.
7 Donna Harsch, Approach/Avoidance. Communists and Women in East Germany 1945–9, in: Social History 25, Nr. 2 (Mai 2000), S. 156–182, hier S. 170.
8 Anna Kaminsky, Frauen in der DDR, Berlin 2022, S. 47.
9 Ebd., S. 60.
10 BGH, 2.11.1966 – IV ZR 239/65, https://opinioiuris.de/entscheidung/1659.
11 Vgl. Statistisches Bundesamt, Teilhabe von Frauen am Erwerbsleben, 2024, https://www.destatis.de/DE/Themen/Arbeit/Arbeitsmarkt/Qualitaet-Arbeit/Dimension-1/teilhabe-frauen-erwerbsleben.html.
12 Angelika Kümmerling/Vanessa Schmieja, Teilzeitbeschäftigung, in: Bundeszentrale für Politische Bildung, 23.3.2021, https://www.bpb.de/themen/arbeit/arbeitsmarktpolitik/329120/teilzeitbeschaeftigung/.
13 Dani Parthum, Immer mehr Frauen arbeiten Teilzeit und nehmen dadurch Vermögensschäden in Kauf, in: Capital, 2.2.2023, https://www.capital.de/geld-versicherungen/immer-mehr-frauen-arbeiten-teilzeit-und-nehmen-vermoegens-schaeden-in-kauf-33159970.html.
14 Kaminsky, Frauen in der DDR, S. 13 f.

8. Kinder großziehen

1 Donna Harsch, Revenge of the Domestic. Women, the Familiy, and Communism in the German Democratic Republic, Princeton 2007, S. 134.
2 Ebd., S. 145.
3 Ebd., S. 150.
4 Ebd., S. 136.
5 Tagebuch für Elisabeth, geb. 1941, Wolfen/Bitterfeld, Vater ltd. Angestellter, Mutter Buchhalterin (Privatbesitz).
6 Interzonale Sozialpädagogische Tagung und Ausstellung, 21.–30. Mai 1948 im Berliner Messegelände. Drei Jahre Aufbau und Arbeit in Berliner Kindestagesstätten und Heimen, Landesarchiv Berlin C Rep 118, Nr. 137.
7 Ebd.
8 Michael Winterhoff, Warum unsere Kinder Tyrannen werden. Oder: Die Abschaffung der Kindheit, Gütersloh 2008.
9 Interzonale Sozialpädagogische Tagung und Ausstellung.
10 Ebd.
11 Adalbert Czerny, Der Arzt als Erzieher des Kindes, Leipzig 1908.
12 Vgl. ausführlicher Miriam Gebhardt, Die Angst vor dem kindlichen Tyrannen. Eine Geschichte der Erziehung im 20. Jahrhundert, München 2009.
13 Gertrud Haarer, Die deutsche Mutter und ihr letztes Kind. Die Autobiografien der erfolgreichsten NS-Erziehungsexpertin und ihrer jüngsten Tochter, Hannover 2012; Gertrud Haarer. Meine deutsche Mutter, Lebenslinien, Bayerischer Rundfunk 2021, 44 Minuten.

14 Ute Benz, Brutstätten der Nation. »Die deutsche Mutter und ihr erstes Kind« oder der anhaltende Erfolg eines Erziehungsbuches, in: Dachauer Hefte 4, H. 4 (1988), S. 144–163, hier S. 151.
15 Ebd. S. 155.
16 Ebd., S. 162.
17 Johanna Haarer, Die deutsche Mutter und ihr erstes Kind, München 1934, S. 148.
18 Tagebuch für Brita, 3.5.1943 (Privatbesitz).
19 Tagebuch für Regina und Astrid, Brandenburg, Vater Lehrer, 4.12.1959 (Privatbesitz).
20 John Bowlby, Maternal Care and Mental Health. A Report Prepared on Behalf of the World Health Organization as a Contribution to the United Nations Programme for the Welfare of Homeless Children (= World Health Organization Monograph Series), Genf 1951.
21 Felix Berth, Zur Geschichte des Säuglingsheims. Eine vergessene Institution des bundesdeutschen Sozialstaats, in: Kinder- und Jugendarzt 50, H. 8 (2019), S. 489–492,
22 Zit. nach Eva Gehltomholt/Sabine Hering, »Das verwahrloste Mädchen«. Diagnostik und Fürsorge in der Jugendhilfe zwischen Kriegsende und Reform (1945–1965), Opladen 2005, S. 174 f.
23 Ebd.
24 Ebd., S. 123.
25 Ebd., S. 124.
26 Ebd., S. 41.
27 Werner Villinger, Die Bedeutung der Kriegs- und Nachkriegszeit für die Entwicklung des Kindes, Referat, in: Monatsschrift für Kinderheilkunde 103, Nr. 2 (1955): Verhandlungen der 54. ordentlichen Versammlung der Deutschen Gesellschaft für Kinderheilkunde in Essen 1954, S. 65–72.
28 Staatsarchiv München, RA 77673.
29 Ebd.
30 Staatsarchiv München, LRA 214430, Landratsamt Traunstein, Kriminalpolizei, Sicherheitszustand im Land Bayern, Lagebericht für November 1946.

9. Ehemänner und andere Träume

1 Till van Rahden, Im Herbst der Patriarchen. Demokratie und Männlichkeit in der frühen Bundesrepublik, in: Vierteljahrshefte für Zeitgeschichte 69, Nr. 4 (2021), S. 689–699, https://doi.org/10.1515/vfzg-2021-0045.
2 Heide Fehrenbach, Rehabilitating Fatherland. Race and German Remasculinization, in: Frank Biess/Mark Roseman, Conflict, Catastrophe, and Continuity, New York/Oxford 2007, S. 340–359, hier S. 341.
3 Ebd., S. 342.
4 Guten Morgen, liebe Hausfrau, 4.11.1948, zit. nach Annegret Braun, Frauenalltag und Emanzipation. Der Frauenfunk des Bayerischen Rundfunks in kulturwissenschaftlicher Perspektive (1945–1968), Münster 2005, S. 96.
5 Zit. nach ebd., S. 98.

6 Vgl. Miriam Gebhardt, Die Angst vor dem kindlichen Tyrannen. Eine Geschichte der Erziehung im 20. Jahrhundert, München 2010.
7 Ebd., 21.10.1959.
8 Ebd., 28.12.1961.
9 Tagebuch für Ulrich, 18.11.1960, DTa 965/III, 1.
10 Hanna Schissler, »Normalization« as Project. Some Thoughts on Gender Relations in West Germany During the 1950s, in: dies. (Hg.), The Miracle Years. A Cultural History of West Germany, 1949–1968, Princeton 2022, S. 359–375, hier S. 362.
11 Tagebuch für Christian, Oktober 1964 (Privatbesitz).
12 Elizabeth D. Heineman, What Difference Does a Husband Make? Women and Marital Status in Nazi and Postwar Germany, Berkeley/Los Angeles, CA 1999.
13 Theodor Bovet, Die Ehe, ihre Krise und Neuwerdung. Ein Handbuch für Eheleute und ihre Berater, Tübingen 1948, S. 30.
14 Ebd., S. 45.
15 Ebd., S. 92.
16 Ebd., S. 93 f.
17 Ebd., S. 94.
18 Thea Dietrich, DTa, Sign. 389,1-389,5.
19 Ebd., 27.4.1945.
20 Ebd., 6.7.1945.
21 Ebd., 8.5.1951.
22 Elizabeth D. Heineman, The Hour of the Woman. Memories of Germany's »Crisis Years« and West German National Identity, in: The American Historical Review 101, Nr. 2 (1996), S. 354–395, https://doi.org/10.2307/2170395.
23 Evamarie S., Tagebuch, 8.7.1945, DTa Reg. 83.
24 Ebd., 20.7.1945.
25 Ebd.
26 Ebd., 23.7.1945.
27 Margot H., Tagebuch, DTa, Reg.-Nr. 264.
28 Hans Wollasch, Einleitung, Arbeitsgruppe I (Vorbereitung auf die Ehe), in: Die Mutter in der heutigen Gesellschaft. Gesamtbericht über den 63. Deutschen Fürsorgetag 1963 in München (= Schriften des deutschen Vereins für öffentliche und private Fürsorge), Frankfurt am Main 1964, S. 23 f.
29 Ebd., S. 24.
30 Dagmar Herzog, Die Politisierung der Lust. Sexualität in der deutschen Geschichte des 20. Jahrhunderts, München 2005.
31 Das Namenskürzel wurde von der Autorin zum Zweck der Anonymisierung geändert.
32 Bernhardine S., Tagebuch, DTa, Sign. 1720; Selbstgespräche in Tagebuchform, Dta, Reg-Nr. 1720.
33 Ebd., 8.10.1953.
34 Ebd., 7.2.1955.
35 Ebd., 9.3.1955.
36 Ebd., 1.5.1955.
37 Ebd., 23.5.1955.
38 Ebd., 23.5.1955.

39 Ebd., 28.8.1956.
40 Ebd., 19.3.1958.

Nachwort: Hüterinnen der Flamme

1 Ute Frevert, Frauen auf dem Weg zur Gleichberechtigung. Hindernisse, Umleitungen, Einbahnstraßen, in: Martin Broszat (Hg.), Zäsuren nach 1945. Essays zur Periodisierung der deutschen Nachkriegsgeschichte, München 1990, S. 113–130, hier S. 119.
2 Merith Niehuss, Kontinuität und Wandel der Familie in den 50ern, in: Axel Schildt/Arnold Sywottek (Hg.), Modernisierung im Wiederaufbau. Die westdeutsche Gesellschaft der 50er Jahre (Studienausgabe), Bonn 1998, S. 316–334, hier S. 322.
3 Zentralinstitut für Jugendforschung (ZIJ), Einige Vergleichszahlen BRD-DDR, Leipzig 1988, https://nbn-resolving.org/urn:nbn:de:0168-ssoar-401435.
4 Das zunächst anonym veröffentlichte Buch *Eine Frau in Berlin* wird inzwischen vom Institut für Zeitgeschichte in München systematisch erforscht. Ein Vergleich des Originalmanuskriptes mit dem Buchtext hat entscheidende Abweichungen ergeben. Siehe https://www.ifz-muenchen.de/aktuelles/themen/anonyma-vom-tagebuch-zum-bestseller/vom-original-zum-buchmanuskript.

Quellen und Literatur

Archive

Deutsches Tagebucharchiv, Emmendingen (DTa)
Bayerisches Hauptstaatsarchiv, München (BayHStA)
Staatsarchiv München (StAM)
Landesarchiv Berlin
Staatsarchiv Freiburg

Literatur

Heike Amos, Die Entstehung der Verfassung in der Sowjetischen Besatzungszone/DDR 1946–1949. Darstellung und Dokumentation, Münster 2005.

Anonyma, Eine Frau in Berlin. Tagebuch-Aufzeichnungen vom 20. April bis 22. Juni 1945, München 2005.

Johannes Beermann, Johanne Eilers – eine notorische Denunziantin?, in: Eva Schöck-Quinteros (Hg.), »Was verstehen wir Frauen auch von Politik?« Entnazifizierung ganz normaler Frauen in Bremen (1945–1952), Bremen 2011, S. 129–164.

Ute Benz, Brutstätten der Nation. »Die deutsche Mutter und ihr erstes Kind« oder der anhaltende Erfolg eines Erziehungsbuches, in: Dachauer Hefte 4, H. 4 (1988), S. 144–163.

Felix Berth, Zur Geschichte des Säuglingsheims. Eine vergessene Institution des bundesdeutschen Sozialstaats, in: Kinder- und Jugendarzt 50, H. 8 (2019), S. 489–492.

Margret Boveri, Tage des Überlebens. Berlin 1945, München 1996 [1968].

Theodor Bovet, Die Ehe, ihre Krise und Neuwerdung. Ein Handbuch für Eheleute und ihre Berater, Tübingen 1948.

John Bowlby, Maternal Care and Mental Health. A Report Prepared on Behalf of the World Health Organization as a Contribution to the United Nations Programme for the Welfare of Homeless Children (= World Health Organization Monograph Series), Genf 1951.

Annegret Braun, Frauenalltag und Emanzipation. Der Frauenfunk des Bayerischen Rundfunks in kulturwissenschaftlicher Perspektive (1945–1968), Münster 2005.

Grit Bühler, Eigenmächtig, frauenbewegt, ausgebremst. Der Demokratische Frauenbund Deutschlands und seine Gründerinnen (1945–1949), Frankfurt am Main 2022.

Adalbert Czerny, Der Arzt als Erzieher des Kindes, Leipzig 1908.

Ute Daniel, Arbeiterfrauen in der Kriegsgesellschaft. Beruf, Familie und Politik im Ersten Weltkrieg, Göttingen 1989, S. 259–265.

Svenja Eichhorn u. a. (Hg.), Bewältigungsstrategien und wahrgenommene soziale Unterstützung bei deutschen Langzeitüberlebenden der Vergewaltigungen am Ende des II. Weltkriegs, in: Psychiatrische Praxis 39, Nr. 4 (2012), S. 169–173.

Dies./Philipp Kuwert, Das Geheimnis unserer Großmütter. Eine empirische Studie über sexualisierte Kriegsgewalt um 1945, Gießen 2011.

Heide Fehrenbach, Rehabilitating Fatherland. Race and German Remasculinization, in: Frank Biess/Mark Roseman/Hanna Schissler, Conflict, Catastrophe, and Continuity, New York/Oxford 2007, S. 340–359.

Anna-Elisabeth Freier, Frauenfragen sind Lebensfragen. Über die naturwüchsige Deckung von Tagespolitik und Frauenpolitik nach dem Zweiten Weltkrieg, in: dies./Annette Kuhn (Hg.), Frauen in der Geschichte, Bd. 5: »Das Schicksal Deutschlands liegt in der Hand seiner Frauen«. Frauen in der Nachkriegsgeschichte, Düsseldorf 1984, S. 18–50.

Ute Frevert, Frauen-Geschichte. Zwischen bürgerlicher Verbesserung und neuer Weiblichkeit, Frankfurt am Main 1986.

Dies., Frauen auf dem Weg zur Gleichberechtigung. Hindernisse, Umleitungen, Einbahnstraßen, in: Martin Broszat (Hg.), Zäsuren nach 1945. Essays zur Periodisierung der deutschen Nachkriegsgeschichte, München 1990, S. 113–130.

Mary Fulbrook, »Unschuldige Zuschauer« in deutscher Geschichte und Erinnerung, in: Tim Schanetzky u. a. (Hg.), Demokratisierung der Deutschen. Errungenschaften und Anfechtungen eines Projekts, Göttingen 2020, S. 51–64.

Miriam Gebhardt, Alice im Niemandsland. Wie die deutsche Frauenbewegung die Frauen verlor, München 2012.

Dies., Als die Soldaten kamen. Die Vergewaltigung deutscher Frauen am Ende des Zweiten Weltkriegs, München 2016.

Dies., Wir Kinder der Gewalt. Wie Frauen und Familien bis heute unter den Folgen der Massenvergewaltigungen bei Kriegsende leiden, München 2019.

Dies., Die Angst vor dem kindlichen Tyrannen. Eine Geschichte der Erziehung im 20. Jahrhundert, München 2020.

Eva Gehltomholt/Sabine Hering, »Das verwahrloste Mädchen«. Diagnostik und Fürsorge in der Jugendhilfe zwischen Kriegsende und Reform (1945–1965), Opladen 2005.

Renate Genth, Einleitung, in: dies. u. a. (Hg.), Frauenpolitik und politisches Wirken von Frauen im Berlin der Nachkriegszeit, 1945–1949, Berlin 1996, S. 11–23.

Gertrud Haarer, Die deutsche Mutter und ihr letztes Kind. Die Autobiografien der erfolgreichsten NS-Erziehungsexpertin und ihrer jüngsten Tochter, Hannover 2021.

Johanna Haarer, Die deutsche Mutter und ihr erstes Kind, München 1934.

Karen Hagemann/Donna Harsch/Friederike Brühöfener (Hg.), Gendering Post-1945 German History. Entanglements, New York/Oxford 2022.

Donna Harsch, Approach/Avoidance. Communists and Women in East Germany 1945–9, in: Social History 25, Nr. 2 (Mai 2000), S. 156–182.

Dies., Revenge of the Domestic. Women, the Family, and Communism in the German Democratic Republic, Princeton 2007.

Elizabeth D. Heineman, The Hour of the Woman. Memories of Germany's »Crisis Years« and West German National Identity, in: The American Historical Review 101, Nr. 2 (1996), S. 354–395, https://doi.org/10.2307/2170395.

Dies., What Difference Does a Husband Make? Women and Marital Status in Nazi and Postwar Germany, Berkeley/Los Angeles, CA 1999.

Dies., The Hour of the Woman. Memories of Germany's »Crisis-Years« and West German National Identity, in: Hanna Schissler (Hg.), The Miracle Years. A Cultural History of West Germany, 1949–1968, Princeton 2022, S. 21–56.

Kirsten Heinsohn, »Grundsätzlich« gleichberechtigt. Die Weimarer Republik in frauenhistorischer Perspektive, in: Aus Politik und Zeitgeschichte 68, Nr. 18–20 (2018), S. 39–45.

Dagmar Herzog, Die Politisierung der Lust. Sexualität in der deutschen Geschichte des 20. Jahrhunderts, München 2005.

Hildegard Hetzer, Eine Psychologie, die dem Menschen hilft. Mein Weg von Wien nach Gießen, Göttingen/Toronto/Gießen 1988.

Sonja Hosseinzadeh, Nur Trümmerfrauen und Amiliebchen? Stuttgarterinnen in der Nachkriegszeit, Stuttgart 1998.

Eva Jantzen/Merith Niehuss (Hg.), Das Klassenbuch. Geschichte einer Frauengeneration, Hamburg 1997.

Anna Kaminsky, Frauen in der DDR, Berlin 2022.

Marita Krauss, Trümmerfrauen. Visuelles Konstrukt und Realität, in: Gerhard Paul (Hg.), Das Jahrhundert der Bilder, Bd. I: 1949 bis heute, Bonn 2009, S. 738–745.

Kathrin Meyer, Entnazifizierung von Frauen. Die Internierungslager der US-Zone Deutschlands, 1945–1952, Berlin 2004.

Sibylle Meyer/Eva Schulze, Wie wir das alles geschafft haben. Alleinstehende Frauen berichten über ihr Leben nach 1945, München 1984.

Martha Moers, Frauenerwerbsarbeit und ihre Wirkungen auf die Frau, Recklinghausen 1948.

Nina Monecke, Als Frauen aus Ost und West aufeinandertrafen, in: Digitales Deutsches Frauenarchiv, 2020, https://www.digitales-deutsches-frauenarchiv.de/angebote/dossiers/30-jahre-geteilter-feminismus/als-frauen-aus-ost-und-west-aufeinandertrafen.

Vera Neumann, Nicht der Rede wert. Die Privatisierung der Kriegsfolgen in der frühen Bundesrepublik, Münster 1999.

Dies., Kampf um Anerkennung. Die westdeutsche Kriegsfolgengesellschaft im Spiegel der Versorgungsämter, in: Klaus Naumann (Hg.), Nachkrieg in Deutschland, Hamburg 2001, S. 364–383.

Merith Niehuss/Ulrike Lindner, Deutsche Geschichte in Quellen und Darstellung. Bd. 10: Besatzungszeit Bundesrepublik und DDR 1945–1969, Stuttgart 1998.

Dies., Kontinuität und Wandel der Familie in den 50ern, in: Axel Schildt/Arnold Sywottek (Hg.), Modernisierung im Wiederaufbau. Die westdeutsche Gesellschaft der 50er Jahre, Bonn 1998, S. 316–334.

Antonie Nopitsch, Nöte der Mütter. Praktische Erfahrungen und Folgerungen daraus, in: Deutscher Verein für Öffentliche und Private Fürsorge (Hg.), Die Mutter in der heutigen Gesellschaft. Gesamtbericht über den 63. deutschen Fürsorgetag 1963 in München, Köln 1964, S. 89–104.

Peter Pfister (Hg.), Das Ende des Zweiten Weltkriegs im Erzbistum München und Freising. Bd. I und II: Die Kriegs- und Einmarschberichte im Archiv des Erzbistums München und Freising, Regensburg 2005.

Angela Pitzschke, Gegen den politischen Trend. Der Beitrag der SPD-Frauen zur Durchsetzung des Gleichberechtigungsgebots, in: Julia Paulus/Eva-Maria Silies/

Kerstin Wolff (Hg.), Zeitgeschichte als Geschlechtergeschichte. Neue Perspektiven auf die Bundesrepublik, Frankfurt am Main 2012, S. 52–68.

Alexandra Przyrembel, Im Bann des Bösen. Ilse Koch – ein Kapitel deutscher Gesellschaftsgeschichte 1933 bis 1970, Frankfurt am Main 2023.

Till van Rahden, Im Herbst der Patriarchen. Demokratie und Männlichkeit in der frühen Bundesrepublik, in: Vierteljahrshefte für Zeitgeschichte 69, Nr. 4 (2021), S. 689–699, https://doi.org/10.1515/vfzg-2021-0045.

Susanne Rouette, Nach dem Krieg. Zurück zur »normalen« Hierarchie der Geschlechter, in: Karin Hausen (Hg.), Geschlechterhierarchie und Arbeitsteilung. Zur Geschichte ungleicher Erwerbschancen von Männern und Frauen, Göttingen 1993, S. 167–190.

Ursula Salentin, Elisabeth Schwarzhaupt – erste Ministerin der Bundesrepublik. Ein demokratischer Lebensweg, Freiburg 1986.

Axel Schildt, Deutschland 1945 bis 1949, in: Heinrich Jaenecke (Hg.), Der Neubeginn. Deutschland zwischen 1945 und 1949, Hamburg 2005, S. 38–63.

Hanna Schissler, »Normalization« as Project. Some Thoughts on Gender Relations in West Germany During the 1950s, in: dies. (Hg.), The Miracle Years. A Cultural History of West Germany, 1949–1968, Princeton 2022, S. 359–375.

Doris Schubert, Frauen in der Nachkriegszeit, Bd. I: Frauenarbeit 1945–1949, Düsseldorf 1984.

Lu Seegers, Kriegerwitwen und »Töchter ohne Väter« in der Bundesrepublik, in: Julia Paulus/Eva-Maria Silies/Kerstin Wolff (Hg.), Zeitgeschichte als Geschlechtergeschichte. Neue Perspektiven auf die Bundesrepublik, Frankfurt am Main/New York 2012, S. 31–51.

Sybille Steinbacher, Differenz der Geschlechter? Chancen und Schranken der »Volksgenossinnen«, in: Eva Schöck-Quinteros (Hg.), »Was verstehen wir Frauen auch von Politik?« Entnazifizierung ganz normaler Frauen in Bremen (1945–1952), Bremen 2011, S. 73–86.

Armin Stock/Anna-Lena Amend/Miłosz Koza, Der Fall Hildegard Hetzer (1899–1991) und der Anteil weiterer Psychologinnen an der Eindeutschung polnischer Kinder während des Zweiten Weltkriegs, in: Psychologische Rundschau 75, Nr. 1 (2024), S. 17–36.

Irene Stoehr, Traditionsbewußter Neuanfang. Zur Organisation der alten Frauenbewegung in Berlin 1949–1950, in: Renate Genth u. a. (Hg.), Frauenpolitik und politisches Wirken von Frauen im Berlin der Nachkriegszeit 1945–1949, Berlin 1996, S. 193–225.

Gabriele Strecker, Überleben ist nicht genug. Frauen 1945–1950, Freiburg 1981.

Helmut Thome/Christoph Birkel, Basisindikatoren der ökonomischen Entwicklung in Deutschland, Großbritannien, Schweden, USA. 1950 bis 2000, Martin-Luther-Universität Halle-Wittenberg 2005.

Leonie Treber, Mythos Trümmerfrauen. Von der Trümmerbeseitigung in der Kriegs- und Nachkriegszeit und der Entstehung eines deutschen Erinnerungsortes, Bonn 2015.

Petra Umlauf, Die Studentinnen an der Universität München, 1926–1945. Auslese, Beschränkung, Indienstnahme, Reaktionen, Berlin/Boston 2016.

Werner Villinger, Die Bedeutung der Kriegs- und Nachkriegszeit für die Entwicklung des Kindes, Referat, in: Monatsschrift für Kinderheilkunde 103, Nr. 2 (1955), S. 65–72.

Peter Wensiersky, Schläge im Namen des Herrn. Die verdrängte Geschichte der Heimkinder in der Bundesrepublik, München 2006.

Michael Winterhoff, Warum unsere Kinder Tyrannen werden. Oder: Die Abschaffung der Kindheit, Gütersloh 2008.

Bildnachweis

S. 24: Public Domain via United States Holocaust Memorial Museum
S. 33: © bpk/Hanns Hubmann
S. 42: © Bundesarchiv/G. Hauptmann
S. 56: © Deutsche Fotothek/Erich Höhne
S. 68/l.: © Bundesarchiv/Zentralbild/Heinz Junge
S. 68/r.: © mauritius images/Gabriele Thielmann/Alamy/Alamy Stock Photos
S. 75: © Bundesarchiv/Zentralbild/Eva Kemlein
S. 76: © ullstein bild
S. 77: © bpk
S. 95: © akg-images/DRK GS
S. 131: © Deutsche Fotothek/Abraham Pisarek
S. 133: © IMAGO/United Archives
S. 135: © Deutsche Fotothek/Abraham Pisarek
S. 140: © mauritius images/Stefan Ziese/ImageBROKER
S. 142: © bpk
S. 148: © Bundesarchiv/Georg Munker
S. 153: © AddF, Kassel, Sign.: A-F-NLP01-0002-56; Fotograf*in unbekannt
S. 164: © Bundesarchiv/Zentralbild/Illner
S. 181: © Deutsche Fotothek/Roger und Renate Rössing
S. 183: privat
S. 189: © bpk/Staatsbibliothek zu Berlin
S. 190: © Ida-Seele-Archiv, 89407 Dillingen/Do
S. 199: © Müttergenesungswerk
S. 201: © Müttergenesungswerk
S. 215: © akg-images/INTERFOTO/TV-Yesterday